AF351352

Comentarios
a la **LEY ORGÁNICA**
del **TRIBUNAL**
CONSTITUCIONAL
y de los
PROCEDIMIENTOS
CONSTITUCIONALES

Eduardo Jorge Prats

PROFESOR DE DERECHO CONSTITUCIONAL
Y DE DERECHO PROCESAL CONSTITUCIONAL
PONTIFICIA UNIVERSIDAD CATÓLICA MADRE Y MAESTRA

Comentarios a la LEY ORGÁNICA del TRIBUNAL CONSTITUCIONAL y de los PROCEDIMIENTOS CONSTITUCIONALES

SEGUNDA EDICIÓN

2013 SEGUNDA EDICIÓN
©2011 IUS NOVUM
ISBN 978-9945-8648-7-8

DISEÑO Y PRODUCCIÓN
Lourdes Saleme y Asociados

IMPRESIÓN
Editora Búho, s.r.l.

Santo Domingo,
República Dominicana
2013

"Un Código Procesal Constitucional mediocre puede ser rescatado por abogados, calificados y decentes, como por una jurisprudencia rectora; y otro de calidad, a la inversa, desnaturalizado y degradado por malos operadores. Concluida la etapa normativa fundacional, el futuro del Código pasa a manos de sus ejecutores. Su vigencia se desprende del ánimo de quienes, bien o mal, lo hicieron".

NESTOR PEDRO SAGUÉS

"La creación de normas por el Estado [...] no crea, desde luego, un Derecho válido, sino solo el plan de un derecho que se desea para el futuro. Esta 'oferta' que el legislador hace a los destinatarios de la norma sólo produce derecho vigente en la medida en que las normas 'salen de su existencia en el papel para confirmarse en la vida humana como poder' [...] Toda creación de normas es [...] un intento de producir, mediante una normatividad creada conscientemente, una normalidad de la conducta concorde con ella".

HERMAN HELLER

"El Derecho Procesal Constitucional, por así decirlo la 'ley fundamental' de la jurisdicción constitucional, se demuestra, en una consideración más de detalle, como fundamental para cada sociedad abierta. [...] No es ninguna causalidad que las constituciones recientes reconozcan que el derecho procesal constitucional tiene tareas y posibilidades específicas. En mi opinión, las mismas consisten en crear especiales posibilidades de pluralismo y participación".

PETER HÄBERLE

"Un cierto grado de inefectividad e ilegitimidad es, con todo, inevitable y por ello fisiológico en cualquier democracia constitucional, precisamente a causa del carácter normativo de sus fuentes de legitimación. De ello se sigue un papel a su vez normativo que el constitucionalismo rígido atribuye a la ciencia jurídica: no concebible ni practicable ya como una mera contemplación y descripción del derecho vigente, según el viejo método técnico-jurídico, sino investida, por la misma estructura en grados del propio objeto, de un rol crítico de las antinomias y de las lagunas generadas en él por los desniveles normativos y de un rol proyectivo de las técnicas de garantía idóneas para superarlas o, al menos, reducirlas".
LUIGI FERRAJOLI

"Dime cuál es tu postura con respecto a la justicia constitucional y yo te diré qué es lo que entiendes por Constitución".
WERNER KAGI

"El proceso debe ser entendido como un instrumento capaz de dar protección a las situaciones carentes de tutela. En ese sentido, el juez no puede conformarse con una interpretación que concluya en la incapacidad del proceso para atender el derecho material, pues ello sería lo mismo que negarle valor al derecho fundamental a la tutela jurisdiccional efectiva, que representa el deber del Estado de prestar la tutela jurisdiccional debida".
LUIZ GUILHERME MARINONI

"Si el intérprete posee una baja precomprensión, es decir, si el intérprete sabe poco o casi nada sobre la Constitución –y por lo tanto, sobre la importancia de la jurisdicción constitucional, la teoría del Estado, la función del Derecho, etc.– estará condenado a la pobreza de razonamiento, quedando restringido al manejo de los viejos métodos de interpretación y del cotejo de textos jurídicos en el plano de la mera infraconstitucionalidad; por ello, no es raro que juristas y tribunales continúan interpretando la Constitución de acuerdo con los Códigos y no los Códigos de conformidad con la Constitución!".
LENIO LUIZ STRECK

Notas Preliminares

Nota a la Segunda Edición

Esta segunda edición reproduce el texto de la primera e incorpora los comentarios a las decisiones del Tribunal Constitucional en materia procesal constitucional dictadas a lo largo del año 2012 y durante los meses de enero, febrero y marzo de 2013, que vienen a aclarar muchos puntos oscuros de la Ley Orgánica del Tribunal Constitucional y de los Procedimientos Constitucionales, así como a aquellas decisiones que en la misma materia y durante el mismo período han pronunciado la Suprema Corte de Justicia y el Tribunal Superior Electoral. La bibliografía, tanto nacional como extranjera, fue actualizada en aquellos artículos de la Ley donde la evolución doctrinal y jurisprudencial lo ameritaba. Como siempre, la luz de mi esposa Angela ilumina mis quehaceres y a ella dedico con todo mi amor esta nueva edición.

Eduardo Jorge Prats
Santo Domingo, abril de 2013

Estos "Comentarios a la Ley Orgánica del Tribunal Constitucional y de los Procedimientos Constitucionales" no tienen más pretensión que introducir a los usuarios de la justicia constitucional, desde el simple ciudadano, hasta abogados, jueces y administradores de la cosa pública, al nuevo estatuto de la justicia constitucional en nuestro país, del modo más sistemático y pedagógico posible, todo ello con la finalidad de contribuir a la mejor interpretación y aplicación de las normas que rigen la defensa jurisdiccional de la Constitución y de los derechos fundamentales.

He tratado de comentar artículo por artículo y disposición por disposición de manera que se pueda dar seguimiento a la futura aplicación jurisprudencial de los mismos. Allí donde me ha parecido más conveniente, a meros fines expositivos, he, sin embargo, agrupado las disposiciones que, aparte de su orden secuencial, están estrechamente vinculadas. Es de prever que nuevas ediciones de esta obra irán separando los artículos agrupados para su debido y separado comentario, en la medida que la jurisprudencia provea nuevas luces sobre su contenido.

Los comentarios son de carácter sobre todo doctrinario, puesto que hasta el momento no es abundante la jurisprudencia dominicana sobre la ley comentada, dada su reciente entrada en vigor y, lo que no es menos importante, la falta de integración y funcionamiento del Tribunal Constitucional que, con sus decisiones vinculantes, hará de la Ley Orgánica del Tribunal Constitucional y de los Procedimientos Constitucionales* un verdadero Derecho Constitucional concretizado y viviente. He tratado de suplir estas carencias con la inserción de opiniones doctrinales y jurisprudenciales extranjeras, provenientes principalmente de Argentina, Colombia, Costa Rica, España, Perú y Venezuela, países cuyas legislaciones procesales constitucionales han servido de fuente de inspiración al legislador dominicano. Al final de cada precepto comentado, incorporo las referencias bibliográficas de las citas realizadas, todo ello sin perjuicio de la consulta de las obras generales contenidas en la Bibliografía que figura al inicio de la obra. El recurso al Derecho Constitucional comparado no solo es permisible y conveniente –como ya nos ha advertido Peter Häberle al hablar del método comparativo como el quinto método de interpretación constitucional– sino que, por demás, viene ordenado por la propia LOTCPC (artículo 47, párrafo III).

De mucha ayuda en este esfuerzo ha sido el haber tenido el honor de coordinar la Comisión de Juristas que elaboró el Anteproyecto que posteriormente, y tras más de 4 años de discusiones auspiciadas por la Fundación Institucionalidad y Justicia (FINJUS), se convertiría en la LOTCPC. Este Anteproyecto fue publicado y discutido en foros ciudadanos y académicos por la FINJUS en 3 etapas de su proceso de elaboración: como "Anteproyecto de Ley Procesal Constitucional" (2007), como "Anteproyecto de Ley de Procedimiento Constitucional" (2008) y como "Anteproyecto de Ley Orgánica del Tribunal Constitucional y de los Procesos Constitucionales" (2010). El intercambio franco, abierto y participativo con los destacados juristas de esa Comisión, integrada por Rafael Luciano Pichardo, Adriano Miguel Tejada, Francisco Domínguez Brito, Luis Rivas, Eric Raful, Alejandro Moscoso Segarra, Claudio Aníbal Medrano, Pedro Balbuena, José Alberto Cruceta, Cristóbal Rodríguez Gómez, Francisco Alvarez, Nassef Perdomo Cordero, Andres Marranzini Pérez, Olivo Rodríguez Huertas, Flavio Darío Espinal, Lino Vásquez Samuel, Juan Ml. Guerrero, Felix Tena y Servio Tulio Castaños, ha enriquecido notablemente mis perspectivas. Del mismo provecho han sido las discusiones del Anteproyecto por la Comisión de Juristas adscrita a la Consultoría Jurídica del Poder Ejecutivo, coordinada por el Dr. Abel Rodríguez del Orbe, y la cual integran Milton Ray Guevara, Adriano Miguel Tejada, Flavio Darío Espinal, Luis Julio Jiménez, Katiuska

Jiménez, Alejandro Moscoso Segarra, Olivo Rodríguez Huertas, Reynaldo Ramos Morel, Mariano Germán, y Laura Castellanos, y en la cual tengo el privilegio de participar. Particular importancia revistió en todo este proceso de discusión los trabajos de la Comisión de Juristas designada por el Presidente Dr. Leonel Fernández Reyna a los fines de consensuar una fórmula que permitiera la revisión de las decisiones jurisdiccionales por el Tribunal Constitucional. Los trabajos de esa Comisión, integrada por César Pina Toribio, Mariano Germán, Flavio Darío Espinal, Hermógenes Acosta, Víctor Joaquín Castellanos Pizano, Olivo Rodríguez Huertas y este autor, permitieron arribar a una solución finalmente acogida por el legislador en los artículos 53 y 54 de la LOTCPC.

Espero que esta obra sea útil no solo a los usuarios de la justicia constitucional sino también a los estudiantes de Derecho. En ellos, y particularmente en mis alumnos de Derecho Constitucional y Derecho Procesal Constitucional de la Pontificia Universidad Católica Madre y Maestra, he pensado en todo momento al escribir estos comentarios, los cuales pretendo respondan algunas de las preguntas punzantes con que frecuentemente me sorprenden en clase y que me ayudan a revisar ideas y replantear cuestiones cuyas aristas inadvertidas solo la visión fresca de los más jóvenes y sagaces es capaz de justamente apreciar.

Estos "Comentarios" no hubiesen sido posible sin la presencia de mi esposa Angela, centro vital de mi existencia, y cuyo amor, entrega y estímulo constantes, son la savia que alimenta mi espíritu y me permiten dedicar tiempo a un esfuerzo en el cual estoy seguro que ella misma se ve reflejada, con sus frecuentes llamados a la atención para que este autor evite las repeticiones, el lenguaje arcano y todos los vicios lingüísticos que me afectan como profesional del Derecho. Por supuesto, a ella dedico, con todo mi amor, esta obra. Y no por azar agradezco al Lic. Luis Antonio Sousa Duvergé, nuestro hijo, quien me ha ayudado a corregir esta obra, completar las referencias bibliográficas y ponerla en condiciones de publicación, haciendo plenamente ejecutorias las útiles sugerencias de su querida madre. Lógicamente, todo error o gazapo subsistente es culpa exclusiva de este autor.

Eduardo Jorge Prats
Santo Domingo, agosto de 2011

Bibliografía General Básica

ABAD YUPANQUI, Samuel. *Derecho Procesal Constitucional.* Lima: Gaceta Jurídica, 2004.

ACOSTA DE LOS SANTOS, Hermógenes. *El control de la constitucionalidad como garantía de la supremacía de la Constitución.* Santo Domingo: Unapec, 2010.

BARRIOS GONZÁLEZ, Boris. *Derecho Procesal Constitucional.* Panamá: Portobelo, 2002.

BAZAN, Victor (Coordinador). *Derecho Procesal Constitucional Americano y Europeo.* Buenos Aires: Abeledo Perrot, 2010.

BREWER-CARÍAS, Allan. *La Justicia Constitucional (procesos y procedimientos constitucionales).* México: Porrua, 2007.

ESCOBAR FORNOS, Iván. *Introducción al Derecho Procesal Constitucional.* México: Porrúa, 2005.

ETO CRUZ, Gerardo. *Derecho Procesal Constitucional.* Lima: Gaceta Jurídica, 2004.

FERRER MAC-GREGOR, Eduardo (Coord). *Derecho Procesal Constitucional.* México: Porrúa, 2004.

FERRER MAC-GREGOR, Eduardo y Eduardo Jorge Prats (coordinadores). *VII Encuentro de Derecho Procesal Constitucional.* Tomos I y II. Santo Domingo: Comisionado de Apoyo a la Reforma y Modernización de la Justicia, 2011.

FIX-ZAMUDIO, Héctor. *Introducción al Derecho Procesal Constitucional.* Querétaro: FUNDAP, 2002.

GARCÍA BELAUNDE, Domingo y ESPINOSA-SALDAÑA BARRERA, Eloy (Coords). *Encuesta sobre Derecho Procesal Constitucional.* México: Editora Porrúa e Instituto Mexicano de Derecho Procesal Constitucional, 2006.

GARCÍA BELAUNDE, Domingo. *Derecho Procesal Constitucional.* Trujillo: Marsol, 1998.

GONZÁLEZ CANAHUATE, Almanzor L. *Recopilación jurisprudencial integrada de las decisiones del Tribunal Constitucional de la República Dominicana.* Santo Domingo: Mario Abreu, 2013.

GOZAÍNI, Osvaldo Alfredo. *Introducción al Derecho Procesal Constitucional.* Buenos Aires: Rubinzal-Culzoni, 2006.

HÄBERLE, Peter. *El Tribunal Constitucional como tribunal ciudadano.* México: Fundap, 2005.

HENAO HIDRÓN, Javier. *Derecho Procesal Constitucional. Protección de los derechos constitucionales.* Bogotá: Témis, 2003.

HERNÁNDEZ MACHADO, Erick J. *Derecho Procesal Constitucional.* Santo Domingo: Fundación Derecho Constitucional y Comunitario, 2007.

HERNÁNDEZ VALLE, Rubén. *Derecho Procesal Constitucional.* San José: Juricentro, 2009.

KELSEN, Hans. *La garantía jurisdiccional de la Constitución.* México: UNAM, 1999.

LANDA, César. *Teoría del Derecho Procesal Constitucional.* Lima: Palestra, 2004.

LUCIANO PICHARDO, Rafael. *La justicia constitucional.* Santo Domingo: Editora Corripio, 2006.

MANILI, Palo Luis (Coord). *Derecho procesal constitucional.* Buenos Aires: Universidad de Buenos Aires, 2005.

MEDRANO, Claudio Anibal. *Apuntes sobre control de la constitucionalidad dominicana en el contexto latinoamericano.* San Francisco de Macorís: Impresora del Nordeste, 1999.

MORELLO, Augusto. *Constiución y proceso.* Buenos Aires-La Plata: Librería Editora Platense, 1998.

NOGUEIRA ALCALÁ, Humberto. *Justicia y Tribunales Constitucionales en América del Sur.* Santiago: Lexis Nexis, 2005

OLIVEIRA BARACHO, José Alfredo de. *Direito Processual Constitucional.* Belo Horizonte Forum, 2006.

PALOMINOS MANCHEGO, José (Coord). *El Derecho Procesal Constitucional peruano. Estudios en Homenaje a Domingo Belaúnde.* Lima: Jurídica Grijley, 2005.

PELLERANO GÓMEZ, Juan Manuel. *El control judicial de la constitucionalidad.* Santo Domingo: Capeldom, 1998.

REY CANTOR, Ernesto. *Introducción al Derecho Procesal Constitucional (Controles de constitucionalidad y legalidad).* Cali: Universidad Libre, 1994.

RIVAS, Adolfo (dir.) y Fernando Machado Pelloni (coord.). *Derecho Procesal Constitucional.* Buenos Aires: Ad-Hoc, 2003.

SAGÜÉS, Nestor Pedro. *Compendio de Derecho Procesal Constitucional.* Buenos Aires: 2009.

VALERA MONTERO, Miguel. *El control concentrado de la constitucionalidad.* Santo Domingo: Capeldom, 1999.

VARGAS GUERRERO, Alejandro. *El Tribunal Constitucional y las garantías de derechos fundamentales.* Santo Domingo: Impresora Soto Castillo, 2013.

ZAGREBELSKY, Gustavo. *¿Derecho procesal constitucional? Y otros ensayos de justicia constitucional.* Colegio de Secretarios de la Suprema Corte de Justicia de la Nación. México: FUNDAP, 2004.

ZAPATA LARRAÍN, Patricio. *Justicia constitucional. Teoría y práctica en el Derecho chileno y comparado.* Santiago de Chile: Editorial Jurídica de Chile, 2008.

Ley Orgánica del Tribunal Constitucional y de los Procedimientos Constitucionales

Considerando Primero: Que la Constitución de la República establece como uno de los principios fundamentales del Estado la Supremacía de la Constitución;

Considerando Segundo: Que conforme a nuestro ordenamiento Constitucional la República Dominicana es un Estado Social y Democrático de Derecho;

Considerando Tercero: Que es función esencial del Estado dominicano la protección efectiva de los derechos fundamentales de quienes habitan nuestro territorio;

Considerando Cuarto: Que para asegurar el efectivo respeto y salvaguarda de estos principios y finalidades constituye un sistema robusto de justicia constitucional independiente y efectivo;

Considerando Quinto: Que a tales efectos la tutela de la justicia constitucional fue conferida, tanto al Tribunal Constitucional como al Poder Judicial, a través del control concentrado y el control difuso;

Considerando Sexto: Que el Tribunal Constitucional fue concebido con el objetivo de garantizar la supremacía de la Constitución, la defensa del orden constitucional y la protección de los derechos fundamentales;

Considerando Séptimo: Que las decisiones del Tribunal Constitucional son definitivas e irrevocables y constituyen precedentes vinculantes para todos los poderes públicos y los órganos del Estado;

Considerando Octavo: Que el control difuso de la Constitucionalidad fue otorgado a los tribunales del Poder Judicial, los cuales por disposición de la propia normativa constitucional, tienen la facultad de revisar, en el marco de los procesos sometidos a su consideración, la constitucionalidad del ordenamiento jurídico dominicano;

Considerando Noveno: Que se hace necesario establecer un mecanismo jurisdiccional a través del cual se garantice la coherencia y unidad de la jurisprudencia constitucional, siempre evitando la utilización de los mismos en perjuicio del debido proceso y la seguridad jurídica;

Considerando Décimo: Que en tal virtud, el artículo 277 de la Constitución de la Republica atribuyó a la ley la potestad de establecer las disposiciones necesarias para asegurar la adecuada protección y armonización de los bienes jurídicos envueltos en la sinergia institucional que debe darse entre el Tribunal Constitucional y el Poder Judicial, tales como la independencia judicial, la seguridad jurídica derivada de la adquisición de la autoridad de cosa juzgada y la necesidad de asegurar el establecimiento de criterios uniformes que garanticen en un grado máximo la supremacía constitucional y la protección de los derechos fundamentales;

Considerando Decimoprimero: Que conforme a la Constitución se hace necesario el establecimiento de una normativa que regule el funcionamiento del tribunal constitucional, así como de los procedimientos constitucionales de naturaleza jurisdiccional;

Considerando Decimosegundo: Que se hace necesario establecer una nueva regulación de la acción de amparo para hacerla compatible con el ordenamiento constitucional y hacerla más efectiva;

Considerando Decimotercero: *(Modificado por el Art. 1 de la Ley 145-11, promulgada el 4 de julio de dos mil once).* Que dentro de los procedimientos constitucionales a ser regulados se encuentra el control preventivo de los tratados internacionales.

Vista: La Constitución de la Republica;

Vista: La Ley No.25-91, Ley Orgánica de la Suprema Corte de Justicia, del 15 de octubre de 1991;

Vista: La Ley No.437-06, de Recurso de Amparo, del 30 de noviembre del año 2006.

TÍTULO I
DE LA JUSTICIA CONSTITUCIONAL Y SUS PRINCIPIOS
CAPÍTULO I
DISPOSICIONES GENERALES

Artículo 1. *Naturaleza y autonomía.* El Tribunal Constitucional es el órgano supremo de interpretación y control de la constitucionalidad. Es autónomo de los poderes públicos y de los demás órganos del Estado.

La creación en la reforma constitucional de 2010 del Tribunal Constitucional cristaliza "el sueño de grandes dominicanos del sector liberal que acariciaron durante décadas la idea de un tribunal de garantías constitucionales, inspirados en el que existió en España en 1931" (RAY GUEVARA: 347). Aunque el Tribunal Constitucional no monopoliza la justicia constitucional, tal como reconoce el artículo 5 de la LOTCPC, pues todo juez, en tanto administra justicia, aplica la Constitución para decidir los conflictos que se someten a su jurisdicción, este es el máximo y último intérprete de la Constitución, a fin de "garantizar la supremacía de la Constitución, la defensa del orden constitucional y la protección de los derechos fundamentales" (artículo 184 de la Constitución). Y es que, si bien es cierto que tanto el Tribunal Constitucional como el Poder Judicial pueden y deben interpretar y aplicar la Constitución, sólo las decisiones del Tribunal Constitucional, en tanto supremo intérprete de la Constitución, "constituyen precedentes vinculantes para los poderes públicos y todos los órganos del Estado" (artículo 184 de la Constitución). En otras palabras, no obstante el hecho de que el Tribunal Constitucional no es el único órgano competente para conocer del control de constitucionalidad, el Tribunal Constitucional goza de supremacía interpretativa respecto del Poder Judicial y todos los demás poderes y órganos del Estado, lo cual se refleja no solo en el carácter vinculante de sus fallos sino también en el hecho de habérsele conferido el monopolio del control concentrado de la constitucionalidad de los actos estatales (artículos 185.1 y 185.2 de la Constitución), así como la competencia exclusiva para conocer de los conflictos de competencia entre los poderes públicos (artículo 185.3 de la Constitución). Como bien señala Manuel Aragón, "en la actividad de aplicación (…) de la Constitución, realizada por los jueces y tribunales ordinarios, y, a su cabeza, por el Tribunal Supremo, actividad, pues, de justicia constitucional, está claro, por lo tanto, que el tribunal superior, en todos los órdenes, es el Tribunal Constitucional".

REFERENCIAS BIBLIOGRÁFICAS

Ray Guevara, Milton. "El Tribunal Constitucional dominicano: génesis, creación y perspectivas". Ferrer Mac-Gregor, Eduardo y Eduardo Jorge Prats (coordinadores). *VII Encuentro de Derecho Procesal Constitucional.* Tomo I. Santo Domingo: Comisionado de Apoyo a la Reforma y Modernización de la Justicia, 2011.

Artículo 2. *Objeto y alcance.* Esta ley tiene por finalidad regular la organización del Tribunal Constitucional y el ejercicio de la justicia constitucional para garantizar la supremacía y defensa de las normas y principios constitucionales y del Derecho Internacional vigente en la Republica, su uniforme interpretación y aplicación, así como los derechos y libertades fundamentales consagrados en la Constitución o en los instrumentos internacionales de derechos humanos aplicables.

La LOTCPC tiene como finalidad no solo regular la organización del Tribunal Constitucional sino también el ejercicio de la justicia constitucional para de ese modo garantizar, además de la supremacía y defensa de las normas constitucionales y su uniforme interpretación y aplicación, también la supremacía y defensa de las normas del Derecho Internacional vigente en la República así como de los derechos fundamentales, tal como se encuentran consagrados en la Constitución como en los instrumentos internacionales de derechos humanos. De modo que el Tribunal Constitucional aparece así no solo como defensor de la Constitución y de los derechos constitucionales sino también como defensor del Derecho Internacional y, en especial, del Derecho Internacional de los derechos humanos, todo lo cual se deriva del reconocimiento constitucional de que la República Dominicana es un Estado cooperativo, es decir, "un Estado miembro de la comunidad internacional, abierto a la cooperación y apegado a las normas del derecho internacional" (artículo 26 de la Constitución); de la vigencia en el orden interno de los tratados internacionales ratificados y publicados (artículo 26.2 de la Constitución); y de la jerarquía constitucional de los tratados internacionales de derechos humanos y la aplicabilidad directa e inmediata de sus disposiciones (artículo 74.2 de la Constitución).

Artículo 3. *Fundamento normativo.* En el cumplimiento de sus funciones como jurisdicción constitucional, el Tribunal Constitucional solo se encuentra sometido a la Constitución, a las normas que integran el Bloque de Constitucionalidad, a esta Ley Orgánica y a sus reglamentos.

El artículo 3 hay que leerlo en combinación con los artículos 1 y 4 de la LOTCPC. El artículo 1 consagra la autonomía del Tribunal Constitucional, en tanto que el 4 establece su potestad reglamentaria. El artículo 3, de la mano de los artículos 1 y 4 de la LOTCPC, consagra el principio de la autonomía procedimental del Tribunal Constitucional. En la medida en que el Tribunal Constitucional es el defensor de la supremacía constitucional y que sus decisiones son vinculantes para todos los poderes públicos (artículo 184 de la Constitución), el Tribunal Constitucional solo está sometido a la Constitución –tal como éste autoritativamente la interprete–, a la LOTCPC –en la medida en que esta última no contradiga la Constitución, tal como la interprete el Tribunal Constitucional– y a los reglamentos –que dicta el propio Tribunal Constitucional–, lo que significa que, en gran medida, el Tribunal Constitucional es, si se quiere utilizar la expresión con la cual se auto describe el Tribunal Constitucional alemán, "dueño del procedimiento constitucional", por lo que puede "configurar libremente su procedimiento" (HÄBERLE: 245). ¿Cuál es el sentido de esta autonomía procesal del Tribunal Constitucional? La respuesta la provee la doctrina: "En el Estado constitucional y democrático de derecho, ante la existencia de vacíos o deficiencias en las normas procesales constitucionales, la autonomía procesal se configura como una necesidad inexorable del Tribunal Constitucional, que a través de la interpretación constitucional y la argumentación jurídica integra y concretiza las disposiciones constitucionales a fin de alcanzar los fines esenciales de los procesos constitucionales: garantizar la primacía de la Constitución y la vigencia efectiva de los derechos constitucionales" (LANDA: 269).

El Tribunal Constitucional ha hecho uso de esta autonomía procesal para llenar lagunas de la LOTCPC. En efecto, la jurisdicción constitucional especializada ha establecido que "ante tal situación, el Tribunal tiene dos alternativas: no resolver el caso que se le ha presentado, a consecuencia de la imprevisión o laguna legislativa, o llenar dicha laguna aplicando en este caso el principio de autonomía procesal desarrollado por la doctrina alemana e implementado por algunos tribunales constitucionales de la región. i) El principio de autonomía procesal faculta al Tribunal Constitucional a establecer mediante su jurisprudencia normas que regulen el proceso constitucional '... en aquellos aspectos donde la regulación procesal constitucional presenta vacíos normativos o donde ella debe ser perfeccionada o adecuada a los fines del proceso constitucional. La norma así establecida está orientada a resolver el concreto problema –vacio o imperfección de la norma– que el caso ha planteado y, sin embargo, lo transcenderá y será susceptible de aplicación ulterior debido a que se incorpora, desde entonces en la regulación procesal vigente'. j) El principio de autonomía procesal es coherente con el de efectividad previsto en el artículo 7.4 de la referida Ley 137-11, texto que establece lo siguiente: 'Efectividad. Todo juez o tribunal debe garantizar la efectiva aplicación de las normas constitucionales y de los derechos fundamentales frente a los sujetos obligados o deudores de los mismos, respetando las garantías mínimas del debido proceso y está obligado a utilizar los medios más idóneos y adecuados a las necesidades concretas de protección frente a cada cuestión planteada, pudiendo conceder una tutela judicial diferenciada cuando lo amerite el caso en razón de sus peculiaridades'. La aplicación del referido principio de autonomía procesal es imperioso en la especie, ya que de lo contrario permanecería en un limbo jurídico, en la medida que habría que esperar de manera indefinida que el demandante en suspensión notificare la demanda y, al mismo tiempo, que los demandados depositaran su escrito de defensa" (Sentencia TC 39/12).

REFERENCIAS BIBLIOGRÁFICAS

HÄBERLE, Peter. "El recurso de amparo en el sistema germano-federal de jurisdicción constitucional". En Domingo García Belaúnde y Francisco Fernández Segado. *La jurisdicción constitucional en Iberoamérica.* Madrid: Dykinson, 1997.

LANDA, César. "Autonomía procesal del Tribunal Constitucional". En Eduardo Ferrer Mac-Gregor y Arturo Zaldívar Lelo de Larrea (coords.). *La ciencia del Derecho Procesal Constitucional.* México: UNAM, 2008.

Artículo 4. *Potestad reglamentaria.* El Tribunal Constitucional dictará los reglamentos que fueren necesarios para su funcionamiento y organización administrativa. Una vez aprobados por el Pleno del Tribunal, los mismos se publicaran en el Boletín Constitucional, que es el órgano de publicación oficial de los actos del Tribunal Constitucional, así como en el portal institucional.

A. Sentido de la potestad reglamentaria del Tribunal Constitucional. La autonomía de los órganos constitucionales es asociada tradicionalmente a la atribución y ejercicio de una potestad reglamentaria de carácter meramente administrativo y auxiliar que viene a reforzar dicha autonomía y que encuentra su justificación en la misma, en la medida en que la autonomía de tales órganos, entre los cuales encontramos al Tribunal Constitucional, se afinca en la existencia de una autonomía reglamentaria que les permita organizarse, actuar, administrativa y presupuestariamente, y, en sentido general, funcionar del modo más adecuado para el ejercicio de sus competencias constitucionales y legales. Tal es el sentido de este artículo de la LOTCPC que permite al Tribunal Constitucional dictar "los reglamentos que fueren necesarios para su funcionamiento y organización administrativa".

B. Fundamento de la potestad reglamentaria del Tribunal Constitucional. La Constitución no habilita expresamente al Tribunal Constitucional para dictar reglamentos. Ello no debe extrañar. Como bien señala la mejor doctrina, "verdaderamente, es bastante común que todos los órganos constitucionales, tanto entre nosotros como en Derecho comparado, cuenten con reglamentos propios de organización y funcionamiento, aunque no exista una habilitación constitucional expresa para dictarlos. La Constitución se remite siempre a leyes que deben regular cada uno de los órganos constitucionales y es habitual que, al hacerlo, dejen todavía un margen para los reglamentos aprobados por los mismos órganos constitucionales. Es, sin ninguna duda, la expresión de que el aseguramiento de la independencia y buen funcionamiento del órgano requiere, casi siempre, previsiones normativas mucho más entretenidas y minuciosas que las que caben en el texto de la ley general" (MUÑOZ MACHADO: 983). Esto explica por qué el Tribunal Constitucional alemán, diez años antes que la ley reguladora de dicho tribunal le confiriera potestad reglamentaria, se dotó de su propio reglamento. En el caso dominicano, sin embargo, es la propia LOTCPC la que le confiere potestad reglamentaria al Tribunal Constitucional.

C. Ámbito material y efectos de los reglamentos del Tribunal Constitucional. Tradicionalmente, la doctrina ha considerado que los reglamentos dictados por los órganos constitucionales no pueden contener normas que tengan efectos externos y deben limitarse a aspectos internos de la organización y funcionamiento (PIZZORUSSO). Pero la realidad que se ha impuesto es que, por los contenidos habituales de dichos reglamentos, éstos tienen una indudable eficacia externa. La doctrina ha tomado nota de este dato innegable. Así, para el caso español, se indica que "la proyección externa de todas las normas propias de los órganos constitucionales se ha convertido en un fenómeno característico de las mismas, más notable en el caso del Tribunal Constitucional que en el de ningún otro órgano, aunque no haya dado lugar a muchos debates en sede contenciosa" (Muñoz Machado: 992). De ahí que los contenidos de los reglamentos de los tribunales constitucionales se acomoden a lo que es común en los reglamentos homólogos de los tribunales más ilustres, como es el caso del alemán, el italiano y el español, y contengan normas no solo relativas a organización y personal, sino también previsiones de carácter procedimental, incluso en materia jurisdiccional, tales como normas integrativas del procedimiento de deliberación, distribución de ponencias, fijación del orden del día, etc.

D. Procedimiento de elaboración de los reglamentos del Tribunal Constitucional. Durante mucho tiempo la elaboración y modificación de los reglamentos se caracterizó por su clandestinidad, opacidad y ausencia de participación por los destinatarios de la reglamentación. Esa situación comenzó a cambiar con la entrada en vigor del artículo 23 de la Ley General de Libre Acceso a la Información Pública, el cual dispone que "las entidades o personas que cumplen funciones públicas o que administran recursos del Estado tienen la obligación de publicar a través de medios oficiales o privados de amplia difusión, incluyendo medios o mecanismos electrónicos y con suficiente antelación a la fecha de su expedición, los proyectos de regulaciones que pretendan adoptar mediante reglamento o actos de carácter general, relacionadas con requisitos o formalidades que rigen las relaciones entre los particulares y la administración o que se exigen a las personas para el ejercicio de sus derechos y actividades". Por su parte, el Reglamento de Aplicación de la referida ley regula en detalle este procedimiento de consulta pública, disponiendo que la presentación de opiniones y propuestas no puede ser inferior a 25 días desde la apertura del procedimiento consultivo (artículo 50), que la publicación de las propuestas reglamentarias incluya el texto de las normas propuestas y las razones que justifican su dictado (artículo 51), y la posibilidad de celebrar audiencias públicas para discutir las opiniones calificadas de personas u organizaciones expertas (artículo 54). Por su parte, la Constitución dispone que la Administración Pública está sujeta en su actuación, sea reglamentaria o de cualquier otra naturaleza, a los principios de igualdad, transparencia y publicidad, al tiempo que el procedimiento administrativo regulado por la ley deberá garantizar la audiencia a los interesados (artículo 138).

Todo lo anterior responde a un fenómeno global de transformación de las misiones de la Administración y de mutación hacia un "Estado administrativo". Como bien explica Jünger Habermas, "en la medida en que, por ejemplo, la implementación de programas finalistas o teleológicos grava a la Administración con la necesidad de proveer organizativamente a tareas que, por lo menos implícitamente, tienen el carácter de una producción de derecho o de un desarrollo del derecho y de una aplicación judicial de la ley, deja de ser suficiente la base legitimatoria de las estructuras tradicionales de la Administración. La lógica de la división de poderes ha de realizarse entonces en estructuras distintas, por ejemplo mediante establecimiento de las correspondientes formas de participación y comunicación o mediante la introducción (en el proceso administrativo) de procedimientos de tipo judicial y parlamentario, de procedimientos de formación de compromisos" (HABERMAS: 262).

De ese modo, se concreta un verdadero derecho fundamental al debido proceso reglamentario que asegura que el Estado actúe racional, objetiva y motivadamente, que éste, además pondere los diversos intereses públicos y privados en juego y que se garantice la debida participación de los interesados, lo cual, por demás, asegura un plus de legitimidad a las decisiones reglamentarias adoptadas. El principio subyacente tras las reglas de consulta pública reglamentaria es el mismo tras los procedimientos de *"notice-and-comment"* de las agencias reguladoras independientes norteamericanas: "que todo interesado pueda conocer cuáles normas son propuestas y tenga la oportunidad de hacer observaciones con relación a las mismas" (GALLIGAN: 496). Aunque "la adopción de decisiones (reglamentarias, EJP) consensuadas por parte de los intereses afectados como base de las decisiones públicas no es una garantía de una mayor democratización de éstas si no se articulan cuidadosamente los mecanismos que aseguren una adecuada participación por parte de todos los afectados, supliendo las desigualdades de hecho" (COMELLA DORDA: 101), hay que admitir que el procedimiento administrativo, desarrollado conforme las normas del debido proceso, es "un instrumento fundamental para el logro de decisiones administrativas de calidad, un ámbito de composición de intereses privados y públicos en la búsqueda de los cambiantes y esquivos intereses generales, un factor de potenciación del principio democrático y del principio de transparencia de la actividad administrativa, un elemento importante en la protección y efectividad de los derechos fundamentales, una institución de compensación de la flexibilidad creciente en la dirección normativa de la Administración Pública y de las insuficiencias intrínsecas de su control judicial y, en definitiva, un factor de legitimación del actuar administrativo en nuestras modernas sociedades" (PONCE SOLÉ: 38).

La violación de este derecho a un debido proceso reglamentario –ocurrida, por ejemplo, cuando se dictan normas reglamentarias sin acudir al procedimiento consultivo o cuando se rechazan las observaciones formuladas por los interesados sin alegar razón alguna o aportando motivos incoherentes–, activa el control judicial de constitucionalidad, ya sea en sede difusa o concentrada, considerándose que el reglamento dictado en violación a las disposiciones de la Ley General de Libre Acceso a la Información Pública no sólo es ilegal por violar dicha ley sino que es, por demás, inconstitucional al violar el derecho fundamental al debido proceso administrativo consagrado en el artículo 69.10 de la Constitución. En este sentido, hay que insistir que aunque el requisito de la consulta pública "está impuesto por normas legales o reglamentarias, (…) ya la jurisprudencia lo exige, exista o no norma legal o reglamentaria que lo requiera, pues el sustento constitucional del principio lo hace obligatorio y aplicable de todos modos" (GORDILLO: VI-33). Estamos, pues, en presencia de "un auténtico derecho subjetivo (…) de un poder, que habilita a su titular a exigir el cumplimiento de la obligación de seguimiento del procedimiento debido" (PONCE SOLÉ: 208). Su violación afecta no sólo de vicio de forma la norma reglamentaria en cuestión por violación al debido proceso adjetivo sino que también implica una violación del debido proceso sustantivo, pues se presume que todo reglamento dictado en ausencia de consulta pública es necesariamente irrazonable.

Entendemos que la elaboración de los reglamentos del Tribunal Constitucional debe realizarse conforme al procedimiento antes esbozado, principalmente cuando sus normas tendrán efectos *ad extra*. No hay ninguna razón jurídico constitucional que justifique la elaboración de reglamentos en la clandestinidad por el Tribunal Constitucional y sin dar la oportunidad de que terceros, como es el caso de los ciudadanos y de los operadores del sistema de justicia constitucional, puedan ser consultados y ofrecer su opinión y recomendaciones en torno a propuestas reglamentarias que, de una u otra forma, inciden en la accesibilidad y en la efectividad de la Constitución y de los derechos fundamentales a través de los diferentes procesos constitucionales que inician o desembocan ante el Tribunal Constitucional. La autonomía procedimental del Tribunal Constitucional no es incompatible con la necesidad de que el Tribunal se ilustre a partir de las ponderaciones de la comunidad de intérpretes de la Constitución, enriqueciéndose así el contenido de las reglamentaciones que tenga a bien adoptar el Tribunal Constitucional en el ejercicio de su potestad reglamentaria.

E. Control jurisdiccional de los reglamentos del Tribunal Constitucional. El ejercicio de la potestad reglamentaria por el Tribunal Constitucional, en la medida en que es una potestad asociada al funcionamiento y organización del Tribunal en tanto Administración, está sujeta al control por parte de la jurisdicción contencioso administrativa. Ese control es un control no solo de la legalidad sino también de la constitucionalidad en la medida en que, en nuestro sistema de justicia constitucional, tal como establece la Constitución y reconoce la LOTCPC, "la justicia constitucional es la potestad del Tribunal Constitucional y del Poder Judicial de pronunciarse en materia constitucional en los asuntos de su competencia" (artículo 5). Y es que, contrario a ordenamientos constitucionales con control de constitucionalidad exclusivamente de carácter concentrado, en donde el juez no puede proceder por sí mismo a la inaplicación de la ley por inconstitucional aunque sí puede inaplicar un reglamento por ilegal, en la República Dominicana la diferente posición que la ley y el reglamento ocupan en el ordenamiento jurídico no implica una diferencia de tratamiento con respecto al reglamento ilegal en comparación con la ley inconstitucional. El juez, en nuestro ordenamiento, puede proceder a la inaplicación tanto de la ley inconstitucional como del reglamento ilegal o inconstitucional. Asimismo, tanto la ley como el reglamento, al ser ambos de carácter general, pueden ser atacados mediante la acción directa en inconstitucionalidad ante el Tribunal Constitucional. Por eso, no podemos compartir el criterio de cierta doctrina que, en relación al control jurisdiccional de los reglamentos de órganos constitucionales, ha establecido que "los Tribunales contencioso-administrativos no fiscalizan el funcionamiento de los órganos constitucionales, ni siquiera su función pública más característica, sino materias absolutamente menores o instrumentales de dicha función pública que, a lo sumo, solo al Tribunal Constitucional corresponderá controlar" (GARCÍA DE ENTERRÍA: 1538).

Lógicamente, esto no está exento de paradojas en tanto los actos cuestionados, en este caso los reglamentos del Tribunal Constitucional, emanan del intérprete supremo y final de la Constitución. Sin embargo, en el fondo, dichas paradojas, no extrañas en el caso dominicano, como lo demuestran los cuestionamientos suscitados por la potestad reglamentaria conferida por las leyes a la Suprema Corte de Justicia y el hecho de que ella misma tuviese la última palabra en el control jurisdiccional de su propia potestad reglamentaria, no son tales, pues, a fin de cuentas, el reconocimiento de que los reglamentos del Tribunal Constitucional están sujetos a control jurisdiccional, tanto de legalidad ordinaria como de legalidad constitucional, no significa desconocer que la palabra última la tendrá el Tribunal Constitucional, ya sea mediante un reglamento de su autoría, cuyo contenido y forma no ha sido jurisdiccionalmente cuestionado, como mediante una sentencia definitiva e irrevocable del Tribunal Constitucional, la cual constituirá un precedente vinculante para todas las personas, tal como manda el artículo 184 de la Constitución.

REFERENCIAS BIBLIOGRÁFICAS

COMELLA DORDA, Rosa. *Límites del poder reglamentario en el Derecho Administrativo de los Estados Unidos.* Barcelona: Cedecs Editorial, 1997.

GALLIGAN, D. J. *Due Process and Fair Procedures.* Oxford: Clarendon Press, 2004.

GARCÍA DE ENTERRIA, Eduardo y Tomás-Ramón Fernández. *Curso de Derecho Administrativo.* Tomo II. Lima-Bogotá : Palestra-TEMIS, 2006.

GORDILLO, Agustín. *Tratado de Derecho Administrativo*. Tomo I. Buenos Aires: Fundación de Derecho Administrativo, 2003.

HABERMAS, Jürgen. *Facticidad y validez*. Madrid: Trotta, 1998.

MUÑOZ MACHADO, Santiago. *Tratado de Derecho Administrativo y Derecho Público General*. Tomo II. Madrid: Iustel, 2006

PIZZORUSSO, Alessandro. *Lecciones de Derecho Constitucional*. Tomo II. Madrid: Centro de Estudios Constitucionales, 1984.

PONCE SOLÉ, Juli. *Deber de buena administración y derecho al procedimiento administrativo debido*. Madrid: Lex Nova, 2001.

Artículo 5. *Justicia constitucional.* La justicia constitucional es la potestad del Tribunal Constitucional y del Poder Judicial de pronunciarse en materia constitucional en los asuntos de su competencia. Se realiza mediante procesos y procedimientos jurisdiccionales que tienen como objetivo sancionar las infracciones constitucionales para garantizar la supremacía, integridad y eficacia y defensa del orden constitucional, su adecuada interpretación y la protección efectiva de los derechos fundamentales.

A. La justicia constitucional. Este artículo reconoce que, en virtud de la Constitución, el sistema de control de constitucionalidad es mixto o integral, combinando el control difuso en manos del Poder Judicial con el control concentrado ejercido por el Tribunal Constitucional. De ahí que el control jurisdiccional de constitucionalidad de los actos estatales no es monopolio del Tribunal Constitucional, por lo que, tanto el primero como el Poder Judicial, ejercen la justicia constitucional o lo que es lo mismo, la jurisdicción constitucional en el sentido material o amplio del término. "La consecuencia de ello es que en República Dominicana, al contrario de lo que sucede, por ejemplo, en países como Costa Rica o Panamá, la justicia constitucional no se concentra en un solo órgano que conforma la 'Jurisdicción Constitucional' como el Tribunal Constitucional, sino que se ejerce por este y por todos los órganos judiciales. Se distingue entonces en la Republica Dominicana, la 'justicia constitucional' de la 'Jurisdicción Constitucional'. Esta última es una noción de carácter orgánico, que identifica un órgano estatal judicial o no que ejerce el control concentrado de la constitucionalidad de las leyes y demás actos normativos generalmente dictados de ejecución inmediata de la Constitución, con poderes anulatorios de las mismas, y que por ello, no tiene el monopolio de la 'justicia constitucional'. En cambio, la noción de 'justicia constitucional', es una noción material equiparable a 'control de constitucionalidad', la cual, como se ha dicho, además de por el Tribunal Constitucional, también se ejerce por todos los jueces o órganos jurisdiccionales mediante el método difuso de control de constitucionalidad (…) En resumen, la noción de justicia constitucional es de carácter material o sustantiva y se refiere a la competencia que ejercen todos los órganos judiciales cuando les corresponde decidir casos concretos o juicios de amparo aplicando y garantizando la Constitución; en tanto que la expresión Jurisdicción Constitucional es, en cambio, de carácter orgánica, e identifica al órgano jurisdiccional al cual se ha atribuido en la Constitución competencia exclusiva en materia de control concentrado de la constitucionalidad de las leyes, y que es el Tribunal Constitucional" (BREWER-CARIAS: 293).

B. La justicia constitucional la ejerce todo juez o órgano jurisdiccional. Aunque la LOTCPC no se refiere expresamente a la potestad del Tribunal Superior Electoral de pronunciarse en materia constitucional sobre los asuntos de su competencia, salvo lo relativo al amparo electoral (artículo 114), resulta evidente que este puede impartir justicia constitucional, pues dicha potestad debe reconocérsele en nuestro ordenamiento a todo órgano jurisdiccional, aun este no forme parte del Poder Judicial, como resulta el caso también de la jurisdicción militar o de los tribunales arbitrales. Y es que, tal como afirmaba el juez Marshall de la Suprema Corte de los Estados Unidos en el célebre caso *Marbury v. Madison*, "el poder de interpretar la ley (…) necesariamente implica el poder de determinar si una ley es conforme con la Constitución", por lo que, si la Constitución es la ley suprema como lo es, entonces todos los tribunales deben decidir los casos concretos sometidos a su jurisdicción, "conforme a la Constitución desaplicando la ley inconstitucional", siendo esta "la verdadera esencia del deber judicial" (5 US [1 Cranch], 137 [1803]). Tan propia de la función jurisdiccional es la potestad de rendir justicia constitucional que ya en 1934 juristas dominicanos como Hernán Cruz Ayala, en la estela de *Marbury v. Madison*, consideraban innecesario referirse expresamente en la Constitución a la potestad de los jueces de desaplicar las leyes inconstitucionales, pues entendían que ésta "entra en el núcleo propio de las funciones judiciales" de los jueces ordinarios (CRUZ AYALA: 176). De ahí que puede afirmarse que la justicia constitucional es la potestad de pronunciarse en materia constitucional en los asuntos de su competencia que tiene todo órgano jurisdiccional, sea parte o no del Poder Judicial.

C. Mecanismos de coordinación del sistema de justicia constitucional. Que la justicia constitucional sea una potestad común al Tribunal Constitucional, al Poder Judicial, al Tribunal Superior Electoral y, en sentido general, a todo órgano jurisdiccional aun no forme parte del Poder Judicial, y que el Tribunal Constitucional sea el órgano supremo de esta justicia constitucional, tal como dispone la Constitución y el artículo 1 de la LOTCPC, es lo que obliga a establecer mecanismos que permitan articular debidamente la relación entre la jurisdicción constitucional especializada encarnada en el Tribunal Constitucional y la jurisdicción constitucional ordinaria en manos del Poder Judicial, tales como la revisión de las decisiones jurisdiccionales firmes (artículo 277 de la Constitución) y el recurso de revisión de las decisiones dictadas por los jueces ordinarios en materia de amparo (artículos 94 a 103 de la LOTCPC).

D. Procesos y procedimientos constitucionales. Por otro lado, la LOTCPC consigna que esta justicia constitucional se realiza mediante "procesos y procedimientos jurisdiccionales", lo que nos refiere a la vieja distinción ya comentada por Froilán Tavares de que aunque "el procedimiento, sucesión de actuaciones procesales, es el medio que sirve para incoar el proceso e impulsarlo hasta obtener la decisión judicial que lo termina", hay que admitir que proceso y procedimiento son "dos cosas distintas: todo proceso conlleva necesariamente uno o varios procedimientos; pero hay procedimientos que no revisten el carácter de procesos" (TAVARES: 7). Para entender en qué se distinguen un proceso de un procedimiento constitucional, solo tenemos que fijarnos en la excepción de inconstitucionalidad: ésta es un procedimiento constitucional que se despliega en el marco de un proceso que no necesariamente es de carácter constitucional, como lo sería un proceso civil, penal o laboral. Ella, sin embargo, puede interponerse en el marco de un proceso constitucional de amparo, cuando, por ejemplo, un amparista requiere al juez de amparo desaplicar una norma o acto pretendidamente vulnerador de los derechos fundamentales de éste.

REFERENCIAS BIBLIOGRÁFICAS

BREWER-CARÍAS, Allan. "El sistema de justicia constitucional en la República Dominicana y la Ley Orgánica del Tribunal Constitucional y de los Procedimientos Constitucionales". En FERRER MAC-GREGOR, Eduardo y Eduardo Jorge Prats (coordinadores). *VII Encuentro de Derecho Procesal Constitucional.* Tomo I. Santo Domingo: Comisionado de Apoyo a la Reforma y Modernización de la Justicia, 2011.

CRUZ AYALA, Hernán. "Estudio acerca de la competencia de los tribunales dominicanos en materia de constitucionalidad". En *Estudios Jurídicos.* 1(2). 1967.

TAVARES HIJO, Froilán. *Elementos de Derecho Procesal Civil.* Vol. II. Revisada y puesta al día por Froilán J. R. Tavares y Margarita A. Tavares. Santo Domingo: Editora Centenario.

Artículo 6. *Infracciones constitucionales.* Se tendrá por infringida la Constitución cuando haya contradicción del texto de la norma, acto u omisión cuestionado, de sus efectos o de su interpretación o aplicación con los valores, principios y reglas contenidos en la Constitución y en los tratados internacionales sobre derechos humanos suscritos y ratificados por la República Dominicana o cuando los mismos tengan como consecuencia restar efectividad a los principios y mandatos contenidos en los mismos.

A. Definición de infracción constitucional. La LOTCPC define como infracción toda contradicción entre el texto de la norma, acto u omisión impugnado como de los efectos, interpretación o aplicación de dicha norma, acto u omisión. Queda claro entonces que al juzgador no le basta, al momento de impartir justicia constitucional, con constatar la constitucionalidad de una norma, acto u omisión sino que debe, además, comprobar que de dicha norma, acto u omisión no se deriven efectos inconstitucionales o una interpretación o aplicación por los poderes públicos constitucionalmente inadmisible o que tenga "como consecuencia restar efectividad a los principios y mandatos" contenidos en la Constitución o en los tratados internacionales sobre derechos humanos. Esta distinción entre "disposición" y "norma" es la base de la técnica de las "sentencias interpretativas" que puede dictar el Tribunal Constitucional en virtud del artículo 47 de la LOTCPC y que, como bien ha establecido el Tribunal Constitucional peruano, son aquellas que "recaen normalmente sobre disposiciones ambiguas, confusas o complejas, de las que se pueden extraer varios sentidos interpretativos, por lo que corresponde al Tribunal Constitucional analizar la constitucionalidad, en primer lugar de la disposición; y, seguidamente, de todas aquellas normas que se desprendan de la disposición cuestionada con la finalidad de verificar cuáles se adecuan a la Constitución y cuáles deben ser expulsadas del ordenamiento jurídico" (STC 42-2004-AI-TC, FJ. 18). También es la base del principio de interpretación constitucional que ordena que todo juez constitucional, antes de desaplicar por inconstitucional o una norma o declararla inconstitucional, provea de la misma una interpretación conforme a la Constitución y a los tratados internacionales de derechos humanos suscritos y ratificados por el país.

A la luz de lo anterior, resulta constitucionalmente inadmisible el criterio del Tribunal Constitucional en cuanto a que la acción directa en inconstitucionalidad no puede ser dirigida contra "la aplicación en concreto que respecto de las normas infraconstitucionales hacen los jueces en el cumplimiento de sus potestades jurisdiccionales" (Sentencia TC 66/12), así como el de que el control concentrado de constitucionalidad "se realiza con independencia de la aplicación concreta a la realidad, en los casos particulares, de la norma sujeta a examen", no pudiendo recaer el control "sobre la interpretación que surge de ésta durante la actividad judicial" (Sentencia TC 68/12). Muy por el contrario, tal como exige la LOTCPC y como bien ha señalado la Corte Constitucional colombiana, "la función de garantizar la vigencia efectiva de la Constitución, incluye, bajo ciertos parámetros de procedibilidad, la de verificar que los jueces y demás autoridades públicas interpreten y apliquen las leyes en armonía con las prescripciones superiores, pues la Constitución, como norma de normas, constituye el orden jurídico fundamental del Estado y, por ende, el eje central de todo el derecho interno. A este respecto, recuérdese que según lo tiene establecido esta Corporación, 'la autonomía que la Corte reconoce a la interpretación legal o judicial tiene como límite la arbitrariedad y la irrazonabilidad de sus respectivos resultados', siendo el control de constitucionalidad una vía expedita para reinvindicar el verdadero alcance de la ley y de su validez frente a la Carta, particularmente, cuando a la luz del derecho viviente ésta entra en contradicción con el texto Superior" (Sentencia C-426/02). Que el control concentrado de constitucionalidad sea de naturaleza abstracta, es decir, que no se activa como consecuencia de una controversia judicial en particular, no significa que el Tribunal Constitucional pueda ignorar la realidad de la aplicación de la norma impugnada. Ya lo ha dicho la Corte Constitucional italiana, creadora de las sentencias interpretativas receptuadas por la LOTCPC, "la Corte, llamada a pronunciarse sobre la constitucionalidad de un texto polisémico, debe juzgar la norma concretamente aplicada y no la norma hipotética, aun cuando esta última sea conforme con la Constitución" (PUGIOTTO: 476). El Derecho cuya constitucionalidad controla el Tribunal Constitucional es el "Derecho vivo", o sea, el Derecho interpretado, "es decir, provisto de un sentido que le es conferido en el uso cotidiano" (ASCARELLI: 352). Las normas no viven en el vacío, en lo abstracto de las disposiciones, sino que surgen del "significado que le es atribuido para su efectiva aplicación, bajo el entendimiento de que la norma se configura como tal tan solo en el momento de ser aplicada, pues antes de su aplicación solamente existe un Derecho vigente, propuesto en abstracto y dotado de la vocación de llegar a vivir en virtud de una aplicación que lo torne concreto y eficaz" (ZAGREBELSKY: 55).

B. El parámetro del control de constitucionalidad: el bloque de constitucionalidad. La LOTCPC define las infracciones constitucionales como una vulneración no solo de la Constitución sino también de los tratados internacionales de derechos humanos, lo cual reafirma no solo el carácter vinculante y directamente aplicable de estos tratados (artículo 74.3 de la Constitución) sino también su integración en "el bloque de constitucionalidad que sirve de parámetro al control de la constitucionalidad y al cual está sujeto la validez formal y material de las normas infraconstitucionales" (artículo 7.10 de la LOTCPC). De modo que, contrario a lo sostenido por la Suprema Corte de Justicia en el sentido de que "frente a una confrontación o enfrentamiento de un tratado o convención con la Constitución de la República, ésta debe prevalecer, de lo que se deriva que para que una ley interna pueda ser declarada inconstitucional, no es suficiente que ella contradiga o vulnere una convención o tratado del que haya sido parte el Estado dominicano, sino que es necesario que esa vulneración alcance a la Constitución misma, en virtud de que en nuestro país rige el principio de la supremacía de la Constitución" (SCJ, Sentencia No. 86, de fecha 12 de agosto de 2009), la LOTCPC es más que clara al establecer que se considera infringida la Constitución cuantas veces una norma o un acto vulneren un convenio internacional de derechos humanos suscrito y ratificado por la República Dominicana.

C. El control de convencionalidad. Que el parámetro del control de constitucionalidad de las normas y de los actos sea no solo la Constitución sino también los instrumentos de derechos humanos vigentes en el país significa que tanto el Tribunal Constitucional como el Poder Judicial, en el ejercicio de su potestad de justicia constitucional (artículo 5), son defensores no solo de la Constitución sino también del Derecho Internacional de los derechos humanos. Es por ello que, como bien dispone el artículo 2 de la LOTCPC, el objetivo de la justicia constitucional es "garantizar la supremacía y defensa de las normas y principios constitucionales y del Derecho Internacional vigente en la República, su uniforme interpretación y aplicación, así como los derechos y libertades fundamentales consagrados en la Constitución o en los instrumentos internacionales de derechos humanos aplicables".

Una lectura combinada de la LOTCPC y la Constitución revelan que el juez dominicano no solo está obligado a controlar la constitucionalidad de las normas y de los actos para hacer efectiva la normatividad y supremacía constitucional, tal como quiere y manda el artículo 6 de la Constitución, sino que, en virtud del artículo 26 de la Constitución, que establece que "la República Dominicana es un Estado miembro de la comunidad internacional, abierto a la cooperación y apegado a las normas del derecho internacional", el juez debe aplicar las normas del Derecho internacional (artículo 26.1), incluyendo las normas contenidas en convenios internacionales ratificados por el país, los cuales "regirán en el ámbito interno, una vez publicados de manera oficial" (artículo 26.2) y, en lo que respecta a los que versen sobre derechos humanos, aparte de tener jerarquía constitucional, "son de aplicación directa e inmediata por los tribunales y demás órganos del Estado" (artículo 74.3).

Como bien ha expresado la Corte Interamericana de Derechos Humanos, "los jueces y tribunales internos están sujetos al imperio de la ley y, por ello, están obligados a aplicar las disposiciones vigentes en el ordenamiento jurídico. Pero cuando un Estado ha ratificado un tratado internacional como la Convención Americana, sus jueces, como parte del aparato del Estado, también están sometidos a ella, lo que les obliga a velar porque los efectos de las disposiciones de la Convención no se vean mermados por la aplicación de leyes contrarias a su objeto y fin, y que desde un inicio carecen de efectos jurídicos. En otras palabras, el Poder Judicial debe ejercer una especie de 'control de convencionalidad' entre las normas jurídicas internas que aplican en los casos concretos y la Convención Americana sobre Derechos Humanos. En esta tarea, el Poder Judicial debe tener en cuenta no solamente el tratado, sino también la interpretación que del mismo ha hecho la Corte Interamericana, intérprete última de la Convención Americana" (Corte IFH, "*Caso Almonacid Arellano y otros vs. Chile*", sentencia sobre excepciones preliminares, fondo, reparaciones y costas, 26 de septiembre de 2006, Serie C, párr. 124). Y es que "cuando un Estado ha ratificado un tratado internacional como la Convención Americana [sobre Derechos Humanos], sus jueces también están sometidos a ella, lo que les obliga a velar porque el efecto útil de la Convención no se vea mermado o anulado por la aplicación de leyes contrarias a sus disposiciones, objeto y fin. En otras palabras, los órganos del Poder Judicial deben ejercer no solo un control de constitucionalidad, sino también 'de convencionalidad' ex officio entre las normas internas y la Convención Americana" (Corte I.D.H. *Caso Trabajadores Cesados del Congreso (Aguado Alfaro y otros) v. Perú*, Sentencia de 24 de noviembre de 2006, Serie C No. 158, párr. 128). El deber de los jueces no se limita, entonces, a determinar si, por ejemplo, una norma interna es constitucional, sino que está obligado, además, a determinar si la ley viola o no una convención internacional, como es el caso de la Convención Americana sobre Derechos Humanos (Corte I.D.H., *Caso Boyce y otros vs. Barbados*, Sentencia de 20 de noviembre de 2007, Serie C No. 169, párr. 78). El juez debe, en primer término, tratar de proveer una interpretación conforme el Derecho Internacional de la norma en cuestión pero, en caso de que la norma sea flagrantemente violatoria de las normas internacionales, entonces, por un principio general de Derecho recogido en el artículo 26 de la Convención de Viena sobre los Tratados, "no podrá invocar disposiciones de su derecho interno como justificación para el incumplimiento de dichas obligaciones convencionales" (*Caso Boyce*, cit., párr. 77). En todo caso, "esta verificación de convencionalidad tiene un carácter difuso ya que cada uno de los magistrados locales puede y debe cumplir la tarea, sin perjuicio de la postrera intervención de la Corte Interamericana" (HITTERS: 124).

Este control de convencionalidad, crecientemente estudiado por la doctrina constitucional (ALBANESE, AYALA CORAO, HITTERS, REY CANTOR, SOUSA DUVERGE), puede y debe ser ejercido para controlar la legitimidad incluso de las normas constitucionales, a la luz de los convenios internacionales de derechos humanos suscritos y ratificados por el país, pues dicho control, no pone en juego la supremacía constitucional ordenada por el artículo 6 de la Constitución, pues es la propia Constitución la que reconoce el apego de la República "a las normas del derecho internacional" (artículo 26) y la que, al tiempo de darle rango constitucional a los instrumentos internacionales de derechos humanos (artículo 74.3) y plena aplicabilidad, directa e inmediata, a dichos derechos humanos, dispone que los "poderes públicos interpretan y aplican las normas relativas a los derechos fundamentales y sus garantías, en el sentido más favorable a la persona titular de los mismos" (artículo 74.4). Lo que esto significa es que no se trata de una cuestión de jerarquía de fuentes sino que lo que está en juego es sencillamente la obligación del juez de aplicar preferentemente la norma internacional y la norma más favorable al titular de los derechos fundamentales, por lo que la norma internacional queda descartada si y solo si la norma interna, sea constitucional o infraconstitucional, es más favorable que la internacional.

Al considerarse los derechos humanos consignados en los tratados internacionales de derechos humanos como parte del bloque de constitucionalidad, "el 'bloque de convencionalidad' queda subsumido en el 'bloque de convencionalidad', por lo que al realizar el 'control de constitucionalidad' también se efectúa 'control de constitucionalidad'" (FERRER MAC-GREGOR: 414). En todo caso, el resultado es que "el juez dominicano se convierte en un juez internacional y la Constitución no solo es lo que ella expresamente consagra sino también el conjunto de derechos y garantías consignados en los instrumentos internacionales de derechos humanos, lo que ya los autores conocían como el 'bloque de constitucionalidad' y que ahora encuentra en el control de convencionalidad el instrumento idóneo para su efectiva concreción y vigencia" (SOUSA DUVERGE: 128).

D. Los valores y principios constitucionales como normas jurídicas vinculantes. La LOTCPC establece que las infracciones constitucionales se producen por la vulneración no solo de las reglas contenidas en la Constitución y los referidos tratados sino también de los valores y principios en ellos insertos, lo cual es un reconocimiento legal de la naturaleza sui generis de las normas constitucionales e internacionales, es decir, de su carácter principiológico y axiológico que tiene repercusiones sobre la interpretación constitucional, la cual "desborda la hermenéutica usual" en tanto "es fundadora y directora de ésta" y "no es compatible con el formalismo simplista y el apego a lo literal que puede revelar los alcances de las normas fundamentales del Estado" (SÁCHICA: 35). Ello explica el por qué la LOTCPC considera que hay infracción constitucional cuando las normas, actos u omisiones cuestionados en la justicia constitucional tienen "como consecuencia restar efectividad a los principios y mandatos contenidos" en la Constitución y los convenios internacionales de derechos humanos, pues la interpretación constitucional, como defensora del plexo axiológico de la Constitución, debe propender a que se haga realidad la supremacía constitucional (artículo 6 de la Constitución) y la protección efectiva de los derechos fundamentales como función esencial del Estado (artículo 8 de la Constitución).

REFERENCIAS BIBLIOGRÁFICAS

ALBANESE, Susana (coordinadora). *El control de convencionalidad.* Buenos Aires: Ediar, 2008.

ASCARELLI, Tulio. "Jurisprudencia constitucional y teoría de la interpretación". En *Revista de Derecho Procesal.* Padova: Cedam, 1957.

AYALA CORAO, Carlos. *Del diálogo jurisprudencial al control de convencionalidad.* Caracas: Editorial Jurídica Venezolana, 2012.

FERRER MAC-GREGOR, Eduardo. "Reflexiones sobre el control difuso de constitucionalidad". En FERRER MAC-GREGOR, Eduardo y Eduardo Jorge Prats (coordinadores). *VII Encuentro de Derecho Procesal Constitucional.* Tomo I. Santo Domingo: Comisionado de Apoyo a la Reforma y Modernización de la Justicia, 2011.

HITTERS, Juan Carlos. "Control de constitucionalidad y control de convencionalidad. Comparación (Criterios fijados por la Corte Interamericana de Derechos Humanos". En *Estudios Constitucionales.* Año 7, No. 2, 2009.

PUGIOTTO, Andrea. "La problemática del Derecho viviente en la jurisprudencia constitucional de 1994". En *Revista Foro Italiano*, 1995-I.

REY CANTOR, Ernesto. *Control de convencionalidad de las leyes y derechos humanos.* México: Porrúa, 2008.

SÁCHICA, Luis Carlos. *Derecho Constitucional General.* Bogotá: Temis, 1995.

SOUSA DUVERGÉ, Luis Antonio. *Control de convencionalidad en República Dominicana.* Santo Domingo: Ius Novum, 2011.

ZAGREBELSKY, Gustavo. "La doctrina del Derecho viviente". En *Anuario Internacional de Justicia Constitucional.* Paris: Economica, 1988.

Artículo 7. *Principios rectores.* El sistema de justicia constitucional se rige por los siguientes principios rectores:

Los principios rectores de la justicia constitucional constituyen todo un pórtico hermenéutico que ordena y sistematiza a la LOTCPC y al ejercicio de la justicia constitucional por parte del Tribunal Constitucional y del Poder Judicial. Se trata de un conjunto de principios generales que no deben ser considerados como simples declaraciones o elementos de decorado legislativo pues juegan un rol trascendental en la interpretación de la Constitución y de la propia LOTCPC y suministran una serie de herramientas hermenéuticas que permiten resolver las eventuales antinomias que puedan presentarse.

1) Accesibilidad. La jurisdicción debe estar libre de obstáculos, impedimentos, formalismos o ritualismos que limiten irrazonablemente la accesibilidad y oportunidad de la justicia;

La accesibilidad es una consecuencia del reconocimiento constitucional de la garantía fundamental de la tutela judicial efectiva, en específico del "derecho a una justicia accesible, oportuna y gratuita" (artículo 69.1 de la Constitución). Las personas deben tener libre acceso a la justicia constitucional de modo que puedan promover efectivamente la actividad jurisdiccional que desemboque en una decisión judicial sobre las pretensiones constitucionales deducidas. Esto implica la remoción de todo impedimento, formalismo o ritualismo que restrinja de modo irrazonable una justicia constitucional pronta y oportuna, de modo que, como bien afirma el Magistrado Rafael Díaz Filpo, en voto disidente en la Sentencia TC/87/12 del Tribunal Constitucional, se logre "acercar al ciudadano lo más posible a la justicia, sin obstáculos y libres de formalismos".

En este sentido, es pertinente la jurisprudencia del Tribunal Constitucional español que estima que "ningún requisito formal puede convertirse en 'obstáculo que impida injustificadamente un pronunciamiento sobre el fondo' [...] y ha dicho también que, desde la perspectiva de la constitucionalidad, 'no son admisibles aquellos obstáculos que puedan estimarse excesivos, que sean producto de un formalismo y que no se compaginan con el necesario derecho a la justicia, o que no aparezcan como justificados y proporcionados conforme a las finalidades' para que se establecen, que deben, en todo caso, ser adecuadas a la Constitución" (STC 57/1985).

Es importante señalar que la accesibilidad de la justicia constitucional no debe ser una mera accesibilidad formal o de papel: en este sentido, la Corte Interamericana de Derechos Humanos ha sido más que clara al señalar que para que un recurso efectivo contra las violaciones de los derechos humanos exista "no basta con que esté previsto por la Constitución o la ley o con que sea formalmente admisible, sino que se requiere que sea realmente idóneo para establecer si se ha incurrido en una violación a los derechos humanos y proveer lo necesario para remediarla. No pueden considerarse efectivos aquellos recursos que, por las condiciones generales del país o incluso por las circunstancias particulares de un caso dado, resulten ilusorios. Ello puede ocurrir, por ejemplo, cuando su inutilidad haya quedado demostrada por la práctica, porque el Poder Judicial carezca de la independencia necesaria para decidir con imparcialidad o porque falten los medios para ejecutar sus decisiones; por cualquier otra situación que configure un cuadro de denegación de justicia, como sucede cuando se incurre en retardo injustificado en la decisión; o, por cualquier causa, no se permita al lesionado el acceso al recurso judicial" (Corte I.D.H., *Garantías*

Judiciales en Estados de Emergencia, Artículos 27.2, 25 y 8 de la Convención Americana sobre Derechos Humanos, Opinión Consultiva OC-9-87 del 6 de octubre de 1987, Serie A, No. 9).

2) Celeridad. Los procesos de justicia constitucional, en especial los de tutela de los derechos fundamentales, deben resolverse dentro de los plazos constitucional y legalmente previstos y sin demora innecesaria;

La justicia constitucional, en especial la que se activa en los procesos constitucionales de amparo, habeas corpus y habeas data, debe ser célere, lo cual se deriva del carácter "preferente, sumario […] y no sujeto a formalidades" de dichos procesos, en particular del amparo (artículo 72 de la Constitución). Estos procesos constitucionales de tutela de los derechos fundamentales se caracterizan por ser urgentes. La categoría de procesos urgentes, de acuerdo con el X Congreso Provincial de Derecho Procesal de Santa Fe (Argentina), realizado en el mes de agosto de 1996, "constituye una categoría amplia caracterizada por la necesidad de proporcionar respuestas jurisdiccionales prontas y expeditas a determinadas situaciones cuya solución no admite demoras. Las diligencias cautelares son solo una especie de las mismas, pero también se integra con otras: las medidas autosatisfactivas, las sentencias anticipatorios, el habeas corpus, etc.". El principio de celeridad es lo que explica la consagración por la LOTCPC del amparo de extrema urgencia (artículo 82) y de las medidas precautorias (artículo 86).

3) Constitucionalidad. Corresponde al Tribunal Constitucional y al Poder Judicial, en el marco de sus respectivas competencias, garantizar la supremacía, integridad y eficacia de la Constitución y del bloque de constitucionalidad;

Aquí aparecen el Tribunal Constitucional y el Poder Judicial como defensores de la supremacía, integridad y eficacia no solo de la Constitución sino también del bloque de constitucionalidad, entendido este último como "los valores, principios y reglas contenidos […] en los tratados internacionales sobre derechos humanos adoptados por los poderes públicos de la República Dominicana" (artículo 7.10 de la LOTCPC).

4) Efectividad. Todo juez o tribunal debe garantizar la efectiva aplicación de las normas constitucionales y de los derechos fundamentales frente a los sujetos obligados o deudores de los mismos, respetando las garantías mínimas del debido proceso y está obligado a utilizar los medios más idóneos y adecuados a las necesidades concretas de protección frente a cada cuestión planteada, pudiendo conceder una tutela judicial diferenciada cuando lo amerite el caso en razón de sus peculiaridades;

A. Noción de efectividad. La efectividad implica el reconocimiento real de la norma jurídica por sus destinatarios, sean personas privadas o autoridades públicas. La efectividad de la norma es condición necesaria pero no suficiente de su eficacia: una norma inefectiva necesariamente es ineficaz en tanto no alcanza los fines hacia los que debería enderezarse, pero una norma efectiva porque se cumple realmente es ineficaz al no lograr los fines de la autoridad que la diseñó. Esto último ocurriría, por ejemplo, si la política de seguridad social exigida por la Constitución se cumple en la práctica pero no logra satisfacer el derecho de todas las personas a contar con una adecuada seguridad social. Ahora bien, como muy raras veces una norma que se quede en el papel y no trascienda a la realidad es eficaz, "en el lenguaje jurídico la eficacia suele entenderse como el cumplimiento efectivo de una norma; más concretamente, una norma es eficaz cuando los destinatarios ajustan su comportamiento a lo prescrito en la misma o, al menos, en los casos en que esto no ocurre, cuando la norma tiene fuerza bastante para imponer la consecuencia en ella prevista como reacción al incumplimiento" (PRIETO: 20). Pero la eficacia, definida como la aptitud de la norma para procurar el resultado para cuya satisfacción fue concebida por la autoridad que la creó, no garantiza necesariamente que la norma sea cumplida efectivamente en la práctica.

La efectividad adquiere una dimensión constitucional en el Estado Constitucional de Derecho en la medida en que el control judicial de constitucionalidad permite censurar la inefectividad de las normas constitucionales cuando éstas son incumplidas mediante actos públicos y privados que contradicen el deber ser constitucional. Como bien señala Ferrajoli, una de las características fundamentales del Estado Constitucional de Derecho, es la disociación entre vigencia y validez, "que permite la crítica y la censura internas de las leyes vigentes consideradas inválidas" y de donde "se deriva también una específica función de la cultura jurídica: en un estado de derecho con Constitución rígida, jueces y juristas están institucionalmente avocados a ser, por así decirlo, reformadores de profesión, en el sentido de que se les confía no ya la conservación del derecho vigente como tal, sino el análisis y la crítica de los perfiles de inconstitucionalidad, a fin de promover la progresiva adecuación de su ser efectivo a su deber ser normativo". (FERRAJOLI: 695)

En un Estado Constitucional de Derecho siempre habrá un determinado grado de inefectividad de sus normas constitucionales pues es imposible realizar los fines constitucionales a plenitud y garantizar las normas constitucionales en su integridad. Esta inefectividad será mayor en aquellos ordenamientos donde el incumplimiento de las normas constitucionales es si se quiere estructural. Pero aún en los ordenamientos constitucionales más avanzados existirá siempre una separación entre la normatividad constitucional y la facticidad efectiva, dando pie a "un margen acaso estrecho pero irreductible de ilegitimidad del poder" (FERRAJOLI: 867). De ahí que el progreso de un ordenamiento constitucional consiste no tanto en la proliferación o la creación de nuevas y más profusas normas constitucionales sino en el desarrollo de garantías eficaces, es decir, capaces de tutelar los derechos constitucionales y de hacerlas realidad. Una absoluta correspondencia entre el deber ser constitucional y el ser sólo es posible en un mundo ideal: la Constitución y sus derechos sólo son realizables de modo imperfecto.

El constitucionalismo parte de la premisa de que el Estado no es un fin en sí mismo como en el absolutismo sino que es el instrumento para alcanzar un fin: la protección de los derechos fundamentales. En otras palabras, "el estado es un medio legitimado únicamente por el fin de garantizar los derechos fundamentales de los ciudadanos, y políticamente ilegítimo si no los garantiza o, más aún, si el mismo los viola" (FERRAJOLI: 881). Es lo que bellamente expresa la Constitución en su artículo 8: "Se reconoce como función esencial del Estado la protección efectiva de los derechos de la persona y la obtención de los medios que le permitan perfeccionarse igualitaria, equitativa y progresivamente, dentro de un marco de libertad individual y de justicia social, compatibles con el orden público, el bienestar general y los derechos de todos y todas".

Pero la protección de los derechos fundamentales que debe procurar el Estado, y que es su función esencial, como bien establece el artículo 8 de la Constitución, no es cualquier protección. Se trata, en todo caso, de una protección efectiva, es decir, una protección que garantice que, en la práctica, los derechos fundamentales sean respetados por todos. De modo que en la Constitución encontramos inserto un principio, el principio de efectividad, que permite juzgar la constitucionalidad de los actos de protección de los derechos fundamentales y censurarlos desde la óptica no tanto de su validez procedimental o sustancial sino desde la perspectiva de si esos actos garantizan o no en la realidad la tutela integral de los derechos, pues, en todo caso, las garantías de los derechos fundamentales no son más que "los mecanismos de tutela y protección" a través de los cuales "la Constitución garantiza la efectividad de los derechos fundamentales", derechos que, insiste la Constitución", "vinculan a todos los poderes públicos, los cuales deben garantizar su efectividad en los términos establecidos por la presente Constitución y por la ley" (artículo 68). En consecuencia, las garantías de los derechos fundamentales son los mecanismos a través de los cuales se garantiza la efectividad de estos derechos y se hace realidad la función esencial del Estado, que no es más que la protección efectiva de los mismos. Pero, lo que no es menos importante, la Constitución permite controlar la efectividad práctica de dichos mecanismos, estando en la obligación tanto el Poder Judicial como el Tribunal Constitucional de asegurar en todo momento que las garantías de los derechos fundamentales desplieguen el máximo de su eficacia, para así poder garantizar que, en la realidad, la protección estatal de los derechos fundamentales sea, de modo cierto y tangible, verdaderamente efectiva, lo que significa, a fin de cuentas, la efectividad material del derecho tutelado por dichas garantías. En otras palabras, la efectividad material del derecho fundamental se logra a través de su garantía y esta garantía puede llevar a cabo su cometido, la tutela efectiva del derecho, cuando ella, en sí misma, es real y verdaderamente efectiva.

B. Tutela judicial diferenciada. El artículo 7.4 de la LOTCPC establece que todo juez o tribunal "está obligado a utilizar los medios más idóneos y adecuados a las necesidades concretas de protección frente a cada cuestión planteada, pudiendo conceder una tutela judicial diferenciada cuando lo amerite el caso en razón de sus peculiaridades". ¿En qué consiste esta tutela judicial diferenciada? Veamos…

Los diversos medios procedimentales existentes se traducen en formas y especies de tutelas que están vinculadas con las necesidades específicas de protección de las relaciones de derecho sustancial, en la medida en que los derechos a tutelar tienen contenidos muy diversos que requieren remedios jurisdiccionales diferenciados. Ello es una clara consecuencia del derecho a una tutela judicial efectiva, pues, como bien señala Alexy, "condición de una efectiva protección jurídica es que el resultado del procedimiento garantice los derechos materiales del respectivo titular de derechos" (ALEXY: 472).

En sentido general, las tutelas pueden clasificarse conforme diversos criterios: (i) por el tipo de eficacia; (ii) por el contenido de la tutela; y (iii) por el momento en que actúa la tutela. Según el tipo de eficacia, la tutela puede ser (a) satisfactiva o de conocimiento y (b) asegurativa. La tutela satisfactiva está referida a la solución definitiva del proceso y, a su vez, puede ser meramente declarativa (cuando resuelve crisis de certeza, como ocurre, por ejemplo en la interpretación de cláusulas contractuales); constitutiva (cuando apunta a una modificación de una situación jurídica preexistente, como es el caso de las sentencias de divorcio); y de condena (donde se busca proteger una prestación cuyo objeto consiste en un dar, hacer o no hacer por parte del obligado). La tutela asegurativa no compone de manera inmediata la litis sino que contribuye a la eficacia de la decisión final, como es el caso de las medidas cautelares. En cuanto al contenido de la tutela, se habla de tutela específica o *in natura* y tutela resarcitoria, conforme se intente la protección integral del derecho o se sustituya dicho derecho por un equivalente pecuniario, como ocurre en las indemnizaciones en daños y perjuicios. Respecto al momento en que actúa la tutela ésta puede clasificarse en tutela represiva y tutela preventiva, según si se solicita con vistas a eliminar la amenaza del daño a algún derecho no producido o si se actúa cuando dicho daño ya se ha concretado.

La emergencia del derecho a la tutela judicial diferenciada se vinculó originalmente a la sumarización del proceso. "Esta sumarización del proceso apuntó a reducir el tiempo procesal sin trastocar la sensibilidad del principio de cognición dominante, que a fin de cuentas era garantía del proceso como expresión ideológica de un derecho procesal que habiéndole costado mucho su separación del ámbito material, para dejar de ser un apéndice, endureció su autonomía al calor de su sistematización y conceptualización válida por sí y para sí, alimentada por la filosofía del racionalismo que desde el siglo XVIII decantaba lo absoluto de las verdades del derecho, al punto tal que olvidó que si existía era para servir instrumentalmente al derecho material" (GONZÁLEZ ÁLVAREZ: 7)

En un principio, apareció un proceso sumario con un modelo de cognición más o menos diferenciado del modelo ordinario. Posteriormente, Chiovenda, al tratar la tutela cautelar, rompió con la resistencia del procedimentalismo exegético que se negaba a admitir una tutela judicial diferenciada de cognición cerrada, basada en juicios de probabilidad, y afirmó la existencia de una forma de tutela que ofrezca remedio judicial oportuno en los casos en que el derecho a tutelar se encuentre sometido a un riesgo de daño inminente que no pueda esperar la solución con los instrumentos jurisdiccionales ordinarios. Esta tutela de urgencia, que en Francia aparece bajo la forma del *referé*, y que posteriormente Calamandrei sistematizaría como un *tertium genus*, fuera de la tutela judicial ordinaria, es la base sobre la que se construyen los actuales mecanismos de protección judicial urgente de derechos caracterizados por ser eminentemente personales, extrapatrimoniales, no fungibles y bajo amenaza seria y razonable de quedar permanentemente lesionados si su protección se encauza por la vía ordinaria.

Este proceso de diferenciación de la tutela judicial se intensificó con la emergencia de criterios conflictuales no previstos en la legislación procesal (intereses difusos y colectivos) y el surgimiento, debido a la novedad y crecientemente complejidad social, de nuevos derechos (los de la tercera generación) y de la necesidad de tutelar los derechos sociales. Ante estas nuevas demandas sociales, agitadas por una ciudadanía cansada de esperar una justicia que no termina de llegar, "ingresó, entonces, al mundo de lo procesal, la preocupación por lo urgente y con ella la conciencia de que el proceso debe retomar la mirada hacia el derecho material y trabajar para hacerlo efectivo, a través de su eficiencia" (GONZÁLEZ ÁLVAREZ: 9) Todas estas nuevas formas de tutela se juntaron bajo el rótulo de "tutela judicial diferenciada" que, en sentido general, abarca "procesos diferenciados por la urgencia (medidas cautelares, habeas corpus, amparo, habeas data, interdictos posesorios, las medidas autosatisfactivas y los despachos interinos de fondo o anticipatorios) o la evidencia (autosatisfactivas para exhibición de libros sociales, corte de ramas o raíces del vecino, anticipaciones patrimoniales como barruntaba Rivas hace tiempo) pero también junto con otros específicos procedimientos y diversos institutos como la protección de los llamados derechos de tercera generación de los intereses difusos, el derecho ambiental con su relación con daños a la ecología, algunas tutelas procesales del consumidor, etc. En rigor de verdad, la tutela procesal diferenciada encierra una serie de institutos procesales que cumplen a la medida una importante función del proceso que es la satisfacción del objeto pero en un momento tradicionalmente no previsto: el último, o sea, la sentencia como premio a un incansable trabajo que es la secuencia procesal. Podría decirse entonces que en este tipo de procesos la satisfacción es relativa, porque podría llegar a revisarse en un ulterior proceso (…) o dentro del mismo proceso como sucede con la sentencia anticipatorio o despacho interino de fondo. Pero no podrá negarse que de todas maneras se habrá eyectado la insatisfacción, independientemente de la llamada cosa juzgada material porque se ha cumplido al fin y el resultado satisfactorio que es el de la realización concreta, aquí y ahora de la finalidad. Habrá tutela jurisdiccional diferenciada en todos aquellos casos que ejemplificamos y que tienen común denominador en que puede caer en 'desprestigio' el fundamental derecho a la justa y efectiva tutela jurisdiccional" (CARBONE: 3).

La tutela judicial diferenciada no puede reducirse, sin embargo, a la existencia de procesos urgentes. Como bien señala un autor, "si bien la sumarización del proceso es de vital importancia en el contenido de la tutela diferenciada, consideramos que, para lograr una tutela realmente efectiva, no podemos reducirla solamente a este aspecto. Por ejemplo, serviría de poco un proceso llevado de manera sumaria y con un pronunciamiento oportuno si es que éste nunca puede realizarse de manera preventiva, es decir, antes de que ocurra un daño (probablemente irreparable). En realidad, los temas relacionados con la sumarización tienen que ver sólo con un tipo de tutela diferenciada, que corresponde específicamente a las llamadas 'técnicas de aceleración del proceso'" (ZELA VILLEGAS: 5).

Y es que la emergencia y consolidación del nuevo paradigma de la tutela judicial diferenciada se debe al hecho de que el Derecho no puede permanecer indiferente ante la realidad de que "el procedimiento ordinario, al aceptar la ilusión de la igualdad formal, simplemente ignora las necesidades de los derechos y de la realidad social, en tanto que, como es poco más que obvio, tratar de igual forma a los desiguales implica una lesión al principio de igualdad" (MARINONI: 99). En una sociedad plural y democrática en donde la misión fundamental del Estado es la protección efectiva de los derechos de la persona y en donde la justicia debe hacer frente a la exigibilidad directa e inmediata de los derechos sociales y de los derechos colectivos, el proceso no puede limitarse a contemplar algunas posiciones sociales, ignorando las nuevas demandas sociales y las exigencias de una sociedad cada día más compleja y más riesgosa. Las exigencias derivadas de la necesidad de tutelar los nuevos derechos a través de procesos que implican ampliar la legitimación procesal activa a través de procesos colectivos, la aceleración de la sociedad que ha conllevado a exigir una mayor rapidez en el servicio de justicia y en la tutela de derechos que no admiten su violación sino que requieren una justicia que prevenga la violación y los daños, la constitucionalización de los derechos que ha implicado aperturar tutelas procesales constitucionales específicas como el amparo, todo ello ha implicado un replanteamiento de la tutela judicial y una crisis de los institutos procesales tradicionales, los cuales han tenido que flexibilizar sus moldes para acoger las nuevas demandas sociales y procesales. El derecho a la tutela judicial diferenciada, como manifestación y concreción del derecho a la tutela judicial efectiva, es precisamente la respuesta del Derecho Procesal a este cambio social.

(i) Tutela judicial diferenciada, derecho material y realidad social. La efectividad constitucionalmente exigida a la tutela judicial no se satisface con el derecho al procedimiento legalmente instituido ni con la garantía de los derechos del justiciable durante el proceso. Hay que mirar el Derecho material que el proceso busca tutelar. Ello implica necesariamente poner los ojos sobre la realidad social, pues, como bien establece el artículo 39.1 de la Constitución, "la República condena todo privilegio y situación que tienda a quebrantar la igualdad de las dominicanas y los dominicanos, entre quienes no deben existir otras diferencias que las que resulten de sus talentos o de sus virtudes", debiendo el Estado "promover las condiciones jurídicas y administrativas para que la igualdad sea real y efectiva" (artículo 39.2).

Lo que estos preceptos constitucionales significan para una conceptuación constitucionalmente adecuada del derecho a la tutela judicial es, en primer lugar, que, dado que el Estado tiene el deber de posibilitar el acceso de todas las personas a la justicia y a los derechos y bienes por ella garantizados, tal como manda el artículo 69.1 al garantizar "el derecho a una justicia accesible, oportuna y gratuita", merecen procedimientos diferenciados aquellos que poseen dificultades en asumir las formalidades del procedimiento común. En segundo lugar, estos preceptos conllevan a dar un tratamiento procesal diferenciado a las situaciones jurídicas diferentes, pues un único procedimiento no pueda tratar adecuadamente situaciones materiales diferentes, como reconoce el artículo 39.3 al disponer que el Estado debe adoptar "medidas para prevenir y combatir la discriminación, la marginalidad, la vulnerabilidad y la exclusión". Y, en tercer lugar, significa que el Derecho Procesal no puede dar un trato procedimental privilegiado a los privilegiados. Esto último es fundamental pues, si la Constitución busca combatir las desigualdades, "no hay manera de aceptar un procedimiento que hace exactamente lo contrario, esto es, potencializa la desigualdad, brindando al que tiene una posición social privilegiada la oportunidad de recorrer las vías de jurisdicción por intermedio de un procedimiento diferente del que es atribuido a las posiciones sociales 'comunes' (...) El legislador infraconstitucional está obligado a diseñar procedimientos que no constituyan privilegios, sino a atender a los socialmente más carentes, a estructurar procedimientos que sean diferenciados, en la medida en que la diferenciación de procedimientos es una exigencia insuprimible para un ordenamiento que se inspira en la igualdad sustancial" (MARINONI: 244).

En este sentido, tan inconstitucional es constreñir a todos los litigantes a ceñirse a un procedimiento general común que parte de una ilusoria igualdad formal de las personas, inspirada en el modelo del ciudadano burgués propietario del siglo XIX y que ignora las diferentes posiciones sociales de los litigantes, como pasar por alto la necesidad de dar un tratamiento procesal diferenciado a quienes son social y económicamente desiguales en aras de facilitar su acceso a la justicia y a la tutela de sus derechos. Pero, además, "de la misma forma que no es correcto tratar situaciones diferentes por medio de un único procedimiento, no es posible conferir procedimientos distintos a situaciones que no merecen –a la luz de los valores de la Constitución– un tratamiento diversificado" (MARINONI: 244). La tutela judicial efectiva, como garantía fundamental de los derechos de la persona, exige que esta tutela sea diferenciada, atendiendo al hecho de que solo así puede lograrse "que la igualdad sea real y efectiva" como quiere y manda el artículo 39.3 de la Constitución.

(ii) La tutela judicial diferenciada como derecho: los deberes del legislador y del juez. El derecho a la tutela judicial diferenciada es un derecho de los justiciables frente al Estado. Este implica, en primer lugar, que el legislador debe adoptar y proveer los mecanismos legales adecuados para brindar una tutela judicial efectiva, es decir, una tutela eficaz particular que le sea inherente a cada categoría o tipo de derecho, la oportunidad en que deba actuarse dicha tutela y el contenido de la misma. Al mismo tiempo, debe el legislador establecer las técnicas de aceleración del proceso que sean adecuadas para cada caso. "De esta manera, por ejemplo, no basta con que el legislador reconozca formalmente el derecho al honor o a la salud cuando

no se dispone también de mecanismos para que tales derechos sean protegidos de manera íntegra; es necesario crear procedimientos sumarios y establecer mecanismos por los cuales se cumplan las sentencias en sus propios términos". En este sentido, el legislador no es libre a la hora de configurar los procedimientos de tutela de los derechos sino que debe tomar en cuenta en todo momento los derechos e intereses que se buscan proteger. "Los mecanismos de tutela no son una dádiva del legislador" (ZELA VILLEGAS: 9 y 10): como bien establece el Tribunal Constitucional español, los requisitos y presupuestos legalmente establecidos no pueden responder al capricho ritual del legislador sino que deben ser fruto de la necesidad de ordenar el proceso a través de determinadas formalidades orientadas a la garantía de los derechos e intereses de las partes (STC 221/1994).

Pero el derecho a una tutela judicial diferenciada, en tanto derecho fundamental, es un derecho de aplicación directa e inmediata que no requiere, para ser eficaz, la obligatoria intervención del legislador. "Si la técnica procesal es imprescindible para la efectividad de la tutela de los derechos, no se puede suponer que, ante una omisión del legislador, el juez nada puede hacer. Esto por una razón simple: el derecho fundamental a la efectividad de la tutela jurisdiccional no se vuelve solo contra el legislador, sino también se dirige contra el Estado-Juez. Por ello, es absurdo pensar que el juez deja de tener el deber de tutelar de forma efectiva los derechos solamente porque el legislador dejó de establecer una norma procesal más explícita. Como consecuencia de ello, hay que entender que el ciudadano no tiene un simple derecho a la técnica procesal evidenciada en la ley, sino un derecho a un determinado comportamiento judicial que sea capaz de conformar una regla procesal acorde con las necesidades del derecho material y con los casos concretos" (MARINONI: 280).

En el ejercicio de su deber de proteger el derecho fundamental a la tutela judicial efectiva y diferenciada, el juez debe interpretar el ordenamiento procesal conforme a los valores, principios y derechos consagrados en la Constitución. Esta interpretación conforme a la Constitución obliga al juez a adoptar entre dos interpretaciones razonables de la regla procesal aquella que garantice la máxima efectividad del derecho a la tutela judicial efectiva. En esa labor hermenéutica, el juez deberá conformar el procedimiento al caso concreto en los casos en que la legislación procesal no fuera capaz de atender al derecho material y a la realidad social, privilegiando las soluciones derivadas del derecho material, la realidad social y las normas constitucionales. En este sentido, todo el ordenamiento procesal debe ser interpretado sistemáticamente conforme a la Constitución y allí donde no sea posible una interpretación conforme deberá inaplicar la norma procesal inconstitucional e indicar la interpretación que regirá el juzgamiento. En aquellos casos en que la omisión o la ambigüedad del legislador impiden la prestación jurisdiccional en forma efectiva y diferenciada, el juez debe aplicar la técnica procesal más constitucionalmente adecuada y apta para la tutela del derecho material en juego, pudiendo aplicar directamente la norma que instituye el derecho fundamental a la tutela judicial efectiva, tomado en cuenta los principios que puedan colisionar en el caso concreto.

REFERENCIAS BIBLIOGRÁFICAS

ALEXY, Robert. *Teoría de los derechos fundamentales.* Madrid: Centro de Estudios Constitucionales. 1997.

CARBONE, Carlos Alberto. *La tutela diferenciada ante la revolución pos cautelar: procesos urgentes sub cautelares y mini diferenciados.* (En línea). Formato DOC, disponible en: http://www.elateneo.org/documents/trabajosBajar/tutela_diferenciada_ante_la_revolucion_pos_cautelar.doc

FERRAJOLI, Luigi. *Derecho y razón.* Madrid: Trotta, 1998.

GONZÁLEZ ÁLVAREZ, Roberto. *El derecho a la tutela jurisdiccional efectiva: el mito de una serendipia procesal.* (En línea). Formato PDF, disponible en: http://egacal.educativa.com/upload/2008_GonzalezRoberto.pdf

PRIETO, Luis. "Aproximación al concepto de Derecho. Nociones fundamentales". En Jerónimo Betegón y otros. *Lecciones de Teoría del Derecho,* Madrid: McGraw-Hill, 1997.

MARINONI, Luiz Guilherme. *Derecho fundamental a la tutela jurisdiccional efectiva.* Lima: Palestra, 2007.

ZELA VILLEGAS, Aldo. *La tutela preventiva de los derechos.* Lima: Palestra, 2008.

5) Favorabilidad. La Constitución y los derechos fundamentales deben ser interpretados y aplicados de modo que se optimice su máxima efectividad para favorecer al titular del derecho fundamental. Cuando exista conflicto entre normas integrantes del bloque de constitucionalidad, prevalecerá la que sea más favorable al titular del derecho vulnerado. Si una norma infraconstitucional es más favorable para el titular del derecho fundamental que las normas del bloque de constitucionalidad, la primera se aplicará de forma complementaria, de manera tal que se asegure el máximo nivel de protección. Ninguna disposición de la presente ley puede ser interpretada en el sentido de limitar o suprimir el goce y ejercicio de los derechos y garantías fundamentales;

El principio de favorabilidad establecido por el artículo 7.5 de la LOTCPC se deriva del artículo 74.3 de la Constitución que dispone que "los poderes públicos interpretan y aplican las normas relativas a los derechos fundamentales y sus garantías, en el sentido más favorable a la persona titular de los mismos" (artículo 74.3). Se asimila este principio al principio *pro homine*, el cual es un criterio hermenéutico que informa todo el Derecho de los derechos humanos, en virtud del cual se debe acudir a la norma más amplia, o a la interpretación más extensiva, cuando se trata de reconocer derechos protegidos e, inversamente, a la norma o a la interpretación más restringida cuando se trata de establecer restricciones permanentes al ejercicio de los derechos o su suspensión extraordinaria. Este principio está estrechamente vinculado con el principio de la máxima efectividad, en virtud del cual, supuestas varias interpretaciones posibles se debe dar preferencia a la que mayor eficacia confiera al derecho fundamental. Como bien han establecido los Magistrados Ana Isabel Bonilla, Rafael Díaz Filpo y Victor Gómez Bergés en un voto disidente en la Sentencia TC/19/12 del Tribunal Constitucional, "la justicia constitucional, interpreta en favor de la efectividad de la tutela de los derechos fundamentales y ninguna disposición legal puede suprimir o limitar la garantía de un derecho fundamental".

La favorabilidad conecta también con el principio de concordancia práctica, según el cual "en caso de conflicto entre derechos fundamentales, [los poderes públicos] procurarán armonizar los bienes e intereses protegidos por esta Constitución" (artículo 74.4 de la Constitución). En este sentido, la LOTCPC dispone que en caso de conflicto entre normas integrantes del bloque de constitucionalidad prevalecerá la más favorable al titular del derecho, no importa el rango de la norma dentro del sistema de fuentes del Derecho. Esto, sin embargo, no resuelve el caso de conflicto entre los derechos de dos titulares de derechos. Estos conflictos son frecuentes. Tales son los casos de conflicto entre el derecho a un juicio público y el derecho a un juicio imparcial; entre el derecho a la información y el derecho a un juicio imparcial; entre el derecho a la intimidad y el derecho a la información; entre el derecho a la vida del feto y el derecho a la vida de la madre. Conflictos como éstos exigen que el intérprete constitucional, como ya ha afirmado el Tribunal Constitucional alemán, asegure una "concordancia práctica" entre los principios en conflicto. Esto conlleva a que los valores constitucionalmente amparados deban ser armonizados los unos con los otros y que se evite que un valor se realice en base al sacrificio de otro. En el caso *Crucifijo en las aulas de clase* (BverfGE 1 (1995), el Tribunal Constitucional alemán ha considerado que su misión esencial era preservar al mismo tiempo los valores de la libertad de creencia, de consciencia y de profesión de fe y los de la enseñanza escolar. Cada valor constitucionalmente protegido debía ser limitado para que alcanzase su efecto óptimo. Pero esas limitaciones no podían ser irrazonables o desproporcionadas sino que debían ser aquellas limitaciones justas y necesarias para realizar la concordancia entre los valores en conflicto. En la especie, el tribunal determinó que la colocación de un crucifijo en las aulas escolares excedía lo necesario para garantizar que los factores religiosos se tomen en cuenta en la enseñanza escolar tal como manda la Constitución.

Vinculado con el principio *pro homine*, encontramos el principio de la mayor protección, el cual conduce a aplicar preferentemente aquella norma del bloque de constitucionalidad que ofrezca una mayor protección de un determinado derecho fundamental. Así, cuando las normas internacionales ofrezcan una mayor protección que las nacionales, prevalecerán las primeras y, de lo contrario, las segundas. Es por ello que la jurisprudencia constitucional comparada considera que el debido proceso aplica no solo a los procesos judiciales como mandan la mayoría de las constituciones sino a todos los procesos, incluyendo los administrativos, como ordenan los pactos internacionales de derechos humanos. En este sentido, los convenios internacionales de derechos humanos no pueden considerarse los que brindan una mayor protección de los derechos fundamentales, sino únicamente los que contienen un estándar mínimo, por debajo del cual no pueden reconocerse derechos fundamentales, pero sí otorgarles un mayor grado de protección. Los derechos fundamentales deben ser interpretados conforme los tratados internacionales de derechos humanos, pero no conforme a cualquier tratado sino aquel que otorgue la mayor protección y optimización del derecho.

Finalmente, dado que la Constitución reconoce como función esencial del Estado la protección efectiva de los derechos de la persona (artículo 8), los derechos fundamentales gozan de una posición preferente en el ordenamiento jurídico, lo cual impone la exigencia de que todo el ordenamiento jurídico deba ser interpretado de conformidad con los derechos fundamentales. De ahí que, cuantas veces entren en conflicto normas sobre el poder y normas sobre derechos, el conflicto debe resolverse aplicando preferentemente las normas sobre derechos. Este criterio de interpretación no significa, sin embargo, que al interior de la Constitución existe un orden jerarquizado de derechos fundamentales donde hay unos derechos más valiosos que otros. Lo que la posición preferente de los derechos fundamentales significa es que ciertos derechos gozan de una posición preferente en el sentido de que cualquier restricción sobre los mismos se presume inconstitucional y tiene que ser sometida a un estricto control de constitucionalidad. En todo caso, si coliden derechos preferidos con otras libertades, como bien afirma el Tribunal Constitucional peruano, "la solución del problema no consiste en hacer prevalecer unos sobre otros, sino en resolverlos mediante la técnica de la ponderación y el principio de concordancia práctica" (STC. Exp. 1797-2002-HDTC).

6) Gratuidad. La justicia constitucional no está condicionada a sellos, fianzas o gastos de cualquier naturaleza que dificulten su acceso o efectividad y no está sujeta al pago de costas, salvo la excepción de inconstitucionalidad cuando aplique;

La gratuidad de la justicia constitucional es una exigencia derivada de la accesibilidad a la justicia constitucional, consagrada en el artículo 7.1 de la LOTCPC. Y es que en un país que, como la República Dominicana, se caracteriza por la pobreza estructural que aqueja a casi la mitad de su población, la igualdad ante la ley, de la cual se deriva la igualdad ante la justicia, sería una vana ilusión si no se asegura la plena accesibilidad al servicio judicial a través de la gratuidad del mismo. Aunque el principio de la gratuidad de la justicia, consagrado también a nivel constitucional (artículos 69.1 y 149), es un principio que admite limitaciones, lo que permite la exigencia del pago de costas a la parte perdidosa en materia civil y comercial, la jurisprudencia internacional en materia de derechos humanos es clara en el sentido de que estas limitaciones deben ser razonables y no pueden implicar la negación misma del derecho (Corte Europea de Derechos Humanos, *Osman vs. The United Kingdom*, Judgment of 28 October 1998, Reports 1998-VIII). La LOTCPC ha entendido que la justicia constitucional, salvo la excepción de constitucionalidad sometida al régimen de la materia en la cual se interpone, debe estar, sin embargo, exenta de todo cargo de sellos, fianzas, gastos o costas, de modo que a ninguna persona se le prive del derecho a acceder libre y plenamente a la misma. Este principio es reafirmado de manera expresa en lo que respecta a la acción de amparo en el artículo 66 de la LOTCPC.

7) Inconvalidabilidad. La infracción de los valores, principios y reglas constitucionales, está sancionada con la nulidad y se prohíbe su subsanación o convalidación;

La inconvalibilidad es una consecuencia de la nulidad absoluta y de pleno derecho de los actos inconstitucionales consagrada por el artículo 6 de la Constitución.

8) Inderogabilidad. Los procesos constitucionales no se suspenden durante los estados de excepción y, en consecuencia, los actos adoptados que vulneren derechos protegidos o que afecten irrazonablemente derechos suspendidos, están sujetos al control jurisdiccional;

La LOTCPC consagra un principio fundamental del Derecho Internacional de los derechos humanos que es el de la inderogabilidad de las garantías de los derechos fundamentales. Hay que remarcar que si bien la Constitución establece que durante el Estado de Defensa las garantías judiciales, procesales e institucionales para la protección de los derechos no son pasibles de suspensión (artículo 263.12), permite, sin embargo, que en los Estados de Conmoción Interior y de Emergencia pueda suspenderse el habeas corpus, que es la garantía fundamental de la libertad física (artículo 266.6). Independientemente de lo ilógico que resulta que durante el estado de excepción más grave, que es el Estado de Defensa, no puedan suspenderse las garantías fundamentales, en tanto que para los menos graves sea posible suspender una garantía fundamental tan básica como resulta ser el habeas corpus, lo cierto es que, tal como ha señalado la Corte Interamericana de Derechos Humanos, "aquellos ordenamientos constitucionales y legales de los Estados Partes que autoricen, explícita o implícitamente, la suspensión de los procedimientos de habeas corpus o de amparo en situaciones de emergencia, deben considerarse incompatibles con las obligaciones internacionales que a esos Estados impone la Convención" (*El habeas corpus bajo suspensión de garantías*, Opinión Consultiva OC-8/87 y *Garantías judiciales en estados de emergencia*, Opinión Consultiva OC-9/87). Y es que "aún en los momentos más difíciles para las instituciones democráticas, la suspensión de derechos no significa 'que el gobierno esté investido de poderes absolutos' o que pueda suspender el Estado de Derecho; el poder judicial tiene el deber de ejercer un control razonable del principio de legalidad de todos los actos, y de proteger la vida y seguridad de las personas en manos del ejecutivo" (ÁLVAREZ: 2). Es de esperar que los jueces, a la luz del principio de inderogabilidad consagrado por la LOTCPC, del principio de la aplicación preferente del Derecho Internacional de los derechos humanos, del carácter vinculante de los precedentes de los organismos supranacionales de derechos humanos, del rango constitucional de los tratados internacionales de derechos humanos, de la obligación de los jueces de controlar la convencionalidad de los actos estatales y del principio de la interpretación más favorable al titular de los derechos fundamentales, si fuese menester, hagan prevalecer la plena vigencia de las garantías fundamentales, en específico del habeas corpus, durante los estados de excepción.

REFERENCIAS BIBLIOGRÁFICAS

ÁLVAREZ, Roberto. "La Constitución y los estados de excepción". En *Clave Digial*, 18 de marzo de 2010.

9) Informalidad. Los procesos y procedimientos constitucionales deben estar exentos de formalismos o rigores innecesarios que afecten la tutela judicial efectiva;

Si la función esencial del Estado es la protección efectiva de los derechos de las personas (artículo 8 de la Constitución) y si los procesos constitucionales de garantía de los derechos fundamentales deben ser acciones rápidas y sencillas como lo quiere la Convención Americana (artículo 25.1), estos procesos no pueden someterse a formalismos salidos de una concepción ritual de la justicia que rinde culto a las formas procesales por ellas mismas y no por ser garantes de la libertad. Como bien expresa la Corte Constitucional colombiana, "riñe, entonces, con la naturaleza y los propósitos que la inspiran y también con la letra y el espíritu de la Carta, toda exigencia que pretenda limitar o dificultar su uso, su trámite o su decisión por fuera de las muy simples condiciones determinadas en las normas pertinentes" (Sentencia T-459/92). Ya lo ha dicho esta misma Corte: "Las decisiones jurídicas deben respetar el principio de legalidad y a la vez ofrecer una solución real a los conflictos sociales. En esta tarea, el sentido de la justicia y la equidad permiten hallar el derecho. La ley, por sí misma, es siempre deficiente frente a la realidad cambiante que está llamada a regular. Al intérprete le corresponde actualizar su contenido según las cambiantes circunstancias históricas y sociales y dar una aplicación correcta de las normas con la clara conciencia que su cometido es resolver problemas y no evadirlos" (Sentencia T-605/92). Esta preferencia por el Derecho sustancial es mucho más intensa en ordenamientos como el dominicano donde el Derecho que aplica el juez en la solución de las controversias debe ser fundamentalmente justo en virtud del artículo 40.15 de la Constitución.

10) Interdependencia. Los valores, principios y reglas contenidos en la Constitución y en los tratados internacionales sobre derechos humanos adoptados por los poderes públicos de la República Dominicana, conjuntamente con los derechos y garantías fundamentales de igual naturaleza a los expresamente contenidos en aquellos, integran el bloque de constitucionalidad que sirve de parámetro al control de la constitucionalidad y al cual está sujeto la validez formal y material de las normas infraconstitucionales.

La percepción habitual del control de constitucionalidad es la de un contraste directo entre una norma infraconstitucional y un precepto contenido expresamente en la Constitución escrita. Ese contraste puede determinar, por sí mismo, la inconstitucionalidad de la norma objeto de control, de tal modo que el parámetro de la constitucionalidad está integrado únicamente por preceptos constitucionales. Esta percepción resulta incompleta, sin embargo, si consideramos la complejidad del ordenamiento jurídico y la naturaleza de la Constitución como norma abierta. Y es que, tal como reconoce el artículo 7.3 de la LOTCPC, el parámetro de constitucionalidad no está integrado únicamente por preceptos constitucionales sino también por normas supra o extraconstitucionales que pertenecen a lo que la doctrina denomina el "bloque de constitucionalidad".

La expresión *bloc de constitutionnalité* designa, conforme a la doctrina francesa, el conjunto de normas que el Consejo Constitucional aplica en el control previo de constitucionalidad de las leyes y de los reglamentos parlamentarios. Este conjunto está compuesto por la Constitución, la Declaración de Derechos del Hombre y del Ciudadano de 1789 y el Preámbulo de la Constitución de 1946 (FAVOREU: 166). En el caso dominicano, en virtud del artículo 74.3 de la Constitución, "los tratados, pactos y convenciones relativos a derechos humanos, suscritos y ratificados por el Estado dominicano tienen jerarquía constitucional y son de aplicación directa e inmediata por los tribunales y demás órganos del Estado". Resulta entonces que los instrumentos internacionales de derechos humanos integran el bloque de constitucionalidad, por lo que forman parte del parámetro en virtud del cual los jueces juzgan la constitucionalidad de las normas y de los actos. De modo que una norma o un acto resulta inconstitucional no solo cuando contradice una disposición constitucional sino también cuando choca con una disposición contenida en un convenio internacional de derechos humanos que resulta ser una norma materialmente constitucional, tal como lo había consagrado la Suprema Corte de Justicia, previo a la reforma constitucional de 2010, al disponer que "los jueces están obligados a aplicar las disposiciones contenidas en el bloque de constitucionalidad como fuente primaria de sus decisiones" (Resolución 1920-2003, del 13 de noviembre de 2003). A la luz del artículo 74.3 no es constitucionalmente admisible ni correcto el criterio sostenido por la Suprema Corte de Justicia en el sentido de que "frente a una confrontación o enfrentamiento de un tratado o convención con la Constitución de la República, ésta debe prevalecer, de lo que se deriva que para que una ley interna pueda ser declarada inconstitucional, no es suficiente que ella contradiga o vulnere una convención o tratado de que haya sido parte el Estado dominicano, sino que es necesario que esa vulneración alcance a la Constitución misma, en virtud de que en nuestro país rige el principio de supremacía de la Constitución, por lo que ningún tratado internacional o legislación interna es válida cuando colisione con principios expresamente consagrados por nuestra Carta Magna" (Sentencia No. 86, 12 de agosto de 2009). Y es que, muy por el contrario, basta simplemente con que un acto viole un derecho consignado en un instrumento internacional de derechos humanos suscrito y ratificado por el país para que viole la Constitución, aun cuando el derecho no sea reconocido expresa ni implícitamente por la Constitución, ya que dicho instrumento al tener jerarquía constitucional es parte del bloque de constitucionalidad y, por ende, del corpus constitucional.

REFERENCIAS BIBLIOGRÁFICAS

FAVOREU, Louis y otros. *Droit constitutionnel.* Paris: Dalloz, 2010.

11) Oficiosidad. Todo juez o tribunal, como garante de la tutela judicial efectiva, debe adoptar de oficio, las medidas requeridas para garantizar la supremacía constitucional y el pleno goce de los derechos fundamentales, aunque no hayan sido invocadas por las partes o las hayan utilizado erróneamente.

La oficiosidad obliga al juez constitucional a impulsar de oficio los procesos constitucionales de modo que este avance autónomamente sin necesidad de intervención de las partes o ante una intervención defectuosa de las mismas. Y es que es de la esencia y naturaleza pública de los procesos constitucionales que, contrario a los procesos de carácter iusprivatista, "el juez, de oficio, desarrolle las etapas o estadios procesales que, en la naturaleza sumarísima de estos procesos sui generis, no deben tener muchas formalidades como ocurre con el resto de los procesos civiles u ordinarios" (ETO CRUZ: 304). Esto no significa que el juez sustituye a las partes sino que los jueces "como conductores del proceso constitucional, en mérito a este principio de impulso procesal, tienen el deber de impulsar el desarrollo de los procesos, al punto de resultar responsables por la demora, por simple inactividad o por negligencia, ya que es parte activa para alcanzar la finalidad del proceso constitucional […] Recapitulando, la facultad de impulso del juez, garantiza la continuidad en el desarrollo del proceso constitucional, permitiendo cumplir con la emisión de una sentencia en el menor tiempo posible" (ESPINOZA ZEVALLOS: 391).

REFERENCIAS BIBLIOGRÁFICAS

ESPINOZA ZEVALLOS, Rodolfo José. "Los principios procesales específicos del Código Procesal Constitucional peruano" (art. III del T. P.) En José Palomino Manchego (coord.) *El derecho procesal peruano. Estudios en homenaje a Domingo García Belaúnde,* Tomo I. Lima: Universidad Inca Garcilaso de la Vega, 2007.

ETO CRUZ, Gerardo y José F. Palomino Manchego. "En tres análisis: el primer Código Procesal Constitucional del mundo legislativo y sus principios procesales". En José Palomino Manchego. *El derecho procesal peruano. Estudios en homenaje a Domingo García Belaúnde.* Tomo I. Lima: Universidad Inca Garcilaso de la Vega, 2007.

12) Supletoriedad. Para la solución de toda imprevisión, oscuridad, insuficiencia o ambigüedad de esta ley, se aplicarán supletoriamente los principios generales del Derecho Procesal Constitucional y sólo subsidiariamente las normas procesales afines a la materia discutida, siempre y cuando no contradigan los fines de los procesos y procedimientos constitucionales y los ayuden a su mejor desarrollo.

A. Sentido de la supletoriedad del Derecho Procesal Constitucional. Al disponer la LOTCPC que para "la solución de toda imprevisión, oscuridad, insuficiencia o ambigüedad de esta ley, se aplicarán supletoriamente los principios generales del Derecho Procesal Constitucional", el legislador ha querido dejar claro que "los conflictos constitucionales se solventen a través de la utilización de un derecho procesal especial y no mediante el empleo de un derecho procesal ordinario o general" (ASTUDILLO: 45). Con ello, el legislador ha querido evitar los perniciosos efectos a que conduce, en términos de la protección de los derechos del justiciable y, en sentido general, de la efectividad de los derechos fundamentales, la consideración del Derecho Civil y del Derecho Procesal Civil como supletorios de la legislación procesal constitucional y de todo el ordenamiento jurídico. A modo de ilustración de estos efectos negativos y, en gran medida, erosionantes de la fuerza normativa de la Constitución, basta con recordar como el traslado al ámbito procesal constitucional de la noción de interés jurídico, legítimo y directo, como base de una legitimación procesal activa conceptuada a partir de la naturaleza patrimonial de los derechos subjetivos en el Derecho Civil, conduce a impedir que las personas puedan accionar en los procesos constitucionales en defensa de la Constitución y de los derechos fundamentales, todo justificado bajo el argumento de que el accionante debe sufrir un perjuicio directo e ignorando que en materia procesal constitucional se privilegia el principio *pro actione*, como derivado del principio *pro homine*, y que garantiza el derecho a la jurisdicción y, por tanto, que ésta sirva para tutelar efectivamente los derechos de la persona.

Que el legislador consagre expresamente que el Derecho Procesal Constitucional es supletorio de la legislación procesal constitucional, por demás, es una clara manifestación de que la LOTCPC es consciente de que colocar a la legislación civil como norma supletoria de las restantes normas del ordenamiento no solo es una opción políticamente desacertada en tanto perjudica a los titulares de los derechos fundamentales sino, además, teórico-jurídicamente falsa, pues asume que el ordenamiento jurídico gira alrededor del Código Civil cuando lo cierto es que la Constitución es la fuente del Derecho suprema y que irradia todo su contenido al resto del sistema jurídico. Mal pudiera entonces la legislación procesal civil servir como Derecho supletorio de una legislación procesal constitucional que despliega sus efectos en un ordenamiento jurídico crecientemente constitucionalizado y que, por si fuera poco y como ya ha señalado Peter Häberle, resulta ser no solo Derecho Constitucional concretizado sino también, lo que no es menos importante, Derecho Constitucional concretizado por un Tribunal Constitucional que goza de autonomía procesal.

B. Subsidiariedad de la legislación procesal de la materia discutida. Tanto la Constitución como la LOTCPC están conscientes de que la justicia constitucional está en manos no solo de la jurisdicción constitucional especializada del Tribunal Constitucional sino también del juez ordinario. Tomando en cuenta ese rasgo fundamental de nuestro sistema de justicia constitucional, es decir, que el juez ordinario aplica la Constitución en las controversias que se suscitan ante su jurisdicción, la LOTCPC dispone que, para el hipotético caso de que los principios del Derecho Procesal Constitucional no sean suficientes para suplir las lagunas de la LOTCPC, se acuda "subsidiariamente" a "las normas procesales afines a la materia discutida". El recurso a normas extraprocesales constitucionales es, sin embargo, aparte de subsidiario, condicionado a que dichas normas "no contradigan los fines de los procesos y procedimientos constitucionales y los ayuden a su mejor desarrollo". Y es que, en el campo de lo procesal constitucional, "la técnica procesal debe estar al servicio de las situaciones subjetivas, de manera que más perfecta resulta aquella cuanto mejor se adecúe a los derechos fondales que pretende tutelar" (HITTERS: 394).

C. El Derecho Procesal Constitucional. La LOTCPC es la primera ley en la historia dominicana que menciona expresamente al "Derecho Procesal Constitucional" como rama del Derecho.

(i) Surgimiento como fenómeno y como disciplina. El Derecho Procesal Constitucional comienza a emerger históricamente con la *Habeas Corpus Amendment Act* de 1679 en Inglaterra, donde se regula en detalle el primer proceso constitucional, el habeas corpus, aunque tiene dos hitos históricos importantísimos con la creación jurisprudencial del control judicial de constitucionalidad en el célebre caso *Marbury v. Madison* de la Suprema Corte de los Estados Unidos en 1803 y la creación del primer Tribunal Constitucional en 1920 en Austria. A estos tres eventos un autor los ha denominado los "tres cumpleaños del Derecho Procesal Constitucional" (SAGUÉS: 19). No obstante, el vocablo Derecho Procesal Constitucional no se utiliza sino hasta la década de los 40 del siglo pasado por el iusprocesalista español Niceto Alcalá-Zamora y Castillo, quien vivió exiliado en Argentina y México tras la Guerra Civil española (ALCALÁ ZAMORA Y CASTILLO: 215). En nuestro país, el primer jurista en utilizar el término es Juan Ml. Pellerano Gómez en el año 1990 (PELLERANO GÓMEZ). La primera obra

dominicana intitulada "Derecho Procesal Constitucional" es la de Erick Hernández-Machado Santana.

Los grandes precursores de la doctrina del Derecho Procesal Constitucional son, aparte de Alcalá Zamora y Castillo, Hans Kelsen, quien es el autor del primer estudio sistemático de la jurisdicción constitucional en 1928 (Kelsen) y quien se desempeñó como juez del Tribunal Constitucional austríaco entre 1921 y 1930; Piero Calamandrei, quien estableció los fundamentos de la jurisdicción constitucional italiana; Eduardo Couture, jurista uruguayo quien estudió a fondo la garantía constitucional del debido proceso; Mauro Cappeletti, jurista italiano que distinguió la jurisdicción constitucional orgánica, la jurisdicción constitucional de la libertad y la jurisdicción constitucional transnacional; y Héctor Fix Zamudio, sistematizador del Derecho Procesal Constitucional como disciplina jurídica.

(ii) Naturaleza jurídica. La doctrina se divide acerca de la naturaleza jurídica del Derecho Procesal Constitucional. La mayoría de la doctrina considera que el Derecho Procesal Constitucional se ubica dentro de la disciplina y ciencia del Derecho Procesal, básicamente por la razón expuesta por Eduardo Ferrer Mac-Gregor, para quien ésta es una rama del Derecho "que se encarga del estudio sistemático de la jurisdicción, órganos y garantías constitucionales, entendiendo estas últimas como los instrumentos predominantemente de carácter procesal dirigidos a la protección y defensa de los valores, principios y normas de carácter constitucional" (Ferrer Mac-Gregor: 83). Una doctrina minoritaria encabezada por Peter Häberle, que compartimos plenamente, sostiene que el Derecho Procesal Constitucional es, ante todo, Derecho Constitucional concretizado, cuya peculiaridad radica no solo en una interpretación de sus normas "específicamente jurídico-constitucional" sino también en el hecho de que no puede ser atrapado del todo por la codificación del legislador, ya que el intérprete supremo y final de la Constitución, el Tribunal Constitucional, en virtud de su autonomía procesal, puede crear normas procesales constitucionales (Häberle: 79). Una parte importante de la doctrina, encabezada por Gustavo Zagrebelsky, Nestor Pedro Sagüés, Pablo Luis Manili y Eduardo Esteva Gallicchio, entiende que el Derecho Procesal Constitucional es una mixtura o hibridación de Derecho Constitucional y Derecho Procesal. Finalmente, parte de la doctrina, en la cual se destaca la dominicana (Cruceta, Raful) sostiene que el Derecho Procesal Constitucional es autónomo.

(iii) Contenido. Aunque la doctrina discute cuál debe ser el contenido u objeto de estudio del Derecho Procesal Constitucional y hasta se han propuesto diversos *syllabus* (García Belaúnde, Nogueira Alcalá), hay consenso de que, como mínimo, deben incluirse en esta materia la

magistratura y los procesos constitucionales. En este sentido, consideramos que a este contenido mínimo debe agregarse una parte relativa al
Derecho Procesal Constitucional transnacional, atinente a los sistemas
internacionales y regionales de protección de los derechos humanos (FIX
ZAMUDIO), y el cual se conecta con el Derecho Procesal Constitucional
interno de los Estados a través del control de convencionalidad (SOUSA
DUVERGÉ). En los países con sistemas de Estados compuestos, hay que
añadir un Derecho Procesal Constitucional local (FERRER MAC-GREGOR),
cada día más importante como demuestran los casos de México y Argentina con sus códigos procesales estaduales y provinciales y su justicia
constitucional local. Finalmente, entendemos que el debido proceso, en
tanto garantía fundamental al igual que los procesos constitucionales de
habeas corpus, amparo y habeas data, forma parte del Derecho Procesal
Constitucional, como lo sostiene una doctrina minoritaria encabezada
por Osvaldo GOZAINI y Juan Carlos HITTERS.

D. Los principios generales del Derecho Procesal Constitucional. Aunque la LOTCPC consagra un gran número de los principios generales del
Derecho Procesal Constitucional, ella es consciente de que el legislador
no puede prever en un momento dado todos los principios englobados
en una disciplina tan dinámica y tan dúctil como la del Derecho Procesal
Constitucional. Por eso, el legislador remite en caso de lagunas, ambigüedad u oscuridad de las normas procesales constitucionales expresamente
consignadas en la LOTCPC a los principios generales de aquella disciplina. Muchos de estos principios generales se derivan de los expresamente
consagrados en la LOTCPC, como ocurre con el principio de interacción,
en virtud del cual el juez dominicano, a la hora de tutelar los derechos
fundamentales, debe tomar en cuenta lo dicho al respecto por el juez supranacional, el cual se deriva del principio de interdependencia (artículo
7.11). Otros, sin embargo, no pueden derivarse de los principios legislati-
vamente consagrados, aunque sí se desprenden del propio ordenamiento
constitucional. Tal es el caso del principio de socialización del proceso, el
cual viene exigido por el artículo 39 de la Constitución, y en virtud del cual
el juez debe evitar que la desigualdad de las personas afecte el desarrollo
o resultado del proceso y que es lo que explica por qué la LOTCPC consagra el deber del juez de dar tutela judicial diferenciada a los justiciables
(artículo 7.4). Ocurre lo mismo con el principio de economía procesal,
en virtud del cual debe tratarse de obtener el mayor resultado posible con
el mínimo de empleo de actividad procesal, exigencia que, por demás, se
desprende de la función esencial del Estado, que es la protección efectiva
de los derechos de la persona (artículo 8 de la Constitución) y de la definición constitucional misma de garantía fundamental (artículo 68). En todo
caso, el juez debe partir de que la tutela constitucional está impregnada

por unos principios rectores propios que, aparte de los consagrados en el artículo 7 de la LOTCPC, son aquellos provistos por la dogmática procesal constitucional.

REFERENCIAS BIBLIOGRÁFICAS

ALCALÁ-ZAMORA Y CASTILLO, Niceto. *Proceso, autocomposición y defensa (contibución a los fines del proceso)*. México: UNAM, 1991.

ASTUDILLO, César. *Doce tesis en torno al Derecho Procesal Constitucional.* (en línea), formato PDF, disponible en: http://www.iidpc.org/revistas/8/pdf/57_103.pdf

CALAMANDREI, Piero. *Estudios sobre el proceso civil.* Buenos Aires: Editorial Depalma, 1962.

CAPPELETTI, Mauro. *La jurisdicción constitucional de la libertad.* México: UNAM, 1961.

COUTURE, Eduardo. "Las garantías constitucionales del proceso civil". En *Estudios de Derecho Procesal Civil.* Tomo I. Buenos Aires: Editorial Depalma, 1978.

CRUCETA, José Alberto. "La naturaleza del Derecho Procesal Constitucional". FERRER MAC-GREGOR, Eduardo y Eduardo Jorge Prats (coordinadores). *VII Encuentro de Derecho Procesal Constitucional.* Tomos I y II. Santo Domingo: Comisionado de Apoyo a la Reforma y Modernización de la Justicia, 2011.

ESTEVA GALLICHIO, Eduardo G. En Domingo García Belaúnde y Eloy Espinosa-Saldana Barrera. *Encuesta sobre Derecho Procesal Constitucional.* Lima: Jurista Editores, 2006.

FERRER MAC-GREGOR, Eduardo. *Derecho Procesal Constitucional.* Madrid: Marcial Pons, 2008.

FIX ZAMUDIO, Héctor. *Introducción al Derecho Procesal Constitucional.* Querétaro: FUNDAP, 2002.

GOZAÍNI, Osvaldo. *Introducción al Derecho Procesal Constitucional.* Buenos Aires: Rubinzal-Culzoni Editores, 2006.

GARCÍA BELAÚNDE, Domingo. *Derecho Procesal Constitucional.* Bogotá: Temis, 2001.

HÄBERLE, Peter. "La jurisdicción constitucional institucionalizada en el estado constitucional". En Eduardo Ferrer Mac-Gregor (coord.). *Derecho Procesal Constitucional.* México: Porrúa, 2006.

HERNÁNDEZ MACHADO SANTANA, Erick. *Derecho Procesal Constitucional.* Santo Domingo: Fundación Derecho Constitucional y Comunitario, 2007.

HITTERS, Juan Carlos. "El Derecho Procesal Constitucional". En Eduardo Ferrer Mac-Gregor. *Derecho Procesal Constitucional.* Tomo I. México: Porrúa, 2006.

MANILI, Pablo Luis. "Perfil del Derecho Procesal Constitucional". En José Palominos Manchego (coord.). *El Derecho Procesal Constitucional peruano.* Estudios en Homenaje a Domingo García Belaúnde. Tomo I. Lima: Grijley, 2005.

NOGUEIRA ALCALÁ, Humberto. "El Derecho Procesal Constitucional a inicios del siglo XXI en América Latina". *En Estudios Constitucionales.* Año 7. No. 1. 2009.

KELSEN, Hans. *La garantía jurisdiccional de la Constitución*. México: UNAM, 1999.

PELLERANO GÓMEZ, Juan Ml. *Constitución y política*. Santo Domingo: Capeldom, 1990.

RAFUL, Eric. "Derecho Procesal Constitucional: de una naturaleza compleja a una configuración autónoma". FERRER MAC-GREGOR, Eduardo y Eduardo Jorge Prats (coordinadores). *VII Encuentro de Derecho Procesal Constitucional*. Tomo II. Santo Domingo: Comisionado de Apoyo a la Reforma y Modernización de la Justicia, 2011.

SAGÜÉS, Nestor Pedro. *Compendio de Derecho Procesal Constitucional*. Buenos Aires: Astrea, 2009.

SOUSA DUVERGÉ, Luis Antonio. *Control de convencionalidad en República Dominicana*. Santo Domingo: Ius Novum, 2011.

ZAGREBELSKY, Gustavo. *¿Derecho Procesal Constitucional?* Querétaro: FUNDAP, 2004.

13) Vinculatoriedad. Las decisiones del Tribunal Constitucional y las interpretaciones que adoptan o hagan los tribunales internacionales en materia de derechos humanos, constituyen precedentes vinculantes para los poderes públicos y todos los órganos del Estado.

En el comentario al artículo 31 de la LOTCPC nos referimos al carácter vinculante de las decisiones del Tribunal Constitucional. En cuanto a la vinculatoriedad de las decisiones de los tribunales internacionales sobre derechos humanos constituidos según tratados de los que la República Dominicana es parte y las recomendaciones de los organismos internacionales, hay que señalar que deben ser tomados en cuenta por los jueces dominicanos en sus sentencias pues los derechos fundamentales deben ser interpretados conforme los tratados internacionales de derechos humanos, lo cual implica, como bien ha señalado el Tribunal Constitucional del Perú, "una adhesión a la interpretación que, de los mismos, hayan realizado los órganos supranacionales de protección de los atributos inherentes al ser humano y, en particular, el realizado por la Corte Interamericana de Derechos Humanos, guardián último de los derechos en la Región" (Exp. No. 0217-2002-HC/TC, *Caso de Crespo Bragayrac*).

El Estado dominicano, mediante instrumento de aceptación de la competencia de la Corte Interamericana de Derechos Humanos del 19 de febrero de 1999, aceptó y declaró que reconoce como obligatorio de pleno derecho y sin convención especial, de acuerdo a las disposiciones del artículo 62 de la Convención Americana sobre Derechos Humanos, la competencia de la Corte sobre todos los casos relativos a la interpretación o aplicación de la referida Convención. El grado de obligatoriedad de las decisiones de la Corte varía según se trate de sentencias o de opiniones consultivas. Las sentencias, que plasman la decisión del Tribunal en casos particulares en los que se han denunciado violaciones de derechos humanos constituyen jurisprudencia obligatoria y vinculante para los tribunales internos. Esta obligatoriedad deriva del hecho de que la Convención Americana sobre Derechos Humanos tiene rango constitucional, en virtud del artículo 74.3 de la Constitución y conforme ha reconocido la propia Suprema Corte de Justicia en su Resolución 1920-2003, y la Corte, como órgano de control de esa Convención, tiene competencia para conocer en cualquier caso atinente a la aplicación e interpretación del mismo (artículo 62), siendo sus sentencias definitivas e inapelables y encontrándose los Estados parte de la Convención obligados a cumplirlas (artículos 67 y 68 de la Convención).

En cuanto a las opiniones consultivas emitidas por la Corte, éstas, como bien ha señalado el propio órgano, están destinadas "a ayudar a los Estados y Órganos a cumplir y aplicar los tratados (…) sin someterlos al formalismo y al sistema de sanciones que caracteriza al proceso contencioso" (OC-3/83). Pero estas opiniones, según admite la propia Corte, "no tienen el mismo efecto vinculante que se reconoce para sus sentencias en materia contenciosa" (OC-1/82 del 24/9/92). La tendencia es, sin embargo, a admitir una mayor importancia de las opiniones consultivas de la Corte en la tarea de colaborar en la interpretación de la Convención, y hoy la Corte entiende que las mismas permiten al tribunal "emitir interpretaciones que contribuyan a fortalecer el sistema de protección de los derechos humanos" (OC-14/94 del 9/12/94) y que "aun cuando la opinión consultiva no tiene el carácter vinculante de una sentencia en un caso contencioso, tiene en cambio efectos jurídicos innegables" (OC-16/97 de 14/11/97).

Aunque en un principio, la Corte ha considerado que las "recomendaciones" de la Comisión Interamericana de Derechos Humanos no constituyen decisiones jurisprudenciales de carácter obligatorio (*Caballero Delgado y Santana*, 8/12/95), la tendencia parece ser de que si bien las recomendaciones, proposiciones e informes emitidas por la Comisión no son "decisiones jurisdiccionales" tienen efectos jurídicos y son obligatorios para los Estados. La propia Comisión ha afirmado en el Informe Anual de 1997 que "la Corte Interamericana ha señalado que los Estados parte en la Convención Americana tienen la obligación de adoptar las recomendaciones emitidas por la Comisión en sus informes sobre casos individuales, en virtud del principio de buena fe. Esta obligación se extiende a los Estados miembros en general, toda vez que, conforme a la Carta de la OEA, la CIDH es uno de los órganos principales de la Organización y tiene como

función promover la observancia y la defensa de los derechos humanos en
el hemisferio".

La LOTCPC viene a reconfirmar lo establecido por la Suprema Corte
de Justicia, la que, incluso antes del reconocimiento por la Constitución
del rango constitucional de los tratados internacionales de derechos humanos (artículo 74.3), de la cláusula del Estado abierto al Derecho Internacional y de la posibilidad de transferencia de competencias a órganos
supranacionales (artículo 26), había considerado que "es de carácter vinculante para el Estado dominicano, y, por ende, para el Poder Judicial, no
solo la normativa de la Convención Americana sobre Derechos Humanos
sino sus interpretaciones dadas por los órganos jurisdiccionales, creados
como medios de protección, conforme el artículo 33 de ésta, que le atribuye competencia para conocer de los asuntos relacionados con el cumplimiento de los compromisos contraídos por los Estados parte". Pero más
aún: para la Suprema Corte de Justicia el bloque de constitucionalidad está
constituido no solo por la Constitución y los instrumentos internacionales
de derechos humanos sino también por "las opiniones consultivas y las
decisiones emanadas de la Corte Interamericana de Derechos Humanos"
(Resolución 1920-2003). De este modo, la Suprema Corte de Justicia in-
corporó al parámetro de constitucionalidad la normativa supranacional
en materia de derechos humanos y la interpretación que de esa normativa
han provisto los órganos jurisdiccionales supranacionales, en específico, la
suministrada por la Corte Interamericana de Derechos Humanos, lo que
viene a ser reafirmado por la LOTCPC.

Artículo 8. *Sede.* El Tribunal Constitucional tiene como sede
la ciudad de Santo Domingo de Guzmán, Distrito Nacional.
Puede sesionar en cualquier otro lugar de la República Dominicana.

Este precepto podría considerarse irrelevante en el contexto general de
la LOTCPC. Pero si asumimos que los procesos constitucionales son procesos eminentemente públicos, es recomendable que en aquellos procesos
en donde están en juego intereses colectivos geográficamente diferenciados, como podría ocurrir en los recursos de revisión de amparos colectivos
por violación al medio ambiente o en las acciones en inconstitucionalidad
contra actos o normas municipales, el Tribunal Constitucional, para hacer partícipe de sus procesos a las comunidades regionales de intérpretes
constitucionales celebre audiencias fuera de su sede oficial, lo cual, por
demás, contribuye a la labor de promoción de los valores constitucionales
tal como quiere y manda la propia Constitución.

Artículo 9. *Competencia.* El Tribunal Constitucional es competente para conocer de los casos previstos por el artículo 185 de la Constitución y de los que esta ley le atribuye. Conocerá de las cuestiones incidentales que surjan ante él y dirimir las dificultades relativas a la ejecución de sus decisiones.

Este precepto evidencia claramente la intención del legislador de conferir al Tribunal Constitucional el monopolio de resolver sobre aquellas cuestiones vinculadas con las materias propias de su competencia, tal como resultan previstas en la Constitución y en la LOTCPC.

A. Cuestiones incidentales. La LOTCPC establece que el Tribunal Constitucional conocerá "de las cuestiones incidentales que surjan ante él". Por cuestión incidental debemos entender toda controversia sustantiva o procesal que, sin ser el objeto principal del proceso, se arguye dentro de él como condicionante de su resolución definitiva.

B. Cuestiones prejudiciales. A nuestro juicio, las cuestiones incidentales incluyen tanto las cuestiones incidentales stricto sensu como las cuestiones prejudiciales. Y es que la cuestión prejudicial, tal como ha establecido el Tribunal Constitucional español, implica "la necesidad de resolver incidentalmente, y a los solos efectos de decidir la pretensión planteada, un tema 'litigioso' por no haber sido objeto de resolución firme y definitiva del órgano competente para ello" (STC 182/1994). La cuestión prejudicial puede ser de carácter devolutivo o no. La prejudicialidad es obligadamente devolutiva "cuando el Ordenamiento jurídico impone la necesidad de deferir al conocimiento de otro orden jurisdiccional una cuestión prejudicial" (STC 30/1996), en tanto que es no devolutiva "cuando el asunto resulte instrumental para resolver la pretensión concretamente ejercitada y a los solos efectos de ese proceso, porque no existe norma legal alguna que establezca la necesidad de deferir a un orden jurisdiccional concreto el conocimiento de una cuestión prejudicial y corresponde a cada uno de ellos decidir si se cumplen o no los requerimientos precisos para poder resolver la cuestión, sin necesidad de suspender el curso de las actuaciones, siempre y cuando la cuestión no esté resuelta en el orden jurisdiccional genuinamente competente" (STC 190/1999). En todo caso, la mejor doctrina concuerda que, en el ámbito del Tribunal Constitucional, todas las cuestiones prejudiciales que pueden plantearse, salvo las penales, tienen un carácter no devolutivo, pero incluso estas últimas adquieren un carácter no devolutivo si se trata de aquella "relacionada pero no determinante de la culpabilidad o inocencia de una persona" (STC 201/1996).

C. Dificultades en la ejecución de las decisiones del Tribunal Constitucional. Nos remitimos aquí al comentario del artículo 50 de la LOTCPC.

CAPÍTULO II
INTEGRACIÓN DEL TRIBUNAL CONSTITUCIONAL, PRERROGATIVAS Y RÉGIMEN DE INCOMPATIBLIDADES

Artículo 10. *Integración.* El Tribunal está integrado por trece miembros que se denominaran Jueces del Tribunal Constitucional.

Hay quienes han criticado el supuestamente excesivo número de miembros del Tribunal Constitucional. Ya Hans Kelsen había señalado que, en lo que respecta a la matrícula del Tribunal Constitucional, "el número de miembros no deberá ser muy elevado" (KELSEN: 26). Pero lo cierto es que, si comparamos el Tribunal Constitucional dominicano con sus homólogos europeos más ilustres, veremos que los dominicanos no estamos lejos del número promedio de magistrados constitucionales especializados: 13 miembros en el caso del Tribunal Constitucional español, 14 miembros –más 6 suplentes– para el Tribunal Constitucional austríaco, 15 miembros en el caso de la Corte Constitucional italiana, y 16 en lo que respecta al Tribunal Constitucional alemán, por solo citar las jurisdicciones más antiguas y conocidas. Sólo el Consejo Constitucional francés, con sus 9 miembros, se aleja de esta media, pero ello se explica por su diversa naturaleza y funciones que nos ha llevado a hablar de la "desviación francesa", en contraste con el modelo europeo kelseniano de jurisdicción constitucional. No menos atinada ha sido la decisión del constituyente de que el número de jueces del Tribunal Constitucional sea un número impar, lo que, contrario al caso español, con sus 12 jueces constitucionales, evita los empates y hace innecesario el voto de calidad del presidente del órgano jurisdiccional, mecanismo este último que, conforme a la mejor doctrina, genera "una importante limitación, sino es que no violación, de la necesaria condición paritaria de los miembros de un órgano colegial como es el caso de un Tribunal Constitucional" (FERNÁNDEZ SEGADO: 642).

REFERENCIAS BIBLIOGRÁFICAS

FERNÁNDEZ SEGADO, Francisco. "La jurisdicción constitucional en España". En Domingo García Belaúnde y Francisco Fernández Segado. *La jurisdicción constitucional en Iberoamérica.* Madrid: Dykinson, 1997.

KELSEN, Hans. "La garantía jurisdiccional de la Constitución". En *Revista Iberoamericana de Derecho Procesal Constitucional.* No. 10. Julio-diciembre 2008.

Artículo 11. *Designación.* Los jueces del Tribunal Constitucional serán designados por el Consejo Nacional de la Magistratura.

Párrafo I. Para la designación de los jueces de este Tribunal, el Consejo Nacional de la Magistratura recibirá las propuestas de candidaturas que formulasen las organizaciones de la sociedad civil, de los ciudadanos y entidades públicas y privadas. Todo ciudadano que reúna las condiciones para ser juez de este Tribunal, podrá auto proponerse.

Párrafo II. El Consejo Nacional de la Magistratura publicará la relación de las personas propuestas, a fin de que los interesados puedan formular tachas, las cuales deben estar acompañadas de la prueba correspondiente.

La consolidación definitiva de los nuevos derechos, las nuevas garantías y las nuevas instituciones consagrados en la Constitución tras la reforma constitucional de 2010 depende de la designación de los integrantes del Tribunal Constitucional.

A. El rol de los partidos políticos. A pesar de que, al igual que el Poder Judicial, el Tribunal Constitucional es un poder jurisdiccional compuesto por jueces que, aparte de reunir las mismas condiciones exigidas para los jueces de la Suprema Corte de Justicia, es lógico que deben ser independientes, imparciales y responsables y que, por tanto, al igual que los jueces, deben abstenerse de cualquier actividad político partidista, por su carácter de órgano extra poder, con funciones políticas mucho más marcadas que las del Poder Judicial, el Tribunal Constitucional es, como bien afirma Eugenio Raúl Zaffaroni, un órgano compuesto muchas veces por "eminentes políticos que a la vez son juristas y catedráticos", lo que explica que "cuando los cuerpos políticos deben designar en Europa sus jueces para los tribunales constitucionales lo hagan nombrando juristas destacados que no son ajenos a los partidos y que muchas veces han tenido una militancia política ampliamente reconocida" (ZAFFARONI: 92).

En todo caso, las funciones políticas que desempeña el Tribunal Constitucional implican que los partidos no pueden ni deben estar ajenos a la selección de sus integrantes. Ello explica la composición del Consejo Nacional de la Magistratura, que el Presidente de la República presida este Consejo, que los presidentes de las cámaras legislativas lo integren, y que la segunda mayoría en ambas cámaras forme parte del mismo, siempre y cuando sea de un "partido o bloque de partidos diferente" al presidente de la cámara (artículo 178 de la Constitución). Ello no significa que los integrantes del Tribunal Constitucional se deben escoger si éstos carecen de las credenciales humanas y profesionales requeridas para tan alta investidura. Pero sí significa que su escogencia es inevitablemente cuestión política de la mayor trascendencia.

B. El rol de las organizaciones de la sociedad civil. Aunque algunas y muy importantes organizaciones de la sociedad civil han optado por no presentar candidaturas y simplemente objetar candidatos, lo ideal es que, como bien señala Peter Häberle, la elección de los jueces constitucionales especializados se realice "del espectro de todos los partidos" y "más allá de éstos" de modo que el TC pueda ser un verdadero Tribunal de la sociedad, plural en su integración y, por tanto, capaz de reflejar los anhelos de la comunidad de ciudadanos intérpretes de la Constitución. Como bien afirma el gran constitucionalista alemán, "también la elección de los jueces constitucionales, (y es de esperar que en el futuro vaya), inserta de un modo efectivo al pluralismo en el proceso constitucional (y ejerce una influencia sobre él)" (HÄBERLE: 381).

REFERENCIAS BIBLIOGRÁFICAS

HÄBERLE, Peter. "La jurisdicción constitucional institucionalizada en el estado constitucional". En Eduardo Ferrer Mac-Gregor (coord.). *Derecho Procesal Constitucional.* México: Porrúa, 2006.

ZAFFARONI, Eugenio Raúl. *Estructuras Judiciales.* Santo Domingo: Comisionado de Apoyo a la Reforma y Modernización de la Justicia, 2007.

Artículo 12. *(Modificado por el Art. 2 de la Ley 145-11, promulgada el 4 de julio de dos mil once). Presidencia.* Sin perjuicio de lo que dispone la Decimonovena Disposición Transitoria de la Constitución, al momento de la designación de los jueces, el Consejo Nacional de la Magistratura dispondrá cuál de ellos ocupará la presidencia del Tribunal y elegirá un primer y segundo sustituto, para reemplazar al Presidente, en caso de falta o impedimento.

Párrafo. *(Modificado por el Art. 2 de la Ley 145-11, promulgada el 4 de julio de dos mil once).* El primer sustituto ejerce la función de Presidente en caso de ausencia temporal u otro impedimento de éste. El segundo sustituto ejerce la función de Presidente en ausencia temporal u otro impedimento del Presidente y del primer sustituto.

La LOTCPC sigue el modelo norteamericano en el que el órgano que elige o nomina a los integrantes del Tribunal Constitucional selecciona quien ocupará la presidencia, descartando el modelo español en el que los propios integrantes del Tribunal eligen a su Presidente.

Artículo 13. *(Modificado por el Art. 1 de la Ley 145-11, promulgada el 4 de julio de dos mil once). Requisitos.* Para ser Juez del Tribunal Constitucional se requiere:

1) Ser dominicana o dominicano de nacimiento u origen;

2) Hallarse en plena ejercicio de los derechos civiles y políticos;

3) Ser licenciado o doctor en derecho;

4) Haber ejercido durante por lo menos doce años la profesión de abogado, la docencia universitaria del derecho o haber desempeñado, por igual tiempo, las funciones de juez dentro del Poder Judicial o de representante del Ministerio Público. Estos periodos podrán acumularse.

5) Tener más de treinta y cinco años de edad y menos de setenta y cinco.

A. Requisitos de elegibilidad. La LOTCPC establece los requisitos mínimos exigidos por la Constitución para ser miembro del Tribunal Constitucional. Pero a los integrantes del máximo defensor de la Constitución se le debe exigir más que esos requisitos mínimos. En este sentido, son de utilidad los requisitos exigidos por la American Bar Association a los candidatos a jueces en Estados Unidos, a saber, integridad y buena reputación, honestidad intelectual, competencia académica, destrezas profesionales, capacidad de análisis, experiencia, capacidad de rendimiento, laboriosidad, temperamento y vocación al servicio público (AMERICAN BAR ASSOCIATION), los cuales han sido incorporados por la Ley Orgánica del Consejo Nacional de la Magistratura como requisitos para la evaluación de los jueces de la Suprema Corte de Justicia.

B. La edad de los jueces. La LOTCPC recoge el criterio de la opinión mayoritaria en el seno de la comunidad jurídica de que, dado que el artículo 187 de la Constitución dispone que "para ser juez del Tribunal Constitucional se requieren las mismas condiciones exigidas para los jueces de la Suprema Corte de Justicia" y puesto que el artículo 151 establece que "la edad de retiro obligatoria para los jueces de la Suprema Corte de Justicia es de setenta y cinco años", nadie con esa edad puede ser designado en la Suprema Corte de Justicia y, en consecuencia, tampoco en el Tribunal Constitucional, pues, a pesar de que los integrantes del Tribunal son designados por un período y no están sujetos a retiro, la referida edad es una condición negativa para ser juez de dichos órganos.

Lógicamente, lo anterior no significa que se piense que una persona por tener 75 años ya no está en condiciones físicas o mentales de ser juez.

Puede afirmarse que el jurista, al igual que el vino, mientras más viejo mejor. Es más, establecer una edad de retiro obligatorio para los jueces, como lo hizo la Ley de Carrera Judicial de 1998, es inconstitucional, pues la inamovilidad de los jueces solo tiene sentido si, como quería Eugenio María de Hostos, se trata, en la mejor tradición angloamericana, de una *tenure for life.*

Pero la Suprema Corte de Justicia validó la edad de retiro obligatorio, aunque consideró que la ley que establecía el retiro no le aplicaba, pues los jueces supremos habían sido designados con anterioridad a ésta, obviando que una cosa es que la ley no se aplique retroactivamente y otra que se aplique inmediatamente. Era evidente que el retiro obligatorio aplicaba también a los jueces de la Suprema Corte de Justicia pues la ley afecta inmediatamente las situaciones en curso. El argumento de la Suprema Corte de Justicia era tan absurdo como si los esposos casados antes del 14 de diciembre de 1940, fecha en la que entró en vigor la ley que otorgó plena capacidad a la mujer casada, alegasen que ellos tenían derecho a la desigualdad de sus esposas porque se habían casado con ellas antes de esa fecha. Lo que procedía era declarar inconstitucional la obligatoriedad del retiro para todos los jueces. Pero se optó por la posición de Karl Loewenstein que entiende que la inamovilidad judicial es perfectamente compatible con el retiro forzoso, exceptuando de la fórmula a los jueces de la Suprema Corte de Justicia, lo que precisamente llevó al constituyente de 2010 a fijar taxativamente la edad de retiro obligatoria de los jueces supremos.

Hoy, nos guste o no, es claro que para la Constitución de 2010, en el espíritu de que no es bueno echar vino viejo en odres nuevos, y como afirma Juan José Solozábal en relación a España, es mala la práctica "que descuida la dimensión especial del Tribunal Constitucional, y (…) tiende a afirmar su pertenencia en él como un paso más en la carrera judicial, como la culminación de la misma", así como aquella "que querría aparecer como convención, de asegurar al presidente del Tribunal Supremo el tránsito natural al Tribunal Constitucional. La tensión entre ambas jurisdicciones, que es lógico, en sus justos términos, que exista y que no puede acabar ni con la superioridad ni la especialidad del Tribunal Cosntitucional, indudables dada la condición de este de garante máximo del orden constitucional, no puede pensarse que quede resuelta a través de un procedimiento que muestre al Tribunal Supremo como la antesala del Constitucional (…) No conviene aceptar un Constitucional como prolongación del Supremo, ignorando, (…) que las lógicas de ambas jurisdicciones son diferentes y que el perfil del magistrado del Tribunal Constitucional ha de tener un relieve que no se compadece necesariamente con la práctica y la actitud del aplicador de la legalidad ordinaria, aun con el grado de competencia, independencia y dedicación de los magistrados del Supremo. Este riesgo, sin considerar el argumento de que el servicio al Tribunal Constitucional impone muchas veces dificultades en el trabajo no siempre superables cuando se alcanza la jubilación en el Supremo" (SOLOZÁBAL).

REFERENCIAS BIBLIOGRÁFICAS

AMERICAN BAR ASSOCIATION. "Guía para evaluar las cualidades de los candidatos a jueces". *En Revista de Ciencias Jurídicas*. Pontificia Universidad Católica Madre y Maestra. No. 27. Octubre 1986.

SOLOZÁBAL, Juan José. *Una renovación crucial.* (en línea), disponible en: http://www.iustel.com/v2/diario_del_derecho/?ref_iustel=1045293

Artículo 14. *Impedimentos.* No pueden ser elegidos para ser miembros del Tribunal Constitucional:

1) Los miembros del Poder Judicial o del Ministerio Público que hayan sido destituidos por infracción disciplinaria, durante los diez años siguientes a la destitución;

2) Los abogados que se encuentren inhabilitados en el ejercicio de su profesión por decisión irrevocable legalmente pronunciada, mientras esta dure;

3) Quienes hayan sido condenados penalmente por infracciones dolosas o intencionales, mientras dure la inhabilitación;

4) Quienes hayan sido declarados en estado de quiebra, durante los cinco años siguientes a la declaratoria;

5) Quienes hayan sido destituidos en juicio político por el Senado de la República, durante los diez años siguientes a la destitución;

6) Quienes hayan sido condenados a penas criminales.

Este precepto establece una serie de causas de inelegibilidad. Estas causas, en caso de sobrevenir tras la elección, devienen en causas de incompatibilidad que obligan al juez del Tribunal Constitucional afectado por una de las mismas a renunciar al cargo, pues, de lo contrario se expone a su destitución por falta grave mediante el procedimiento de juicio político. Podría considerarse que si sobreviene una de estas causas de inelegibilidad tras la elección se produce la vacancia, a pesar de que el artículo 22 de la LOTCPC no contiene una disposición expresa en este sentido. Lo mismo aplica para las incompatibilidades establecidas en el artículo 17 de la LOTCPC.

Artículo 15. *Juramento.* Para asumir el cargo de Juez del Tribunal Constitucional se requiere prestar juramento ante el Consejo Nacional de la Magistratura, de lo cual se levantará acta.

Este artículo se deriva de la exigencia del artículo 276 de la Constitución, el cual establece que "la persona designada para ejercer una función pública deberá prestar juramento de respetar la Constitución y las leyes, y de desempeñar fielmente los deberes de su cargo. Este juramento se prestará ante funcionario u oficial público competente". El juramento del cargo público es de una rancia tradición en un país que, como República Dominicana, inicia su proceso de independencia con el juramento trinitario. No puede, por tanto, afirmarse aquí, como lo ha hecho el Tribunal Constitucional de España, respecto a un ordenamiento jurídico que, como el español, su Constitución no exige el juramento, que "el requisito del juramento o promesa es una supervivencia de otros momentos culturales y de otros sistemas jurídicos a los que era inherente el empleo de ritos o fórmulas verbales ritualizadas como fuentes de creación de deberes jurídicos y de compromisos sobrenaturales" (STC 119/1990).

Y es que la razón de ser del juramento es que "un Estado tiene que poder confiar, en el marco de la Constitución y las leyes, en sus funcionarios, jueces y soldados" y "mediante el juramento o promesa solemne, los funcionarios públicos, el juez o el soldado vienen a reforzar lo que la Ley espera de ellos: fidelidad al Estado y a la Constitución" (DENNINGER: 457). Sólo puede llegar a ser funcionario público quien ofrece, a través del juramento, garantía de que defenderá en todo momento el orden fundamental libre y democrático conforme a la Constitución. El funcionario público investido debe identificarse mediante su comportamiento global con el orden fundamental y libre de la Constitución y favorecer su mantenimiento. Este deber de fidelidad forma parte, como bien ha expresado el Tribunal Constitucional alemán, de los "deberes esenciales del funcionario público" (BverfGE 76, 157, 160 (1984), cuyo deber de "acatar y cumplir la Constitución y las leyes" va más allá del deber fundamental establecido para las personas (artículo 75.1 de la Constitución). Por eso, al funcionario se le exige más que lo que simplemente se le exige al ciudadano, a quien le basta con cumplir correcta, precisa y lealmente sus deberes.

Para probar su fidelidad constitucional, como bien ha señalado el Tribunal Constitucional alemán, al funcionario se le exige "algo más que una actitud sólo formalmente correcta, pero por lo general no particularmente interesada, fría y espiritualmente distanciada respecto del Estado y de la Constitución; ella (la obligación de fidelidad) requiere del funcionario público que se distancie inequívocamente de grupos y acciones que atacan, combaten y difaman este Estado, sus órganos constitucionales y el orden constitucional vigente. De los funcionarios públicos se espera que cobren conciencia y reconozcan este Estado y su Constitución como un alto valor digno de comprometerse con él. La fidelidad política se acredita en momentos de crisis y en situaciones serias de conflicto, en los que el Estado acaba dependiendo de que los funcionarios públicos se decanten por él. El Estado –en términos concretos, cada Gobierno constitucional y todos los ciudadanos– tiene que poder confiar en que el funcionario va a estar dispuesto a asumir, en la ejecución de los asuntos de la Administración, las responsabilidades que corresponden al Estado, a su Estado; y en que se va a sentir confortablemente en el seno del Estado al que debe servir –ahora y en todo momento, y no sólo cuando se hayan realizado los cambios a que él aspira mcdiantc las corrcspondientes modificaciones en la Constitución" (BvergGE 40, 237). Sobra decir que esta exigencia es aún mayor en el caso de los miembros de un órgano constitucional que, como el Tribunal Constitucional, se erige como supremo y máximo defensor de la Constitución y de los derechos que ésta consagra.

REFERENCIAS BIBLIOGRÁFICAS

Denninger, Erardo. "Democracia militante y defensa de la Constitución". En Ernesto Benda y otros. *Manual de Derecho Constitucional.* Madrid: Marcial Pons, 2001.

Artículo 16. *Dedicación exclusiva.* La función de Juez del Tribunal Constitucional es de dedicación exclusiva. Le está prohibido desempeñar cualquier otro cargo público o privado y ejercer cualquier profesión u oficio.

Artículo 17. *Incompatibilidades.* Los Jueces de este Tribunal están impedidos de defender o asesorar pública o privadamente, salvo los casos excepcionales previstos en el Código de Procedimiento Civil. Sus integrantes no podrán optar por ningún cargo electivo público, ni participar en actividades político partidistas.

Párrafo. Cuando concurriera una causa dc incompatibilidad en quien fuera designado como Juez del Tribunal, debe antes de tomar posesión, declinar al cargo o a la actividad incompatible. Si no lo hace en el plazo de treinta días siguientes a su designación, se entiende que no acepta el cargo de juez.

Artículo 18. *Independencia.* Los jueces de este Tribunal no están sujetos a mandato imperativo, ni reciben instrucciones de ninguna autoridad. No incurren en responsabilidad por los votos emitidos en el ejercicio de sus funciones.

A. Conceptuación general. Estos textos legales buscan preservar la independencia e imparcialidad de los jueces del Tribunal Constitucional así como el adecuado desempeño de sus funciones jurisdiccionales. Si estos jueces "no están sujetos a mandato imperativo, ni reciben instrucciones de ninguna autoridad" (artículo 18), entonces es preciso impedir cualquier lazo de subordinación o vínculo de los integrantes del Tribunal con órganos o personas públicas o privadas. Por eso, la función de juez del Tribunal Constitucional "es de dedicación exclusiva", por lo que "le está prohibido desempeñar cualquier otro cargo público o privado y ejercer cualquier profesión u oficio" (artículo 16), "defender o asesorar pública o privadamente", "optar por ningún cargo electivo, ni participar en actividades político partidistas" (artículo 17). Aunque la LOTCPC no lo dice expresamente, se infiere que la dedicación exclusiva a la que se refiere el artículo 16 impide a los jueces del Tribunal Constitucional ocupar empleos en toda clase de personas físicas o jurídicas, públicas o privadas, sean con o sin fines de lucro, estén retribuidos o no. La LOTCPC busca la desvinculación total, por imposición de la apariencia de imparcialidad exigible, y a tenor de la exclusiva dedicación y única retribución.

B. Sentido de la despolitización. La LOTCPC establece que los integrantes del Tribunal Constitucional "no podrán optar por ningún cargo electivo público, ni participar en actividades político partidarias" (artículo 17). Con este precepto, se busca la despolitización del Tribunal Constitucional. Pero… ¿qué se quiere decir cuando se habla de "despolitización"? Ante todo hay que estar claros que, conforme la Constitución, si el Tribunal Constitucional no quiere dejar de ser un órgano del Estado, es obvio que no puede dejar de estar politizado, en el sentido de órgano que, aunque extra poder, tiene que ser justamente político pues cumple funciones políticas en tanto es precisamente un órgano del Estado que solo dejando de ser estatal podría dejar de ser político.

Si esto es así como es, ¿qué sentido tiene hablar de despolitización de la jurisdicción constitucional especializada? A mi modo de ver, sólo es constitucionalmente válido hablar de despolitización del Tribunal Constitucional en el sentido de evitar la "partidización" de los jueces constitucionales, pues ésta, entendida como sometimiento de la justicia constitucional especializada, a un partido político, a un grupo de empresarios o a cualquier poder fáctico, sea legal o ilegal, atenta contra el código operativo mismo de un órgano que no deja de ser jurisdiccional a pesar de no pertenecer al Poder Judicial: la imparcialidad. Y es que un Tribunal Constitucional partidarizado deja de ser jurisdiccional, en tanto ya no es ni independiente ni imparcial. Lo anterior no quiere decir que un militante político no pueda incorporarse al Tribunal Constitucional cumpliendo los requisitos constitucionales y legales. Lo que la LOTCPC prohíbe es que quien es juez del Tribunal Constitucional participe en actividades político partidistas, no que en el pasado hubiese sido militante político. Sin embargo, los jueces del Tribunal Constitucional no son eunucos ni esos seres insípidos, inodoros e incoloros que nos venden algunas corrientes que postulan una imposible apoliticidad de unos jueces que, en tanto seres humanos, son, como bien señaló Aristóteles, inevitablemente animales políticos.

Artículo 19. *Derechos, deberes y prerrogativas.* Los jueces del Tribunal gozan de los mismos derechos, deberes y prerrogativas que los jueces de la Suprema Corte de Justicia en el ejercicio de sus funciones.

Se equipara aquí el estatuto de los jueces del Tribunal Constitucional con el de los jueces que componen la Suprema Corte de Justicia.

Artículo 20. *Atribuciones del Presidente.* Corresponde al Presidente del Tribunal Constitucional, presidir las sesiones y audiencias del Tribunal y representarlo en todos sus actos públicos. Sus funciones específicas serán establecidas en el Reglamento Orgánico del Tribunal Constitucional.

Este precepto establece las competencias mínimas del Presidente del Tribunal Constitucional delegando en el Reglamento Orgánico configurar otras funciones específicas. Hay que remarcar, sin embargo, que este Reglamento no puede atribuir funciones al Presidente del Tribunal que sustraigan competencias al pleno del Tribunal que, en tanto integra todo el colegio de jueces, es el único que tiene competencias de ámbito gubernativo, administrativo, jurisdiccional y reglamentario.

Artículo 21. *Duración del cargo.* La designación para el cargo de Juez del Tribunal Constitucional es por nueve años. Los jueces de este Tribunal no podrán ser reelegidos, salvo quienes en calidad de reemplazantes hayan ocupado el cargo por un periodo menor de cinco años.

Párrafo. Agotado el tiempo de su designación, los jueces continúan en el ejercicio de sus funciones hasta que hayan tornado posesión quienes los sustituirán.

La LOTCPC prohíbe la reelección en sus cargos de los jueces del Tribunal Constitucional, lo cual fomenta la responsividad de los mismos y la renovación periódica de la matrícula del Tribunal. Para evitar disfuncionalidades en un órgano cuyas decisiones requieren mayoría agravada y previendo posibles demoras en la renovación de los cargos, la LOTCPC establece que los jueces continúan en sus funciones hasta la toma de posesión de los reemplazantes.

Artículo 22. *Vacancia.* El cargo de Juez del Tribunal Constitucional queda vacante por cualquiera de las siguientes causas:
a) Por muerte;
b) Por renuncia; y
c) Por destitución por la comisión de faltas graves en el ejercicio de sus funciones, conforme al procedimiento de juicio político establecido en la Constitución de la República.

Artículo 23. *Reemplazantes.* Sin perjuicio de lo que dispone el artículo 22 de esta ley, cuando ocurra una causa de vacancia el Consejo Nacional de la Magistratura deberá proceder en los dos meses siguientes a elegir un juez en calidad de reemplazante.

Párrafo. Los jueces designados para reemplazar a aquellos cuyo mandato finalice antes del término previsto normalmente, concluirán el mandato de aquellos a quienes sustituyan. Al final de este mandato podrán ser nombrados jueces a condición de que se desempeñen en las funciones de reemplazo durante menos de cinco años.

El artículo 22 establece las causas de vacancia a las cuales entendemos que hay que añadir una causa implícitamente contemplada que es que sobrevenga en uno de los integrantes una causa de inelegibilidad, lo cual autoriza al Consejo Nacional de la Magistratura a proceder a designar el reemplazante conforme dispone el artículo 23.

Artículo 24. *Suspensión.* Los jueces del Tribunal Constitucional pueden ser suspendidos por el Pleno, provisionalmente, a solicitud tribunal competente, cuando hayan incurrido en delito flagrante.

Artículo 25. *Responsabilidad de los jueces.* La responsabilidad administrativa, civil y penal de los jueces de este Tribunal se regirá por las normas aplicables a los demás jueces del Poder Judicial.

La LOTCPC establece que el régimen de responsabilidad de los jueces del Tribunal Constitucional es el mismo de los jueces del Poder Judicial. Esta responsabilidad de los jueces del Tribunal Constitucional hay que entenderla en estrecha vinculación con la independencia de los mismos. En el desempeño de sus funciones, el juez debe sentirse seguro y esa seguridad debe depender solo de su buena conducta en el ejercicio de la función jurisdiccional. Por ello, la inamovilidad se configura como garantía de la independencia judicial. Sin seguridad el juez no puede ser independiente. Pero esa misma seguridad exige la responsabilidad efectiva de los jueces. Ya lo afirma Pérez Royo: "Sin independencia no hay responsabilidad. Pero sin responsabilidad tampoco hay independencia. Pues la independencia del juez es funcional. El juez debe ser independiente para poder cumplir con la obligación que la Constitución le impone de administrar justicia. No para hacer lo que le dé la gana. Si cuando no cumple con su obligación como es debido no se le exige responsabilidad alguna, su subordinación por vías soterradas y espurias a intereses privados se producirá con seguridad. La no exigencia de responsabilidad del juez es la antesala de la privatización de la función jurisdiccional, que es lo que, en última instancia, consiste la prevaricación. Quiere decirse, que la responsabilidad del Juez no puede quedar reducida a una mera proclamación constitucional, sino que tiene que ser real y efectiva. Un poder sin responsabilidad no puede no acabar siendo un poder corrompido" (PÉREZ ROYO: 877). El juez es responsable penalmente en caso de que se aparte de su deber de juzgar en conciencia, o sea, imparcialmente, ateniéndose únicamente a su convicción y a las pruebas legalmente recibidas, y descartando toda consideración de simpatía hacia los litigantes, o de interés personal (artículos 177 y siguientes del Código Penal). El juez también es responsable civilmente.

REFERENCIAS BIBLIOGRÁFICAS

PÉREZ ROYO, Javier. *Curso de Derecho Constitucional.* Madrid: Marcial Pons, 2007.

CAPÍTULO III
REUNIONES, DELIBERACIONES Y DECISIONES DEL TRIBUNAL

Artículo 26. *Reuniones.* Para conocer asuntos de su competencia, el Tribunal se reunirá a requerimiento de su Presidente o a solicitud de cuatro o más de sus miembros en cuantas ocasiones sean necesarias. Si todos los integrantes se encontraren presentes y todos estuvieren de acuerdo, el Tribunal podrá deliberar válidamente sin previa convocatoria.

Párrafo I. Las reuniones del Tribunal serán dirigidas por su Presidente. En ausencia de este y de sus sustitutos ocupará la presidencia el juez de mayor edad.

Párrafo II. Cuando cuatro o más jueces solicitaren la reunión del Tribunal y el Presidente no la convocare, estos podrán tramitar la convocatoria y reunirse válidamente cuando la reunión contare con la presencia de nueve o más de sus integrantes.

Este precepto busca combatir los perniciosos efectos del presidencialismo en los órganos constitucionales colegiados al descentralizar las convocatorias y permitir que cuatro o más jueces del Tribunal Constitucional puedan convocar reuniones del Tribunal.

Artículo 27. *Deliberaciones.* El tribunal delibera válidamente con la presencia de nueve miembros y decide por mayoría de nueve o más votos conformes.

Conforme la LOTCPC, las decisiones del Tribunal Constitucional se adoptan con una mayoría calificada de nueve o más de sus miembros, tal como manda el artículo 186 de la Constitución. Esto significa que el quórum es 9 y que, en principio, se requeriría un voto unánime de estos 9 jueces para que el Tribunal pueda adoptar una decisión. La mayoría calificada hace sentido si partimos de la presunción de constitucionalidad de las leyes, objeto del control de constitucionalidad por antonomasia en el modelo de control concentrado en manos de un Tribunal Constitucional: a fin de cuentas, 9 jueces constitucionales pueden derogar lo que un Congreso Nacional de más de 200 representantes de la voluntad popular aprobó como norma obligatoria. Esta mayoría, asimismo, obliga necesariamente a que se forme un consenso al interior del colegio constitucional y a que las decisiones no sean fruto de una minoría intensa o de una mayoría coyuntural. En todo caso, los votos disidentes pueden ser expresados en la decisión adoptada, como bien establece el artículo 186 de la Constitución y tal como regula el artículo 30 de la LOTCPC.

Siempre entendimos que, como corresponde al Tribunal Constitucional la ineludible responsabilidad de resolver los casos que se le sometan y en virtud de la presunción de constitucionalidad de la ley, la mayoría calificada debe conceptuarse como aquella necesaria para declarar inconstitucional la norma o acto cuestionado, por lo que, en caso de no alcanzarse dicha mayoría, el Tribunal deberá dictar sentencia declarando infundada la demanda en inconstitucionalidad, pudiendo los magistrados emitir sus opiniones en forma de fundamento de voto como muestra del debate y la transparencia. Es cierto que este sistema posibilita que la minoría derrote a la mayoría, por ejemplo, 8 jueces considerando que la ley es inconstitucional frente a 5 que la consideren constitucionalmente válida. Pero ello, por lo menos en lo que respecta al control concentrado de constitucionalidad de las leyes (artículo 185.1), es preferible a que las causas ante el Tribunal Constitucional no se decidan por no reunirse la mayoría calificada. Esta es la solución en el ordenamiento constitucional peruano en donde, según el artículo 5 de la Ley Orgánica del Poder Judicial, aparte de que los jueces son irrecusables aunque pueden inhibirse, el Tribunal Constitucional no puede dejar de resolver y los magistrados tampoco pueden dejar de votar, exigiéndose 5 votos conformes para resolver la inadmisibilidad de la demanda o para dictar sentencia que declare la inconstitucionalidad de la norma, lo cual produce con frecuencia que, por ejemplo, 4 magistrados que consideran la norma inconstitucional terminen vencidos por 3 que la reputan constitucional. La LOTCPC, apoyada en el hecho de que la Constitución no distingue entre decisiones estimatorias y desestimatorias, ha dado, sin embargo, una lectura conservadora de los textos constitucionales, exigiendo una mayoría calificada para todas las decisiones, incluyendo las concernientes a la admisibilidad de las acciones y recursos constitucionales ante el Tribunal Constitucional, esto último impidiendo que se configuren salas de admisibilidad que contribuyan a filtrar los procesos constitucionales y eviten la sobrecarga de trabajo del pleno del Tribunal.

Artículo 28. *Irrecusabilidad.* Los jueces del Tribunal son irrecusables, pero deben inhibirse voluntariamente de conocer asunto, cuando sobre ellos concurra cualquiera de las causas de recusación previstas en el derecho común. El Pleno, por mayoría de votos puede rechazar la inhibición.

Este precepto persigue preservar la capacidad del Tribunal Constitucional de poder reunirse válidamente, sin exponerse a recusaciones alegres e infundadas tendentes a evitar que se configure el quórum necesario para deliberar y la mayoría agravada requerida para decidir. El juez del Tribunal Constitucional en quien concurra una de las causas de recusación del Derecho común deberá inhibirse, aunque el pleno del Tribunal puede rechazar la inhibición.

Artículo 29. *Obligación de asistencia.* **Los jueces deben asistir a las convocatorias del pleno. Las ausencias reiteradas a las sesiones del Tribunal, se considera falta grave en el ejercicio de sus funciones.**

La necesidad de reunir el quórum necesario para deliberar y la mayoría agravada requerida para decidir han obligado al legislador a considerar las ausencias reiteradas de los jueces del Tribunal Constitucional como una falta grave pasible de ser sancionada con el juicio político y la consecuente destitución del magistrado en cuestión.

Artículo 30. *Obligación de votar.* **Los jueces no pueden dejar de votar, debiendo hacerlo a favor o en contra en cada oportunidad. Los fundamentos del voto y los votos salvados y disidentes se consignaran en la sentencia sobre el caso decidido.**

El debido proceso implica que la exigencia de la motivación de las sentencias es mayor cuando se trata de las sentencias del Tribunal Constitucional por el carácter general, ambiguo, principista y axiológico de las normas constitucionales, lo que obliga, tal como dispone la LOTCPC, en desarrollo del artículo 186 de la Constitución, hace más necesario institucionalizar la práctica de las opiniones disidentes y concurrentes como garantía de publicidad y transparencia del proceso constitucional. La sentencia constitucional adquiere legitimidad y sólo podrá ser aceptada y obedecida en la medida en que no es mero *ukase, fiat* o decisión de poder sino un acto fundado en razones. "Dentro de esa exigencia cualificada de justificación de las decisiones del Tribunal Constitucional se sitúa el papel de la crítica. Como para ninguna otra jurisprudencia, es aquí necesario un diálogo permanente entre el Tribunal y la doctrina jurídica, un diálogo franco y abierto, con elogios y censuras, con desarrollos y justificaciones generales, con reservas y advertencias. Jurisprudencia y doctrina han de caminar conjuntamente para que la legitimidad de la primera se afiance y se afirme, presentándose como la expresión inequívoca y autorizada de la Constitución y de sus valores fundamentales" (García De Enterría: 237).

REFERENCIAS BIBLIOGRÁFICAS

García De Enterría, Eduardo y Tomás-Ramón Fernández. *Curso de Derecho Administrativo*. Tomo I. Lima-Bogotá : Palestra-TEMIS, 2006.

Artículo 31. *Decisiones y los precedentes.* Las decisiones del Tribunal Constitucional son definitivas e irrevocables y constituyen precedentes vinculantes para los poderes públicos y todos los órganos del Estado.

A. Consagración del precedente constitucional vinculante. La Constitución dispone que las decisiones del Tribunal Constitucional "son definitivas e irrevocables y constituyen precedentes vinculantes para los poderes públicos y todos los órganos del Estado" (artículo 184), disposición que es confirmada textualmente por la LOTCPC. Queda claro aquí que la sentencia constitucional tiene capacidad para vincular y obligar a los poderes públicos. Si no fuera así, no tendría sentido establecer el control concentrado de constitucionalidad. Esta vinculación significa que la sentencia constitucional tiene fuerza de ley, tanto en su parte dispositiva, como en las partes esenciales de su parte motiva. Ello implica que el legislador no puede reincorporar al ordenamiento preceptos declarados inconstitucionales por el Tribunal Constitucional. Por su parte, los jueces deben interpretar las leyes y los reglamentos según los preceptos y principios constitucionales tal como fueron interpretados por las sentencias dictadas por el Tribunal Constitucional. Por su parte, el Tribunal Constitucional queda vinculado a sus propias decisiones lo cual es una exigencia de seguridad jurídica. La congruencia, la obligación de que los tribunales actúen conforme a su propio precedente, tanto hacia el pasado como hacia el futuro, sentando precedentes que puedan ser utilizables en otros casos, es una exigencia lógica de la jurisdicción constitucional.

Que las sentencias constitucionales sientan precedentes ha sido explicado por la Corte Constitucional de Colombia en los siguientes términos: "En últimas, la Constitución Política es una sola y el contenido de sus preceptos no puede variar indefinidamente según el criterio de cada uno de los jueces llamados a definir los conflictos surgidos en relación con los derechos fundamentales. Es verdad que, como esta Corporación lo ha sostenido repetidamente, uno de los principios de la administración de justicia es el de la autonomía funcional del juez, en el ámbito de sus propias competencias [...], pero ella no se confunde con la arbitrariedad del fallador para aplicar los preceptos constitucionales. Si bien la jurisprudencia no es obligatoria [...], las pautas doctrinales trazadas por esta Corte, que tiene a su cargo la guarda de la integridad y supremacía de la Carta Política, indican a todos los jueces el sentido y los alcances de la normatividad fundamental y a ellas deben atenerse. Cuando la ignoran o contrarían no se apartan simplemente de una jurisprudencia –como podría ser la penal, la civil o la contencioso-administrativa– sino que violan la Constitución, en cuanto la aplican de manera contraria a aquella en que ha sido entendida por el juez de constitucionalidad a través de la doctrina constitucional que le corresponde fijar (Sentencia C-260/95). Más recientemente, la Corte colombiana ha ratificado su criterio, en los siguientes términos: "La interpretación que lleva a cabo la Corte no es externa al texto de la Carta, como que ésta demanda de la misma para poder actualizarse en el espacio y en el tiempo históricos. Las sentencias de la Corte Constitucional, en este sentido, por ministerio de la propia Constitución, son fuentes obligatorias para discernir cabalmente su sentido" (SU-640/98 y SU-168/99).

Hay quienes se rasgarán las vestiduras ante la consagración constitucional expresa del precedente vinculante del Tribunal Constitucional, alegando que ello es un peligroso injerto en un sistema jurídico que, como el dominicano, no pertenece al sistema del *common law*, el cual por definición está basado en el precedente judicial. Basta citar las palabras de Lafuente Balle para refutar este infundado e improcedente tradicionalismo: "[...] tanto en el sistema difuso como en el concentrado de control de constitucionalidad de las leyes, compete a un órgano judicial resolver sobre la adecuación de las leyes parlamentarias a la Constitución, mediante unas sentencias dotadas de una eficacia muy superior a la de las sentencias ordinarias, puesto que pueden fallar hasta la nulidad de una ley parlamentaria. Por consiguiente, también el Tribunal Constitucional es destinatario de las normas constitucionales, tanto las de conducta como las de competencia, de forma que su vigencia exige los mismos requisitos que cualesquiera otras normas jurídicas. Esta atribución a los tribunales constitucionales del control de constitucionalidad de las leyes les ha dotado de un auténtico poder normativo. El Tribunal Constitucional puede operar no sólo como un legislador negativo y resolver la inconstitucionalidad y la nulidad de una ley parlamentaria; sino, además, como un legislador positivo en las denominadas sentencias interpretativas por las que declara la constitucionalidad condicionada de un precepto legal, imponiendo o vedando una o varias de sus posibles interpretaciones e, incluso, manipulando el texto de la norma que enjuicia. En todo caso, cualquiera que sea el procedimiento que se somete a su competencia y consideración, los tribunales con cometido constitucional adecuan su actividad a su propio precedente, a su autoprecedente, con lo que se favorece la predicibilidad de sus pronunciamientos y resoluciones futuras. En la actualidad, no ha lugar a la vieja distinción entre la interpretación jurisdiccional continental y anglosajona según la cual sólo ésta crearía normas generales o *common law*. El propio precedente ha devenido también el argumento decisivo en la jurisprudencia constitucional continental. Por consiguiente, cada sentencia adoptada por el Tribunal Constitucional pudo operar como norma singular entre las partes litigantes, pero a partir de que es utilizada como precedente de futuras sentencias deviene norma general. Es comprobable que tanto si es el Tribunal Supremo estadounidense, como si es el Tribunal Constitucional alemán o español, la práctica totalidad de sus sentencias utilizan el argumento del propio precedente como determinante. Dicho de otro modo, de entre todas las fuentes del Derecho, es decir, de entre todos los elementos que influyen en los considerandos sobre los que el Tribunal Constitucional fundamentará su fallo, la jurisprudencia y el propio precedente adquieren una especial relevancia. Más aún, tanto en el sistema jurídico continental como en el anglosajón, el precedente jurisdiccional determina el grado de vigencia de la norma" (LAFUENTE BALLE: 48).

B. Importancia del precedente constitucional. "El principio de precedente está tan arraigado en los tribunales constitucionales continentales como el *stare decisis* en la Corte Suprema británica. También los tribunales constitucionales continentales adecuan su actividad a sus propios precedentes. El auto-precedente ha devenido el argumento decisivo en la jurisprudencia constitucional continental. Ya no ha lugar a la distinción, según la cual, la jurisprudencia anglosajona crea normas generales, mientras que la continental se limita a dictar normas singulares que vinculan solo a los litigantes. También los tribunales constitucionales continentales fundamentan sus resoluciones en sus propias sentencias que, de este modo, devienen auténticas normas generales. Al igual que la Suprema Corte británica, el Tribunal Constitucional italiano, el alemán o el español, en la práctica totalidad de sus sentencias, utilizan el argumento del propio precedente como el crucial y determinante. De la simple lectura de su jurisprudencia se evidencia que, también para los tribunales constitucionales continentales, el propio precedente se ha convertido en la más importante de las fuentes del Derecho. Léase cualquier sentencia constitucional reciente y se observará que el fundamento inmediato es invariablemente el precedente; y que el ponente, para justificar el fallo, cita, una y otra vez, los precedentes, reproduce literalmente párrafos interminables de sentencias anteriores, y –para acabar– los glosa" (LAFUENTE BALLE: 159).

La producción jurisprudencial del Tribunal Constitucional no escapa a este rasgo que cada día más caracteriza a la jurisdicción constitucional contemporánea. El influjo cada vez mayor del precedente constitucional en la labor del Tribunal Constitucional y en el resto del ordenamiento obligará a los operadores jurídicos y a los estudiosos del Derecho a desarrollar y adecuar modelos de análisis dinámico de precedentes y líneas jurisprudenciales que permitan determinar la sub-regla jurisprudencial vigente en un momento dado a partir de un análisis temporal y estructural de varias sentencias que se relacionan entre sí. Ya esto ha sido intentado para un país de Derecho legislado como Colombia (LÓPEZ MEDINA) pero los esfuerzos requerirán una comprensión más cabal y detallada del funcionamiento esencialmente dinámico del precedente constitucional, así como la publicación "de compilaciones exhaustivas de la jurisprudencia, que permitan su divulgación y de una dogmática que la analice, la construya en forma de sistema y la critique" (BERNAL PULIDO: 186). Y es que el Derecho judicial creado por los precedentes es esencialmente un *law in action,* un derecho fundamentalmente cambiante, lo cual "permite que el derecho se transforme e incorpore las nuevas demandas y valores sociales, sin que ello, por lo general, signifique que el principio de *stare decisis* pierda por completo su fuerza imperativa", articulándose así "un cuerpo de reglas en donde el pasado y el presente siempre quedan de algún modo entrelazados" (MAGALONI KERPEL: 193). En el futuro, incluso, los manuales de Derecho Constitucional de nuestros países estarán estructurados a partir de "los precedentes más importantes para describir la Constitución" (SOLÁ: XXIX).

La importancia del precedente en materia constitucional es tal que ya resulta inconcebible el estudio del Derecho Constitucional sino se estudia la jurisprudencia como ocurre en el mundo anglosajón. Esto choca con la cultura jurídica imperante en nuestro país la cual insiste en que el Derecho se aprende, aprendiendo Derecho legislado, Derecho codificado, bajo la falsa creencia de que el Derecho dominicano, al derivar de la familia romanogermánica, es un Derecho legislado, en contraposición al derecho anglosajón que es un Derecho jurisprudencial basado en el precedente. Ello ya no es así, sin embargo: "El precedente ha devenido el primer argumento de la jurisprudencia constitucional. Un análisis pormenorizado del comportamiento de los tribunales constitucionales lleva a la conclusión de que el fundamento de sus resoluciones es preponderantemente jurisprudencial. La vieja configuración de los Jueces y tribunales como un órgano destinado a la función de ejecutar las leyes es una ficción. La norma constitucional está siendo progresivamente desplazada por el precedente en los considerandos de las sentencias de los tribunales constitucionales" (LAFUENTE BALLE: 51). Por ello, "hacia el futuro, los libros de derecho constitucional en nuestro país deberán contener narrativas monográficas donde se ofrecieran interpretaciones completas y persuasivas de las interrelaciones entre textos constitucionales, legales y derecho judicial" (LÓPEZ MEDINA: 78).

C. Definición de precedente. Por precedente se entiende el principio de Derecho (*ratio decidendi*) que ha sido aplicado por un juez para decidir un caso análogo al que le corresponde ahora resolver a otro juez o al mismo juez. La fuerza normativa del precedente viene dada por el vínculo, más o menos intenso, en virtud del cual el juez se ve inducido a aplicar al nuevo caso el principio mismo de Derecho que fue objeto de aplicación entonces (MORAL SORIANO). Esta fuerza "puede ser entendida como aquel elemento característico de la jurisprudencia producida en el Estado Constitucional, que exige que tanto los poderes públicos (incluidos los propios tribunales de justicia inferiores y superiores) como los ciudadanos en general se encuentren efectivamente vinculados con los criterios, orientaciones y principios establecidos por los altos tribunales de justicia (doctrina jurisprudencial); y, además, que ante casos iguales, estos tribunales de justicia se encuentren vinculados por sus decisiones anteriores (precedente vinculante horizontal), y que los tribunales inferiores se encuentren vinculados a las decisiones de los aludidos tribunales supremos (precedente vinculante vertical)" (CORIPUNA: 119).

D. Fundamento del precedente. El respeto a los precedentes cumple funciones esenciales en los ordenamientos jurídicos, incluso en sistemas de Derecho legislado como el dominicano. Como bien señala la mejor doctrina, "hoy puede afirmarse que la autoridad de los precedentes en los países de *civil law* no es cualitativamente diferente, ni cuantitativamente inferior a la de éstos en los Estados Unidos. Si bien son raros los casos en los que asumen carácter vinculante, en cambio es normal que ejerzan una eficacia persuasiva, más o menos intensa según la autoridad del órgano que juzga, de su colocación en el sistema de los medios de impugnación de las decisiones y de otros factores de este tipo" (PIZZORUSSO 1987: 174).

Todo tribunal, y en especial el Tribunal Constitucional, debe ser consistente con sus decisiones previas y ello así por cuatro razones fundamentales explicadas brillantemente por la Corte Constitucional colombiana: "En primer término, por elementales consideraciones de seguridad jurídica y de coherencia del sistema jurídico, pues las normas, si se quiere que gobiernen la conducta de los seres humanos, deben tener un significado estable, por lo cual las decisiones de los jueces deben ser razonablemente previsibles. En segundo término, y directamente ligado a lo anterior, esta seguridad jurídica es básica para proteger la libertad ciudadana y permitir el desarrollo económico, ya que una caprichosa variación de los criterios de interpretación pone en riesgo la libertad individual, así como la estabilidad de los contratos y de las transacciones económicas, pues las personas quedan sometidas a los cambiantes criterios de los jueces, con lo cual difícilmente pueden programar autónomamente sus actividades. En tercer término, en virtud del principio de igualdad, puesto que no es justo que casos iguales sean resueltos de manera distinta por un mismo juez. Y, finalmente, como un mecanismo de control de la propia actividad judicial, pues el respeto al precedente impone a los jueces una mínima racionalidad y universalidad, ya que los obliga a decidir el problema que le es planteado de una manera que estarían dispuestos a aceptar en otro caso diferente pero que presente caracteres análogos. Por todo lo anterior, es natural que en un Estado de derecho, los ciudadanos esperen de sus jueces que sigan interpretando las normas de la misma manera, por lo cual resulta válido exigirle un respeto por sus decisiones previas" (SU-047).

E. Obligatoriedad del precedente. La obligatoriedad de un precedente no se predica con la misma intensidad para las diferentes partes de la decisión judicial. La doctrina angloamericana distingue entre la parte resolutiva (*decisum*), la razón de la decisión (*ratio decidendi*) y los *obiter dicta* (dichos al pasar). El *decisum* es la resolución concreta del caso, es decir, la determinación específica de si el demandado en cobro de pesos debe pagar o no en materia civil, de si el despido fue justificado en materia laboral o no, de si el acusado es culpable o no en materia penal. La *ratio decidendi* es la formulación general, más allá de las particularidades del caso, del principio o regla que constituyen la base de la decisión judicial específica. Por su parte, constituye un *mero dictum*, toda reflexión del juez al momento de motivar la sentencia que no es necesaria para su decisión y que constituye una opinión más o menos incidental en la argumentación del tribunal. El *decisum* goza de la autoridad de la cosa juzgada y, en la medida en que solo surte efectos entre las partes, no constituye en sí mismo un precedente ni vincula a los otros jueces, pues éstos decidirán otros casos, quizás análogos, pero nunca idénticos. El precedente vinculante es la *ratio decidendi* del caso, ya que por su abstracción y generalidad, puede y debe ser aplicado por los demás jueces a casos similares. En cuanto a los *obiter dicta*, éstos tienen una fuerza persuasiva, que puede ser mayor o menor según el prestigio y jerarquía del tribunal. Un *dictum* es un criterio auxiliar pero nunca obligatorio del juez.

¿Por qué únicamente la *ratio decidendi* constituye doctrina vinculante para los jueces en tanto que los dicta solo tienen fuerza persuasiva? La Corte Constitucional colombiana nos responde esta interrogante: "Para entender el fundamento de esa diferencia es necesario tener en cuenta que, como ya se indicó, el respeto al precedente se encuentra íntimamente ligado a una exigencia que pesa sobre toda actuación judicial, para que pueda ser calificada de verdaderamente jurídica y racional y es la siguiente: los jueces deben fundamentar sus decisiones, no en criterios *ad hoc*, caprichosos y coyunturales, sino con base en un principio general o una regla universal que han aceptado en casos anteriores, o que estarían dispuestos a aplicar en casos semejantes en el futuro. Y es que no puede ser de otra forma, pues de los jueces se espera que resuelvan adecuadamente los conflictos, pero no de cualquier manera, sino con fundamento en las prescripciones del ordenamiento. El juez debe entonces hacer justicia en el caso concreto pero de conformidad con el derecho vigente, por lo cual tiene el deber mínimo de precisar la regla general o el principio que sirve de base a su decisión concreta. Esta exigencia de universalidad de la argumentación jurídica es tan importante, que muchos teóricos contemporáneos hacen de ella el requisito mínimo de racionalidad que debe tener una decisión judicial en una sociedad democrática. Por ende, la existencia de una *ratio decidendi* en una sentencia resulta de la necesidad de que todos los casos no sean decididos caprichosamente sino con fundamento en normas aceptadas y conocidas por todos, que es lo único que legitima en una democracia el enorme poder que tienen los jueces –funcionarios no electos– de decidir sobre la libertad, los derechos y los bienes de las otras personas" (SU-047).

F. La jurisprudencia del Tribunal Constitucional. La creación de un Tribunal Constitucional cuyas "decisiones son definitivas e irrevocables y constituyen precedentes vinculantes para los poderes públicos y todos los órganos del Estado" (artículo 184) nos despeja ya de antemano la duda respecto de la capacidad de creación de Derecho de dicho tribunal. Si a esto sumamos que una de las misiones fundamentales de este Tribunal es el control concentrado de constitucionalidad, en especial el control de normas, no hay dudas de que el mismo tiene, por definición, una incidencia normativa innegable: cada vez que el Tribunal Constitucional decide respecto de normas, está afectando directamente el ordenamiento jurídico. De manera que puede afirmarse que, en tanto la jurisdicción constitucional tiene como núcleo esencial de su función el control de normas, uno de sus rasgos básicos es la capacidad de innovación en el ordenamiento jurídico o, lo que es lo mismo, la capacidad de creación de Derecho.

G. La complejidad de la producción jurídica del Tribunal Constitucional. Aquí hay que distinguir entre las sentencias que dicta cualquier tribunal de la República al conocer de una excepción de inconstitucionalidad interpuesta como mecanismo de defensa por una de las partes y las decisiones del Tribunal Constitucional sobre las acciones directas en inconstitucionalidad que se le sometan en virtud del artículo 185.1 de la Constitución. Las primeras son simples sentencias que solo surten efectos entre las partes mientras que las decisiones del Tribunal Constitucional constituyen una legislación negativa que permite al Tribunal eliminar del ordenamiento la norma jurídica considerada inconstitucional.

Es obvio que el Tribunal Constitucional puede conocer por vía directa de la constitucionalidad no solo de normas generales tales como las leyes y reglamentos sino también de actos tales como los actos administrativos y sentencias. Cuando el Tribunal controla la constitucionalidad por vía concentrada de un acto administrativo o de una sentencia, el efecto de su decisión es el mismo que cuando cualquier tribunal declara por vía de excepción inconstitucional un acto administrativo o una sentencia. Las únicas decisiones en control concentrado del Tribunal Constitucional donde el tribunal actúa como legislador negativo es cuando declara la inconstitucionalidad de una ley o de un reglamento. Es ahí que nuestro Tribunal Constitucional actúa como un verdadero "destructor de leyes" y donde sus decisiones tienen fuerza de ley, surtiendo sus efectos *erga omnes*, frente a todos. Lo mismo ocurre en caso de que el Tribunal Constitucional dicte una sentencia interpretativa de rechazo que es una técnica frecuente en la jurisdicción constitucional y mediante la cual el tribunal declara que una ley no contradice la Constitución porque procede una interpretación conforme a la Constitución. Como bien señala la doctrina, "la interpretación rechazada, la que sirve de fundamento al recurso que se desestima, es así objeto de una declaración de inconstitucionalidad (...) mediante la cual el Tribunal actúa también como legislador, en este caso positivo, en cuanto contribuye a concretar por exclusión el contenido del precepto legal examinado". Por el contrario, las sentencias que desestiman la acción en inconstitucionalidad elevada y declaran que la ley impugnada no es contraria a la Constitución, carecen de fuerza de ley porque atribuirle esta fuerza "supondría que la ley así confirmada resultaría inatacable en el futuro, salvo para el propio legislador, esto es, que no cabría reexaminar su constitucionalidad en un nuevo proceso, de forma que vendría a tener un valor similar al de la Constitución misma" (OTTO: 286).

Las decisiones del Tribunal Constitucional tienen el valor de la ley porque al declarar inconstitucional una ley actúa como un verdadero legislador negativo. Pero aparte de tener fuerza de ley esas decisiones tienen un valor jurisprudencial pues ellas proveen una interpretación de la norma constitucional aplicada, incluyendo o descartando determinados sentidos de ésta. El Tribunal Constitucional, en tanto garante de "la supremacía de la Constitución, la defensa del orden constitucional y la protección de los derechos fundamentales" (artículo 184), es el intérprete supremo de la Constitución: si él puede anular una ley por inconstitucional es porque su interpretación prevalece sobre la del legislador y sobre la de cualquier otra autoridad. Esta jurisprudencia constitucional se impone a todos los tribunales, incluyendo a la Suprema Corte de Justicia, la que, al conocer en casación asuntos constitucionales, no debe apartarse de la doctrina constitucional precedente sentada por el Tribunal Constitucional. La jurisprudencia constitucional equivale a la Constitución misma y los tribunales, y todos los demás poderes públicos y órganos del Estado, deberán, en aras de la seguridad jurídica, interpretar la norma constitucional conforme esa jurisprudencia. Puede afirmarse que el Tribunal Constitucional ejerce un poder extraordinario porque, "a diferencia del juez ordinario, no sólo puede enjuiciar leyes, sino que el fundamento jurídico de sus sentencias representa una forma de legislación; pero, al mismo tiempo, a diferencia del legislador, que tan solo dicta enunciados normativos, el Tribunal se comporta como un verdadero juez; esto es, interpreta y argumenta. Si puede decirse así, la Justicia Constitucional dicta sentencias con fuerza de las leyes y leyes con el alcance interpretativo de las sentencias" (BETEGÓN: 375).

H. El carácter complementario de la producción jurisprudencial del Tribunal Constitucional. La producción jurisprudencial del Derecho carece de la plenitud inherente a la producción legislativa. La ley sigue siendo el instrumento de conformación del ordenamiento jurídico, que manifiesta el funcionamiento ordinario de los mecanismos de producción jurídica. La jurisprudencia tiene un potencial corrector que emerge sólo en el momento de la resolución del conflicto. Por eso, se afirma que la jurisprudencia es una fuente de producción complementaria del ordenamiento jurídico. "Se trata de una fuente que sólo interviene cuando se produce el ejercicio de la función jurisdiccional. Desde la tradicional consideración estática del ordenamiento jurídico podría decirse que la jurisprudencia expresa la patología del sistema. Desde la consideración de los mecanismos ordinarios de producción jurídica, la jurisprudencia como fuente del Derecho sólo se expresa cuando se produce, por los motivos que sean, algún fallo en esos mecanismos ordinarios. Lo que ocurre es que esa patología es tan común al ordenamiento como lo es la enfermedad a cualquier sociedad. La reacción frente a ella que la jurisprudencia supone, es un mecanismo de desarrollo del ordenamiento jurídico" (BALAGUER CALLEJÓN: 121).

I. La producción jurisprudencial opera parcialmente sobre contextos normativos previamente definidos. La naturaleza complementaria de la jurisprudencia, sea ésta constitucional u ordinaria, se manifiesta en el modo en que se estructuran las cadenas normativas a ser aplicadas por los agentes jurídicos. El legislador puede, a partir del marco constitucional, establecer una cadena de enunciados completa que resulte aplicable por dichos agentes. Esta potestad se deriva del principio democrático en que se fundamenta el ordenamiento constitucional. En contraste, la producción jurisprudencial del Derecho, no importa si es constitucional o si es ordinaria, opera sólo en la reparación o en la conformación de algunos enunciados de la cadena normativa, aquellos que han sido cuestionados en sede jurisdiccional o aquellos que requieren una formulación propia o un ajuste a los principios del sistema.

El carácter fragmentario de la jurisprudencia constitucional significa que determinadas disposiciones legales sean expulsadas del ordenamiento en la medida en que las normas extraídas de ellas resulten contrarias a la Constitución. Significa, además, la posibilidad de que de esas disposiciones sean extraídas normas cónsonas con la Constitución distintas a aquellas que fueron cuestionadas. Excepto ciertos casos, la intervención de la jurisdicción constitucional es limitada, pues opera sobre disposiciones concretas que se insertan en un conjunto sistemático mucho más amplio. Esto implica que su capacidad real de incidir directamente en el ordenamiento infraconstitucional es menor de lo que muchas veces se supone, no obstante que sus sentencias puedan tener una amplia repercusión en el plano político. Esa repercusión política se deriva de la naturaleza arbitral de la jurisprudencia constitucional y de la tensión política inherente y subyacente a los procesos constitucionales. Pero la función legislativa que desarrolla el Tribunal Constitucional en el control concentrado de constitucionalidad no es una verdadera función legislativa como la que despliega el legislador, quien manifiesta una voluntad de conformación que integra todos los elementos normativos necesarios para normar una esfera social determinada, a pesar del carácter cada vez menos unitario de un legislador que regula un territorio sobre el cual confluyen al menos normas de dos ordenamientos (internacional y nacional) definitorias de cadenas normativas crecientemente complejas. No obstante, la función legislativa se fundamenta generalmente en una programación finalista en todas sus fases que no puede ser atrapada por la lógica de la intervención jurisprudencial.

En resumen, se podría afirmar que, en tanto el legislador tiende a formulaciones normativas completas, el Tribunal Constitucional enjuicia disposiciones o normas que solo serán aplicables en contextos normativos definidos previamente por la ley. Diferente es la relación entre el Tribunal Constitucional y la Constitución. A pesar de que el aporte del Tribunal a la producción de Derecho Constitucional opera también en un contexto normativo previo, la capacidad de incidencia del Tribunal Constitucional es mayor y su intervención menos fragmentaria. Y es que la labor jurisdiccional se produce aquí sobre un contexto normativo muy reducido y sobre enunciados que se pueden configurar como normas directamente aplicables para sus destinatarios. Cuando el Tribunal Constitucional interpreta esos enunciados, no hay dudas de que está condicionando la función legislativa y la actuación de los tribunales ordinarios, en la medida en que produce nuevas normas partiendo de los mismos enunciados constitucionales. Gracias a ello, la capacidad de conformación del orden infraconstitucional desplegada por el Tribunal Constitucional a través de la producción de Derecho Constitucional en sus sentencias es muy superior a la que posee con la fragmentaria producción infraconstitucional.

J. El valor normativo de las sentencias del Tribunal Constitucional. Hoy nadie cuestiona que existe una "participación de la jurisdicción constitucional en el proceso de creación jurídica" (STERN: 49). Y es que cuando el Tribunal Constitucional hace uso de las atribuciones que le confiere la Constitución en su artículo 185.1 interviene en la definición de los límites de las potencialidades normativas de las diversas fuentes del Derecho, despliega una labor innegablemente innovadora sobre el sistema de fuentes que puede extenderse también a la Constitución. Esa actividad de innovación jurídica, que es indudablemente el núcleo de la función desempeñada por el Tribunal Constitucional se expresa en el ámbito dual en el que se manifiesta el juicio de constitucionalidad, es decir, respecto de la propia Constitución, conformando su función de parámetro de las demás normas del ordenamiento, y respecto del material jurídico secundario que se controla, configurando, a partir de dicho material, la normativa que puede ser válida dentro del ordenamiento.

En ambas instancias, la función creadora se desarrolla a través de la definición de normas jurídicas a partir de las disposiciones contenidas en los textos que debe utilizar de medida o que debe controlar el tribunal. No obstante, las reglas que se formulan en las sentencias del Tribunal Constitucional tienen distinta potencialidad normativa, dando cuenta así de la compleja labor que ejercita la jurisdicción constitucional en nuestro ordenamiento. La interpretación que lleva a cabo el Tribunal Constitucional sobre el texto constitucional puede originar la configuración de normas paraconstitucionales o, lo que es lo mismo, normas constitucionales de creación jurisprudencial. Esas normas pasan a integrar el parámetro a partir del cual el Tribunal Constitucional y el Poder Judicial ejercitan el control de constitucionalidad. Y es que, a pesar de que "todo juicio de constitucionalidad no es más que una operación lógica de subsunción [...] sucede que esa operación se motiva, y se motiva de una forma que la fundamentación crea una nueva norma que delimita y especifica el contenido de la genérica, de la constitucional, que a primera vista es la única aplicada [sentándose así] una doctrina que en sí misma tiene estructura normativa" (Alonso García: 12).

Sin embargo, esas no son las únicas reglas que el Tribunal Constitucional puede formular a partir de las disposiciones que utiliza en el desarrollo de su función. De ahí que la posición de las normas creadas por el Tribunal Constitucional no es equiparable en todos los casos a la posición de sus sentencias. Una misma sentencia del Tribunal Constitucional puede tener un distinto régimen jurídico en relación con los actos normativos incluidos en la misma. Así, el dispositivo de las sentencias, en lo que contenga de innovación jurídica, ligará su régimen jurídico al de la norma o acto enjuiciado: si la norma enjuiciada es una ley, el dispositivo ocupa, en el sistema de fuentes, el mismo lugar que dicha ley, mientras que el dispositivo de la sentencia del mismo tribunal que declara inconstitucional un reglamento, ocupa el lugar propio de los reglamentos en el ordenamiento. Por su parte, la motivación ocupará una posición diversa según que las normas determinadas en los mismos procedan de la interpretación del material secundario o del primario. Si se trata del primer caso, su posición es materialmente constitucional, mientras que, si se trata del segundo, su posición irá unida a la propia del material secundario interpretado.

REFERENCIAS BIBLIOGRÁFICAS

ALONSO GARCÍA, Enrique. *La interpretación de la Constitución.* Madrid: Centro de Estudios Constitucionales, 1984.

BALAGUER CALLEJÓN, Francisco y otros. *Derecho Constitucional.* Tomo I. Madrid: Tecnos, 1999.

___________. *Fuentes del Derecho.* Madrid: Tecnos, 1991.

BERNAL PULIDO, Carlos. "El precedente constitucional en Colombia". En Edgar Carpio Marcos y Pedro R. Grández Marcos. *Estudios al precedente constitucional.* Lima: Palestra, 2007.

BETEGÓN, Jerónimo y otros. *Lecciones de Teoría del Derecho.* Madrid: McGraw Hill, 1997.

CORIPUNA, Javier Adrián. "La jurisprudencia vinculante de los altos tribunales como límite al principio de independencia judicial". En Edgar Carpio Marcos y Pedro R. Grández Marcos. *Estudios al precedente constitucional.* Lima: Palestra, 2007.

FALLON, Richard H. "Stare Decisis and the Constitution: An Essay on Constitutional Methodology". En *New York University Law Review,* Vol. 76.

LAFUENTE BALLE, José Ma. *La judicialización de la interpretación constitucional.* Madrid: Colex, 2000.

LÓPEZ MEDINA, Diego Eduardo. *El Derecho de los jueces.* Bogotá: Legis, 2000.

MAGALONI KERPEL, Ana Laura. E*l precedente constitucional en el sistema judicial norteamericano.* Madrid: McGraw Hill, 2001.

MORAL SORIANO, Leonor. *El precedente judicial.* Madrid: Marcial Pons, 2002.

OTTO, Ignacio de. *Derecho Constitucional: sistema de fuentes.* Barcelona: Ariel, 1998.

PIZZORUSSO, Alessandro. *Lecciones de Derecho Constitucional.* Tomo II. Madrid: Centro de Estudios Constitucionales, 1984.

___________. *Curso de Derecho Comparado.* Barcelona: Ariel, 1987.

SOLA, Juan Vicente. *Derecho Constitucional.* Buenos Aires: LexisNexis / Abeledo Perrot, 2006.

STERN, Klaus. *Jurisdicción constitucional y legislador.* Madrid: Dykinson, 2009.

Párrafo I. Cuando el Tribunal Constitucional resuelva apartándose de su precedente, debe expresar en los fundamentos de hecho y de derecho de la decisión las razones por las cuales ha variado su criterio.

Un mal entendimiento del precedente como técnica de desarrollo del Derecho Constitucional podría conducir a la osificación de la Constitución. El sistema de precedente es y debe ser esencialmente dinámico. Así lo reconoce la Corte Constitucional colombiana: "El respeto al precedente es entonces esencial en un Estado de Derecho; sin embargo, también es claro que este principio no debe ser sacralizado, puesto que no solo puede petrificar el ordenamiento jurídico sino que, además, podría provocar inaceptables injusticias en la decisión de un caso. Así, las eventuales equivocaciones del pasado no tienen por qué ser la justificación de inaceptables equivocaciones en el presente y en el futuro. O, en otros eventos, una doctrina jurídica o una interpretación de ciertas normas puede haber sido útil y adecuada para resolver ciertos conflictos jurídicos en un determinado momento, pero su aplicación puede provocar consecuencias inesperadas e inaceptables en casos similares, pero en otro contexto histórico, por lo cual en tal evento resulta irrazonable adherir a la vieja hermenéutica. Es entonces necesario aceptar que todo sistema jurídico se estructura en una tensión permanente entre la búsqueda de la seguridad jurídica –que implica unos jueces respetuosos de los precedentes– y la realización de la justicia material del caso concreto –que implica que los jueces tengan capacidad de actualizar las normas a las situaciones nuevas" (SU-047/99).

La igualdad en la aplicación de la Constitución y de ley no impide que los tribunales modifiquen los criterios adoptados en anteriores decisiones pues ello es consustancial a la propia función judicial que debe siempre buscar la corrección de criterios que se revelan posteriormente erróneos. Sobre los tribunales, ya lo ha dicho el Tribunal Constitucional español, "no pesa la exigencia de resolver siempre en los mismos términos sobre supuestos que se pretenden iguales, pues cada caso, para el mismo juzgador, puede merecer una consideración diversa, ya por las peculiaridades que a su juicio muestra, ya porque el entendimiento judicial de la norma aplicable variase a lo largo del tiempo, ya, incluso, porque parezca necesario corregir errores anteriores a su aplicación. Lo que el principio de igualdad garantiza no es que quienes acudan a los tribunales vayan a obtener una resolución igual a las que se hayan adoptado en el pasado por el mismo órgano judicial, sino simplemente, la razonable confianza de que la propia pretensión merecerá del juzgador [...] la misma confianza obtenida por otros casos iguales" (STC 30/1987).

La igualdad en la aplicación de la ley busca evitar "que no se emitan pronunciamientos arbitrarios por incurrir en desigualdad no justificada en un cambio de criterio que pueda reconocerse como tal, es decir, como solución genérica conscientemente diferenciada de la que anteriormente se venía manteniendo, y no como respuesta individualizada al concreto supuesto planteado" (STC 63/1984). De lo que se trata es evitar que los jueces dicten sentencias aisladas que de modo irreflexivo o arbitrario cambien de modo ocasional e inesperado líneas jurisprudenciales mantenidas sin contradicción relevante. De ahí que la LOTCPC exija que el Tribunal Constitucional exprese en sus sentencias las razones que justifican las modificaciones o virajes jurisprudenciales. Y es que, tal como señala el Tribunal Constitucional español, "el cambio de criterio en la interpretación de las normas es legítimo, contemplado desde la perspectiva del principio de igualdad, siempre que sea razonado, razonable y consistente, esto es mantenido, una vez que se adopta, con un mínimo de continuidad, requisitos todos que pueden resumirse en la exigencia de que el cambio no sea arbitrario. El cambio que significa sólo una ruptura ocasional en una línea mantenida antes como después de la decisión divergente ha de ser tachado necesariamente de arbitrario, esto es, adoptado en atención a consideraciones o circunstancias que por no ser peculiares o características del caso en cuestión en relación con otros, no debieron ser tomadas en cuenta en aquél si no lo fueron en éstos" (STC 161/1989).

Párrafo II. En los casos en los cuales esta ley establezca el requisito de la relevancia o trascendencia constitucional como condición de recibilidad de la acción o recurso, el Tribunal debe hacer constar en su decisión los motivos que justifican la admisión.

La obligación de motivar solo los casos admitidos, en aquellos supuestos donde la LOTCPC exige relevancia constitucional, que son los recursos de revisión sobre decisiones jurisdiccionales firmes y los recursos de revisión de las decisiones dictadas por los jueces de amparo, busca evitar que el Tribunal Constitucional se sobrecargue de trabajo por la necesidad de motivar las inadmisiones. La esencia de la relevancia constitucional como requisito de admisibilidad está ligada a la necesidad de racionalizar el trabajo del Tribunal Constitucional, lo que está vinculado directamente a una cierta discrecionalidad, que no arbitrariedad, del tribunal en la decisión de qué casos admite y cuáles no. Sin embargo, al exigirse la motivación de las admisiones, los justiciables están en una posición ideal para poder evaluar cuáles criterios de relevancia adopta el Tribunal Constitucional de modo que se pueda vislumbrar las perspectivas de admisión de un eventual caso constitucional. Sin embargo, el Tribunal Constitucional, consciente de la necesidad de consolidar una jurisprudencia constitucional muy escasa, debido a la juventud de la Constitución y de su supremo guardián jurisdiccional, ha desplegado una flexible política de motivación, motivando incluso en caso de inadmisión por irrelevancia constitucional.

CAPÍTULO IV
DE LOS ÓRGANOS DE APOYO DEL TRIBUNAL

Artículo 32. *Secretaría del tribunal.* El Tribunal Constitucional contará con una Secretaría que le asistirá en el despacho de los asuntos de su competencia y demás órganos administrativos que sean creados por el reglamento de organización y funcionamiento.

Artículo 33. *Reglamento de organización y funciones.* Las atribuciones, organización y funcionamiento de la Secretaría y demás órganos administrativos que sean creados serán determinadas por reglamento del Tribunal Constitucional.

Artículo 34. *Promoción de estudios constitucionales.* El personal al servicio del Tribunal se escogerá por concurso público y se regirá por los principios relativos al estatuto de la función pública.

Artículo 35. *Promoción de estudios constitucionales.* En el cumplimiento de sus objetivos, el Tribunal Constitucional podrá apoyarse en las universidades, centros técnicos y académicos de investigación, así como promover iniciativas de estudios relativas al derecho constitucional y a los derechos fundamentales.

Estos preceptos sientan las bases de la estructura funcionarial y administrativa del Tribunal Constitucional. De entrada, la LOTCPC tan solo crea un órgano administrativo básico: la Secretaría que asistirá al Tribunal "en el despacho de los asuntos de su competencia" (artículo 32). Sin embargo, el legislador autoriza a que el Tribunal Constitucional, vía reglamento, cree los "demás órganos administrativos" (artículo 32), cuyas "atribuciones, organización y funcionamiento", así como el de la Secretaría, serán determinadas por este reglamento (artículo 33). El personal del Tribunal Constitucional deberá ser escogido por concurso público, pudiendo el reglamento determinar su estatuto, siempre y cuando se respeten "los principios relativos al estatuto de la función pública" (artículo 34), entendiéndose que la normativa estatutaria de la función pública es de carácter supletorio. Aunque la LOTCPC tan solo establece la posibilidad de que el Tribunal Constitucional se apoye en las universidades y centros académicos y técnicos para la promoción de los estudios constitucionales (artículo 35), es obvio que el Tribunal Constitucional, por vía reglamentaria, podrá crear los servicios de estudios, biblioteca, documentación y doctrina constitucional que considere necesarios para el adecuado funcionamiento de la jurisdicción constitucional especializada y el cumplimiento de sus objetivos.

TÍTULO II
DE LOS PROCESOS Y PROCEDIMIENTOS CONSTITUCIONALES

CAPÍTULO I
DEL CONTROL DE CONSTITUCIONALIDAD

SECCIÓN I
DEL CONTROL CONCENTRADO DE CONSTITUCIONALIDAD

Artículo 36. *Objeto del control concentrado.* La acción directa de inconstitucionalidad se interpone ante el Tribunal Constitucional contra las leyes, decretos, reglamentos, resoluciones y ordenanzas, que infrinjan por acción u omisión, alguna norma sustantiva.

A. Ampliación del objeto del control concentrado. La Constitución establece que las acciones directas de inconstitucionalidad podrán interponerse "contra las leyes, decretos, reglamentos, resoluciones y ordenanzas" (artículo 185.1), disposición que es reproducida textualmente por el artículo 36 de la LOTCPC. Esta disposición constitucional amplía considerablemente el objeto del control concentrado pues, antes de la reforma constitucional de 2010, la Constitución se refería expresamente sólo a las leyes, lo cual originó una intensa controversia doctrinal, dividiéndose los autores entre quienes consideraban que el control recaía solo sobre las leyes aprobadas por el Congreso Nacional (JULIÁN) y los que entendían que todos los actos enumerados por el artículo 46, actual artículo 6 de la Constitución estaban sujetos a dicho control (PELLERANO GÓMEZ). La Suprema Corte de Justicia se colocó en el justo medio de ambas posiciones, afirmando que "si bien es cierto que el artículo 67, inciso 1, de la Constitución de la República menciona solo a las leyes como el objeto de la acción en inconstitucionalidad por vía directa ante la Suprema Corte de Justicia", no es menos cierto que "el artículo 46 de la misma Constitución proclama que son nulos de pleno derecho toda ley, decreto, resolución o acto contrarios a la Constitución" y que "al consagrar la Asamblea Revisora de la Carta Magna en 1994 el sistema de control concentrado de la constitucionalidad (...) para conocer de la constitucionalidad de las leyes, es evidente que no está aludiendo a la ley en sentido estricto; esto es, a las disposiciones de carácter general y aprobadas por el Congreso Nacional y promulgadas por el Poder Ejecutivo, sino a la norma social obligatoria que emane de cualquier órgano de poder reconocido por la Constitución y las leyes, pues, aparte de que el artículo 46 no hace excepción ni distinción al citar los actos de los poderes públicos que pueden ser objeto de una acción en nulidad o inconstitucionalidad, la Suprema Corte de Justicia, como guardiana de la Constitución de la República y del respeto de los derechos individuales y sociales consagrados en ella, está en el deber de garantizar, a toda persona, a través de la acción directa, su derecho a erigirse en centinela de la conformidad de las leyes, decretos, resoluciones y actos en virtud del principio de la supremacía de la Constitución" (S.C.J. No. 1 del 6 de agosto de 1998. B.J. 1053.4). Posteriormente, la Suprema Corte de Justicia ampliaría aún más el objeto del control concentrado para incluir actos no normativos como es el caso de contratos administrativos y otros actos administrativos (SCJ. junio 2010. B.J. 1195).

Con la reforma constitucional de 2010, la discusión pierde bastante interés pues la Constitución incluye como objetos del control no solo las leyes sino también los "decretos, reglamentos, resoluciones y ordenanzas" (artículo 185.1). Puede afirmarse, a partir del citado texto, que el control concentrado se extiende a todos los actos enumerados por el artículo 6 ("ley, decreto, resolución, reglamento o acto contrarios a esta Constitución") y por el artículo 185.1 de la Constitución. Como afirmaba Pellerano Gómez, antes de ampliarse el objeto del control y como diría ahora con mucha mayor razón, dada la amplia lista de actos sujetos a control consagrada expresamente por la Constitución, "el sistema dominicano de control jurisdiccional de la constitucionalidad se fundamenta en dos textos de una misma naturaleza, que son el artículo 46 [actual artículo 6] y el acápite 1ro. del 67 de la Constitución [actual artículo 185.1]. El primero rige para el control difuso y ambos para el control concentrado. En este sistema el principio de la supremacía de la Constitución que proclama el primero de esos textos, es norma aplicable a ambos tipos de control, por lo que es valedero afirmar que es imposible que algunos de los actos que enumera el artículo 46 [actual artículo 6] puedan quedar libres del control difuso como del control concentrado de la constitucionalidad, todo a causa de que ambos tipos de control son los medios procesales creados por el constituyente para hacer que dicho principio sea realmente efectivo en la vida social" (PELLERANO GÓMEZ: 65).

B. Los actos administrativos como objeto del control concentrado. El Tribunal Constitucional, en sus sentencias 51/12, 73/12 y 41/13, ha considerado que "la acción directa en inconstitucionalidad, como proceso constitucional, está reservada para la impugnación de aquellos actos señalados en los artículos 185.1 de la Constitución de la República y 36 de la Ley Orgánica No. 137-11 (leyes, decretos, reglamentos, resoluciones y ordenanzas), es decir, aquellos actos estatales de carácter normativo y alcance general" y no puede incoarse contra "un simple acto administrativo de efectos particulares y concretos" (Sentencia TC 51/12). Ocurre, sin embargo, que ni la Constitución ni la LOTCPC restringieron el objeto de la acción directa en inconstitucionalidad a las normas sino que, muy por el contrario, dado que la reforma constitucional de 2010 extendió el control concentrado, restringido en principio solo a las "leyes", para abarcar también a los "decretos, reglamentos, resoluciones y ordenanzas", es obvio que se pueden atacar por la vía de la acción directa no solo las normas sino todo tipo de actos administrativos. Como se puede observar, actos normativos propiamente dichos en esa lista solo son las leyes, las ordenanzas y los reglamentos, pues los decretos y las resoluciones pueden consistir en actos administrativos. En el caso de las resoluciones, es más que obvio que, como señala Eduardo Couture en su célebre diccionario jurídico, se trata de una "decisión o fallo de un órgano administrativo o judicial". Tanto es así que la LOTCPC, al reglamentar el procedimiento de la acción directa en inconstitucionalidad, se refiere siempre a "normas" y "actos" (artículos 39, 41, 45 y 49), evidencia de que para el legislador orgánico era manifiestamente claro que la acción en inconstitucionalidad procede contra normas y actos, como lo quiere y manda expresamente el artículo 185.1 de la Constitución. Más aún, la propia inclusión del interés legítimo como condición sine qua non para la legitimación procesal activa en la acción directa en inconstitucionalidad (artículo 185.1 de la Constitución) revela claramente que la intención del constituyente era incluir los actos administrativos en la lista de actos susceptibles de ser controlados en su constitucionalidad por la vía concentrada y exigir que quien cuestionara estos actos fuese una parte de estos actos o un interesado en los mismos.

C. Los actos sujetos a control concentrado conforme el Tribunal Constitucional. En la Sentencia 41/13 el Tribunal Constitucional estableció que, aparte de las leyes, los actos sujetos al control concentrado de constitucionalidad son los siguientes:

(i) Los actos administrativos de carácter normativo y alcance general. Estos "son susceptibles de ser impugnados mediante la acción directa, pues al tratarse de un control abstracto o de contenido de la norma, el tribunal constitucional verifica si la autoridad pública responsable de producir la norma observó los valores, principios y reglas de la Constitución de la República y del bloque de constitucionalidad (supremacía constitucional)".

*(ii) **Los actos administrativos de efectos particulares y que sólo inciden en situaciones concretas.*** Estos actos "deben ser tutelados mediante la acción en amparo si se violan derechos fundamentales (Art. 75 de la Ley No. 137-11) o por la jurisdicción contenciosa-administrativa en caso de violarse situaciones jurídicas o derechos no fundamentales dentro del ámbito administrativo, estando la decisión final sujeta a un recurso de revisión constitucional de sentencias (Art. 53 de la Ley No. 137-11), por lo que no escapa en ningún caso al control de la justicia constitucional"; y

*(iii) **Los actos administrativos producidos en ejecución directa e inmediata de la Constitución y en ausencia de una ley que los norme.*** Estos actos "aún no ostenten un alcance general o normativo, pueden ser impugnados mediante la acción directa en inconstitucionalidad al tratarse de actuaciones que la Ley Sustantiva ordena realizar bajo ciertas formalidades de tiempo o modo y a los fines de que se garantice la supremacía constitucional, el tribunal debe verificar el cumplimiento íntegro y cabal del mandato constitucional".

D. Crítica a la posición del Tribunal Constitucional respecto a la exclusión de los actos administrativos del objeto del control concentrado de constitucionalidad. El Tribunal Constitucional básicamente ha establecido que "la acción directa en inconstitucionalidad, como proceso constitucional, está reservada para la impugnación de aquellos actos señalados en los artículos 185.1 de la Constitución de la República y 36 de la Ley Orgánica No. 137-11 (leyes, decretos, reglamentos, resoluciones y ordenanzas), es decir, aquellos actos estatales de carácter normativo y alcance general" (Sentencia TC 51/12). Ya hemos dicho que ni la Constitución ni la LOTCPC excluyen expresamente los actos administrativos como objeto del control concentrado de constitucionalidad ni tampoco señalan que solo serán atacables por la acción directa en inconstitucionalidad las normas o los actos de alcance general. Ahora bien, aunque el Tribunal Constitucional no lo dice del todo expresamente, debemos tratar de determinar cuál es la "precomprensión" de la cual parte la jurisdicción constitucional especializada para excluir los actos administrativos del control concentrado de constitucionalidad. Para el Tribunal Constitucional, el control concentrado de constitucionalidad ha sido diseñado, en principio, solo para controlar la constitucionalidad de las leyes; de aquellos "actos administrativos de carácter normativo y alcance general", que "son susceptibles de ser impugnados mediante la acción directa, pues al tratarse de un control abstracto o de contenido de la norma, el tribunal constitucional verifica si la autoridad pública responsable de producir la norma observó los valores, principios y reglas de la Constitución de la República y del bloque de constitucionalidad (supremacía constitucional)"; y de los "actos administrativos producidos en ejecución directa e inmediata de la Constitución y en ausencia de una ley que los norme", que "aún no ostenten un alcance general o normativo, pueden ser impugnados mediante la acción directa en inconstitucionalidad al tratarse de actuaciones que la Ley Sustantiva ordena realizar bajo ciertas formalidades de tiempo o modo y a los fines de que se garantice la supremacía constitucional, el tribunal debe verificar el cumplimiento íntegro y cabal del mandato constitucional" (Sentencia TC 41/13).

Parte aquí el Tribunal, como lo reconoce en la Sentencia TC 73/12, de la doctrina de Allan Brewer-Carías, quien, frente al silencio del legislador, que no ha definido, como no lo hizo tampoco el constituyente, cuáles decretos, resoluciones y ordenanzas son susceptibles de ser impugnados por vía de la acción en inconstitucionalidad, propone que el Tribunal Constitucional determine cuáles de estos actos mencionados en la Constitución no son actos administrativos sujetos al control del Tribunal Constitucional y cuáles lo son y, por tanto deben estar solo sujetos al control de la jurisdicción contencioso-administrativa y, eventual y subsidiariamente, vía revisión, ante el Tribunal Constitucional. Esta precisión jurisprudencial del Tribunal Constitucional debe ser hecha, conforme Brewer-Carías, a partir de "la interpretación del sistema jurídico conforme a la doctrina de la creación del derecho por grados (Kelsen, Merkl) de manera que llámense como se llamen los actos estatales, deberían estar sometidos al control de la Jurisdicción Constitucional, aquellos actos estatales, como lo son las leyes, dictados en ejecución directa e inmediata de la Constitución o de previsiones constitucionales, con rango legal en la formación del orden jurídico. De resto, los otros actos estatales serían de rango sub-legal como los actos administrativos, dictados en ejecución directa de la legislación (e indirecta de la Constitución) y, por tanto, sometidos al control de la Jurisdicción Contencioso Administrativa". A juicio del distinguido constitucionalista venezolano, "solo en el caso de los 'reglamentos', sin embargo, en particular los dictados por el Presidente de la República (Reglamentos Ejecutivos), aun tratándose de actos administrativos, en virtud de la mención expresa de la Constitución, podrían considerarse que como excepción, la competencia para conocer de su impugnación corresponde en forma exclusiva a la Jurisdicción Constitucional". Pero, aclara, no obstante la mención expresa en la Constitución, "ello no debería aplicarse a reglamentos, es decir, actos normativos dictados por otros funcionarios de la Administración" (BREWER-CARÍAS: 308-312)

Como se puede observar, la doctrina de Brewer-Carías, que es la que en gran medida adopta el Tribunal Constitucional, reduce sustancialmente el ámbito del control concentrado de constitucionalidad, el cual solo procedería contra las leyes del Congreso Nacional, contra los reglamentos dictados por el Presidente de la República y contra los actos de ejecución directa de la Constitución en ausencia de una ley que los norme, quedando fuera los reglamentos dictados por las demás autoridades y todos los actos administrativos, que consisten en la actividad esencial y cotidiana de la Administración, principalmente cuando hoy el Estado es fundamentalmente un Estado administrativo. El Tribunal Constitucional, quizás constreñido por la claridad y rotundez del texto constitucional que habla de reglamentos, ha acogido parcialmente la tesis del venezolano, incluyendo, como debe ser, en el objeto del control, los actos administrativos de carácter normativo (Sentencia TC 41/13), aún no sean reglamentos dictados por el Presidente, aunque ya no incluye dentro del objeto del control concentrado los actos administrativos que, sin ser de naturaleza normativa, tienen efectos generales, como si lo hizo en la primera sentencia que dictó sobre este tema (Sentencia TC 51/12). En todo caso, quedan fuera del control concentrado del Tribunal Constitucional los decretos y resoluciones administrativos, de efectos individuales o particulares, y que constituyen la casi totalidad de la actividad de la Administración.

Lo que propone Brewer-Carías, y que el Tribunal Constitucional acoge en gran medida como precedente vinculante, parte, como lo reconoce el destacado iuspublicista, de la "doctrina de la creación del derecho por grados", atribuida principalmente a Hans Kelsen, el inventor de la jurisdicción constitucional especializada. Pero, si examinamos en detalle la posición de Kelsen sobre los actos sujetos a control por el Tribunal Constitucional, veremos que el austríaco en modo alguno excluye los actos administrativos de este control. Es cierto que el núcleo de la concepción kelseniana del Tribunal Constitucional radica en las garantías de la Constitución frente a las leyes, las que él denomina las "garantías de la regularidad de las normas inmediatamente subordinadas a la Constitución" (KELSEN: 15 y 59). Pero no menos cierto es que el propio Kelsen, inmediatamente después de señalar que la competencia básica de la jurisdicción constitucional es el control de constitucionalidad de las leyes, aclara que otras normas de carácter general y no solo la ley, son susceptibles de ser controladas en su constitucionalidad por el Tribunal Constitucional, por lo que prescribe la necesidad de extender el control concentrado a "reglamentos con fuerza de ley" (KELSEN: 61). Pero Kelsen va más allá de una jurisdicción constitucional especializada en el control de actos normativos pues entiende que "la noción pura de garantía de la Constitución", que conduce "a incorporar en ella el control de todos los actos inmediatamente subordinados a la Constitución", como es el caso de los reglamentos autónomos y los decretos leyes, que no se hacen depender formalmente de una ley, debe combinarse, a partir de "las necesidades de la Constitución considerada" y "haciendo a un lado todo prejuicio doctrinario", con la posibilidad de que el Tribunal Constitucional controle no solo actos normativos y de ejecución directa de la Constitución, sino también "actos generales y actos individuales" (KELSEN: 64). Respecto a estos actos estatales individuales, Kelsen afirma que "no son solamente las normas generales (leyes o reglamentos) las que se encuentran inmediatamente subordinadas a la Constitución sino, además, ciertos actos individuales que pueden, por tanto, ser inmediatamente inconstitucionales" (KELSEN: 26), en la medida en que la ejecución de las leyes en casos concretos genera la necesidad de un control "reflejo" de constitucionalidad de actos que pueden y deben ser objeto del control concentrado de constitucionalidad. Al control concentrado de constitucionalidad de estos actos individuales, que son fundamentalmente "actos de la administración" (HERRERA GARCÍA: 970), Kelsen lo denomina "garantía de la regularidad de los actos de ejecución de las leyes" (KELSEN: 27). Y cita un ejemplo de este tipo de actos, que bajo los actuales precedentes vinculantes del Tribunal Constitucional, no podrían ser impugnados por la vía de la acción directa en inconstitucionalidad, por ser "actos administrativos de efectos particulares y que sólo inciden en situaciones concretas", pero que, sin embargo, para Kelsen caerían dentro de las competencias de la jurisdicción constitucional: "Los actos administrativos hechos en aplicación de estas leyes pueden ser inconstitucionales, en un sentido distinto del que tiene todo acto administrativo ilegal. Así, por ejemplo, si la Constitución dispone que la expropiación no puede tener lugar sino mediante plena y completa indemnización y si, en un caso concreto, se procede a una expropiación sobre la base de una ley perfectamente constitucional (que señala también el principio de plena indemnización), entonces el acto administrativo no es ilegal e indirectamente inconstitucional en el sentido habitual, pues no va únicamente contra la ley y contra el principio constitucional general de la legalidad de la ejecución, sino, además, contra un principio especial expresamente señalado por la Constitución (a saber, que toda expropiación debe ser acompañada de una plena y entera indemnización) excediendo así el límite específico que la Constitución impone a la legislación. Con base en esto se comprende que contra los actos ilegales de esta naturaleza se pone en movimiento una institución que sirve a la garantía de la Constitución" (KELSEN: 29).

Como se puede observar, es obvio "que el modelo kelseniano de la jurisdicción constitucional nunca quedó reducido al exclusivo control del legislador. Más aún, tampoco se sostiene que el modelo kelseniano se reduzca al control de constitucionalidad de las leyes o de normas de carácter general (considerando dentro de esta categoría a los reglamentos o a los decretos-leyes). Sería más acertado afirmar que el modelo kelseniano de la jurisdicción constitucional concentrada es sólo esencialmente, que no exclusivamente control de constitucionalidad de normas. Como se ha visto, la tesis kelseniana no sólo sostiene, sino que además prescribe, que también se concentre el control de regularidad de actos individuales que el constituyente desee atribuirle. Ello a pesar de que esta opción constituyente pudiera no compadecerse bien con la estructura jerárquica del ordenamiento jurídico. Por consecuencia, no porque el control de ciertos actos individuales esté atribuido al conocimiento del tribunal constitucional, ese control 'traicionaría' el paradigma kelseniano. Antes bien, como se ha visto, Kelsen aseguraba la necesidad de combinar el control de los actos inmediatamente subordinados a la Constitución y el control de actos generales e individuales como parámetros a tomar en cuenta para configurar la jurisdicción constitucional concentrada. La tarea de discernir las materias sujetas a esta jurisdicción queda en manos de la asamblea constituyente como resultado de los mayores o menos consensos políticos conseguidos por sus integrantes. Así, considerar como sinónimos el concepto de exclusivo control concentrado de constitucionalidad de las leyes y el modelo de control de constitucionalidad de Kelsen no satisface con rigor su idea integral de la jurisdicción constitucional. Si existe un modelo kelseniano 'puro' de la jurisdicción constitucional, éste no coincide exactamente con el modelo de tribunal constitucional que cuenta con la única función de controlar las leyes. En Kelsen, tal atribución es solo la esencial, pero no la única existente, y ni siquiera, bajo su misma tesis, la única recomendable. En sus escritos aconsejó la necesidad de combinar dos directrices teóricas a la hora de configurar la jurisdicción constitucional: la primera es la sujeción al tribunal constitucional del control de regularidad de todos los actos inmediatamente subordinados a la Constitución (leyes y algunos tipos de reglamentos). La segúnda es la combinación entre actos generales y tantos actos individuales cuantos concierten las fuerzas políticas participantes en las labores constituyentes. Dentro de los actos individuales que pueden ser considerados se encuentran las decisiones judiciales o administrativas definitivas, muy especialmente cuando en ellas se involucre un problema de irregularidad constitucional de una ley que en tales decisiones se aplique" (HERRERA GARCÍA: 971).

En el caso dominicano, el constituyente de 2010, a la luz de la experiencia constitucional precedente en la que el control concentrado estaba restringido a las leyes y solo posteriormente fue ampliado por la Suprema Corte de Justicia en 1998 para incluir las normas y otros actos estatales, tomó una decisión política fundamental, que el Tribunal Constitucional ha pasado por alto: en el mejor espíritu kelseniano de combinar el control concentrado de las normas y de los actos dictados en ejecución inmediata de la Constitución y el control concentrado de los actos generales e individuales, amplió el objeto de control concentrado de constitucionalidad, estableciendo una lista de actos susceptibles de ser impugnados ante el Tribunal Constitucional, de la cual solo quedan excluidas las sentencias, dado que, para impugnar las mismas ante el Tribunal Constitucional, el artículo 277 diseña un recurso de revisión constitucional, que posteriormente el legislador orgánico reglamentó. Este legislador orgánico fue respetuoso de la decisión constituyente y tomó el cuidado de referirse en la LOTCPC en todo momento en que disponía sobre la acción directa en inconstitucionalidad a normas y actos, como objeto del control. Paradójicamente, hoy los dominicanos, a pesar de tener un texto constitucional que como el artículo 185.1 plantea un objeto amplio del control concentrado de constitucionalidad, hemos retrocedido en comparación con el período 1994-2011, cuando, a pesar de tener un artículo constitucional como el 67.1, que restringía el control concentrado a las leyes, gracias a la gran labor pretoriana de la Suprema Corte de Justicia en funciones de tribunal constitucional, disfrutamos de una amplia garantía jurisdiccional concentrada, conquista que el Tribunal Constitucional ha enterrado con una interpretación que no se compadece ni con el texto, ni con la intención constituyente ni con el espíritu teleológico y sistémico del modelo de control concentrado de constitucionalidad decidido por el constituyente en 2010. Y es que, a fin de cuentas, como bien señala la mejor doctrina encabezada por el hoy Magistrado del Tribunal Constitucional, Hermógenes Acosta de los Santos, lo que la Constitución de 2010 hizo fue plasmar textualmente "la tesis extensiva desarrollada por la Suprema Corte de Justicia" en 1998 y establecer que "el objeto del control concentrado no sólo abarcaba la ley adjetiva y de alcance general, sino también los decretos, reglamentos y resoluciones" (ACOSTA DE LOS SANTOS: 271).

E. Las relaciones Tribunal Constitucional y jurisdicción contencioso-administrativa. Conforme al Tribunal Constitucional, "es el fuero administrativo el competente para dirimir cuestiones que han tenido su origen en actos administrativos ejercidos por mandato de la ley, y es al Tribunal Contencioso Administrativo al que corresponde examinar la cuestión". Según los jueces constitucionales, "aun cuando los medios invocados por la accionante son de índole constitucional", si el "acto administrativo ha sido dictado en ejercicio directo de poderes y competencias establecidas en disposiciones normativas infraconstitucionales, es decir, normas de derecho inferiores a la Constitución", no procede la acción en inconstitucionalidad. En otras palabras, la Administración, en ejercicio de competencias conferidas por las leyes, puede dictar resoluciones o actos violatorios de la Constitución y esos actos no pueden ser atacados ante el TC sino que deben ser cuestionados ante la jurisdicción contencioso administrativa. El TC considera que el artículo 139 de la Constitución confiere a la jurisdicción contencioso-administrativa el control de legalidad de los actos administrativos, que ese control es de conformidad con el Derecho, es decir, control de juridicidad que abarca el control constitucional.

Lo anterior nadie lo niega pues la justicia constitucional no es más que "la potestad del Tribunal Constitucional y del Poder Judicial de pronunciarse en materia constitucional en los asuntos de su competencia" (artículo 5 de la LOTCPC). Pero el Tribunal Superior Administrativo conoce los recursos contencioso administrativos (artículo 165.2 de la Constitución) y no las acciones en inconstitucionalidad contra resoluciones administrativas, cuyo conocimiento es una competencia irrenunciable del Tribunal Constitucional conforme el artículo 185.1 de la Constitución. El control concentrado de constitucionalidad de los actos administrativos si bien resulta excepcional a la luz de la historia del control de constitucionalidad hoy ya no es una novedad y existe en Austria, Chile, Bolivia y Perú. La ampliación del objeto del control concentrado para incluir, aparte de las normas, a los actos administrativos, como lo ha hecho el constituyente en 2010, responde a una concepción del Tribunal Constitucional que va más allá del simple legislador negativo extirpador de normas y que lo encuadra como supremo intérprete de la Constitución mediante sentencias interpretativas reconocidas en la misma LOTCPC (artículo 47).

Por otro lado, a juicio del Tribunal Constitucional, "el objeto de la acción directa en inconstitucionalidad está orientado a garantizar la supremacía de la Constitución de la República respecto de otras normas estatales de carácter infraconstitucional, pero no puede constituirse en un instrumento para reivindicar situaciones particulares y concretas, las cuales deben encaminarse por ante la jurisdicción contenciosa-administrativa" (Sentencia TC 51/12). Según el Tribunal Constitucional, "aun cuando los medios invocados por la accionante son de índole constitucional, en virtud de la naturaleza del acto atacado (resolución que prescribe sobre el desarrollo de un contrato administrativo) tales alegatos corresponden ser examinados en la jurisdicción administrativa. Sobre el particular, cabría referirnos al contenido del artículo 139 de la Constitución que sujeta el control de la legalidad de los actos de la administración pública a los tribunales, lo cual debe combinarse con el artículo 165.2 del texto constitucional, que a su vez otorga competencia a la jurisdicción contenciosa administrativa para 'conocer los recursos contenciosos contra los actos, actuaciones y disposiciones de autoridades administrativas, contrarias al Derecho como consecuencia de las relaciones entre la Administración del Estado y los particulares' (…) Sobre este último aspecto en doctrina se ha llegado a establecer que cuando el artículo 165.2 de la Constitución emplea la denominación 'contrariedad al derecho' ello implica contrariedad a la Constitución, y además, a las leyes y demás fuentes de derecho, por lo que la impugnación de los actos administrativos por razón de inconstitucionalidad, es una competencia de los tribunales de la jurisdicción contencioso administrativa y no puede corresponder a la jurisdicción constitucional" (Sentencia TC 73/12).

Sin perjuicio de que, tal como establece el Tribunal Constitucional, la jurisdicción contencioso administrativa es la constitucionalmente competente para conocer de las impugnaciones de actos administrativos, aun cuando dichas impugnaciones estén basadas en violaciones a la Constitución, lo cierto es que en ninguna parte de la Constitución encontramos un texto que establezca que se debe agotar la vía contencioso administrativa previo a incoar una acción en inconstitucionalidad contra un acto administrativo ni tampoco uno que excluya expresamente a los actos administrativos del objeto del control concentrado. Además, ¿cuál sería el perjuicio o el inconveniente que se causaría con que estuviese abierto un caso ante la jurisdicción contencioso administrativa y otro ante el Tribunal Constitucional? Si el caso fue fallado, el afectado puede ejercer sus recursos, de casación ante la Suprema Corte de Justicia y de revisión, eventualmente, ante el Tribunal Constitucional, aun estando pendiente de conocimiento una acción en inconstitucionalidad contra el acto administrativo en el Tribunal Constitucional. La decisión de la jurisdicción constitucional especializada que intervenga a fin de cuentas va a ser vinculante para aquellos jueces que no hayan fallado el caso. Pero, en modo alguno, hay retardo en la justicia, porque la acción en inconstitucionalidad no es suspensiva, ni tampoco provoca conflictos entre las jurisdicciones ya que, al final, la decisión prevaleciente y vinculante es la del Tribunal Constitucional. Como se puede observar, el modelo de control concentrado de constitucionalidad dominicano ni impide que la jurisdicción contencioso administrativa conozca el caso, ni supedita el ejercicio de la acción en inconstitucionalidad al agotamiento previo de la vía contencioso administrativa, ni da la posibilidad de conflictos porque, o bien la jurisdicción contencioso administrativa resuelve el caso con anterioridad al Tribunal Constitucional, o bien falla el caso después que el Tribunal Constitucional, debiendo ceñirse al criterio vinculante de la jurisdicción constitucional especializada. Si la decisión de la jurisdicción contencioso administrativa fue anterior a la del Tribunal Constitucional y fue desfavorable al accionante en inconstitucionalidad, es de suponer que éste ejerció el recurso de casación ante la Suprema Corte de Justicia y que, si ésta no ha fallado, el precedente del Tribunal Constitucional le será oponible. Si ya la Suprema Corte falló es de suponer que, si la sentencia le es desfavorable al accionante, éste habría recurrido ante el Tribunal Constitucional, caso en el cual ambos casos habrían arribado al Tribunal Constitucional, eliminándose la posibilidad de eventual conflicto. Son muy remotas las posibilidades, salvo negligencia de una de las partes, de que el fallo del Tribunal Constitucional intervenga luego de haber intervenido una sentencia firma del Poder Judicial. En el hipotético e improbable caso de que así fuese, no hay duda de que el fallo del Tribunal Constitucional deroga cualquier disposición contraria, aún judicial, no importa cuán antigua sea la sentencia, del mismo modo que una sentencia del Tribunal Constitucional deroga una ley. No hay aquí atentado contra la seguridad jurídica porque, en todo caso, las partes del acto administrativo cuestionado ante la jurisdicción constitucional especializada han sido puestas en causa, por lo que no hay violación al debido proceso en tanto garantía fundamental de las partes.

F. La cuestión de las sentencias. Conforme el Tribunal Constitucional, "la acción directa de inconstitucionalidad es un recurso previsto en contra de las leyes, decretos, reglamentos, resoluciones y ordenanzas que infrinjan, por acción u omisión, alguna norma sustantiva. Las decisiones jurisdiccionales no están incluidas en la disposición constitucional que instituye dicho recurso", por lo que "es válido afirmar que el control constitucional de las decisiones jurisdiccionales se realiza mediante el recurso de revisión constitucional, instituido, por mandato expreso del artículo 277 de la Constitución de la República, así como por el artículo 53 de la Ley Orgánica del Tribunal Constitucional y de los Procedimientos Constitucionales. Dicho recurso de revisión constitucional está sujeto a las condiciones exigidas en la precitada ley, entre las cuales resaltamos el que se interponga contra sentencias que hayan adquirido la autoridad de la cosa irrevocablemente juzgada" (Sentencia TC 52/12). Esta posición del Tribunal Constitucional es correcta porque la LOTCPC ha arbitrado una vía procesal para impugnar la constitucionalidad de las sentencias a través del recurso de revisión, cosa que no ocurre con los actos administrativos.

G. Inconstitucionalidad por omisión. El artículo 36 de la LOTCPC permite que la acción directa se interponga ante el Tribunal Constitucional contra los actos objeto de control cuando dichos actos "infrinjan por acción u omisión" una "norma sustantiva", es decir, una norma perteneciente al bloque de constitucionalidad. Como se puede observar, esta disposición legal da carta de ciudadanía a la fiscalización por el Tribunal Constitucional de una omisión del legislador que resulte inconstitucional. La omisión legislativa, para poder servir de fundamento a una acción de inconstitucionalidad, debe vincularse con una exigencia constitucional de acción, pues la violación por el Congreso del simple deber general de legislar no constituye un silencio legislativo capaz de ganar significado autónomo y motivar dicha acción. Hay omisión legislativa constitucionalmente relevante cuando el legislador viola una imposición constitucional de legislar, omisión que impide la ejecución de los preceptos constitucionales (por ejemplo, cuando, en violación del artículo 63.3 de la Constitución, no define en la ley la oferta educativa para el nivel inicial). Del mismo modo, hay omisión legislativa cuando el legislador viola órdenes de legislar que exigen del legislador la emanación de una o varias leyes necesarias para la creación de una nueva institución (por ejemplo, el Tribunal Constitucional) o la adaptación de viejas leyes a un nuevo orden constitucional (por ejemplo, la Ley de Carrera Judicial).

Esta acción de inconstitucionalidad puede intentarse cuando la omisión es absoluta, aunque procede también cuando se está en presencia una omisión normativa relativa, o sea, que guarda relación con un texto normativo considerado deficiente o incompleto. "Así, con ocasión del control de constitucionalidad de las leyes, el Tribunal constata, en no pocas ocasiones, un insatisfactorio ejercicio de la potestad legislativa en el sentido de que la norma omite determinadas previsiones que resulta constitucionalmente obligado incluir, o bien, lo que en realidad es lo mismo, conducen a un resultado que de haber sido expresamente querido por el legislador sería inconstitucional y obligaría a anular el texto legal por incompatibilidad constitucional (con mayor frecuencia por violación del principio de igualdad). De este modo, siendo de su competencia la declaración de la inconstitucionalidad de las leyes cuando el poder legislativo excede los límites materiales o formales previstos en la Constitución previa comprobación de que por vía interpretativa el texto legal no es compatible con la Constitución, el TC anula preceptos o los interpreta cuando sobrepasan por exceso, pero también por defecto, los referidos límites" (GÓMEZ PUENTE: 86).

Si examinamos la jurisprudencia constitucional de España, –país cuyo Tribunal Constitucional, a pesar de que la Constitución española no consagra expresamente la nulidad de la inconstitucionalidad por omisión ni la facultad de dicho Tribunal de declararla, ha admitido la posibilidad de accionar para lograr la declaratoria de inconstitucionalidad de una omisión legislativa–, encontramos cinco técnicas a través de las cuales el Tribunal Constitucional, al igual que sus homólogos extranjeros, intenta hacer frente a la omisión legislativa. En primer lugar, el tribunal puede limitarse a formular recomendaciones, indicaciones, admoniciones al legislador, como ocurrió cuando el Tribunal Constitucional advirtió al Poder Legislativo que el principio del Estado Social requiere la organización de un servicio de defensa pública que no descanse únicamente sobre la defensa honorífica o pro bono (STC 42/1982). En segundo lugar, la omisión legal se salva por vía interpretativa mediante sentencias interpretativas de carácter aditivo, como ocurrió cuando el Tribunal Constitucional amplió el derecho a intérprete judicial a los españoles que no hablaban castellano cuando el mismo sólo estaba contemplado para los extranjeros (STC 74/1987). En tercer lugar, el tribunal puede declarar la inconstitucionalidad parcial de una ley en cuanto sus normas al omitir ciertas previsiones vulneran el principio de igualdad y conducen a un resultado discriminatorio o inconstitucional

(STC 99/1987). En cuarto lugar, el tribunal, una vez constata el efecto inconstitucional de una omisión legal, declara la mera inconstitucionalidad sin sancionarla con la nulidad, ya que esa sanción no serviría a erradicar o terminar con la inconstitucionalidad (STC 45/1989). Por último, es posible garantizar los preceptos constitucionales prohibiendo o anulando cualquier acto contrario que la omisión legislativa pudiera amparar (STC 31/1994). Estas cinco técnicas son admitidas por la LOTCPC, la que permite al Tribunal Constitucional, en su artículo 47, declarar "expresamente la inconstitucionalidad parcial de una ley" (párrafo I), dictar sentencias aditivas (párrafo II) como pronunciar "sentencias exhortativas o de cualquier otra modalidad admitida en la práctica constitucional comparada" (párrafo III).

REFERENCIAS BIBLIOGRÁFICAS

ACOSTA DE LOS SANTOS, Hermógenes. *El control de la constitucionalidad como garantía de la supremacía de la Constitución.* Santo Domingo: Unapec, 2010.

BREWER-CARÍAS, Allan. "El sistema de justicia constitucional en la República Dominicana y la Ley Orgánica del Tribunal Constitucional y de los Procedimientos Constitucionales". En FERRER MAC-GREGOR, Eduardo y Eduardo Jorge Prats (coordinadores). *VII Encuentro de Derecho Procesal Constitucional.* Tomo I. Santo Domingo: Comisionado de Apoyo a la Reforma y Modernización de la Justicia, 2011.

GÓMEZ PUENTE, Marcos. *La inactividad del legislador: una realidad susceptible de control.* Madrid: McGraw Hill, 1997.

HERRERA GARCÍA, Alfonso. "El recurso de amparo en el modelo kelseniano de control de constitucionalidad de las leyes". En Victor Bazán (coordinador). *Derecho Procesal Constitucional Americano y Europeo.* Tomo II. Buenos Aires: Abeledo Perrot, 2010.

JULIÁN, Amadeo. "La acción en inconstitucionalidad ante la Suprema Corte de Justicia", en *Estudios Jurídicos.* 6 (1), enero-abril 1996.

KELSEN, Hans. *La Garantía Jurisdiccional de la Constitución.* México: UNAM, 2001.

PELLERANO GÓMEZ, Juan Ml. *El control judicial de la constitucionalidad.* Santo Domingo: Capeldom, 1998.

SILVA IVARRÁZAVAL, Luis Alejandro. *El control de constitucionalidad de los actos administrativos legales.* Santiago, Chile: Legal Publishing, 2009.

Artículo 37. *Calidad para accionar.* La acción directa en inconstitucionalidad podrá ser interpuesta, a instancia del Presidente de la República, de una tercera parte de los miembros del Senado o de la Cámara de Diputados y de cualquier persona con un interés legítimo y jurídicamente protegido.

A. La acción de los funcionarios. La LOTCPC confiere al Presidente de la República y a un tercio de los legisladores de cualquiera de las cámaras legislativas la prerrogativa de cuestionar la constitucionalidad de los actos sin tener que demostrar ningún interés para accionar.

B. La distinción entre acto normativo o general y acto no normativo o individual como base de la definición conceptual del interés legítimo y jurídicamente protegido. La LOTCPC dispone que la acción directa en inconstitucionalidad puede ser interpuesta por "cualquier persona con un interés legítimo y jurídicamente protegido". Reproduce aquí la LOTCPC textualmente el artículo 185.1 de la Constitución. Pero...¿qué significa tener "interés legítimo y jurídicamente protegido"? La LOTCPC no define el concepto por lo que corresponde a la doctrina y a la jurisprudencia definir el mismo.

Para responder esta pregunta, hay que acudir al Derecho Administrativo, disciplina en donde emerge la noción de interés legítimo y desde donde se importa la misma al Derecho Constitucional. La noción de interés legítimo surge en Derecho Administrativo por la necesidad de ampliar la legitimación procesal más allá de los estrechos contornos del Derecho Civil. Y es que, mientras en Derecho Civil esta legitimación se conecta exclusivamente con la existencia de un derecho subjetivo en juego, que está en el objeto del proceso y del que es titular el actor o demandante, de modo que, por ejemplo, solo quien es titular de un derecho real o de crédito tiene legitimidad para exigir ante los tribunales la tutela de su derecho, en el proceso contencioso administrativo esta legitimidad se le reconoce no solo a quien es titular de un derecho subjetivo sino también a quien ostente un interés legítimo. Así, en Derecho Administrativo no solo los propietarios de terrenos sobre los que discurre una carretera construida por el Estado tienen legitimidad para accionar en la jurisdicción contencioso-administrativa contra la Administración sino también aquellas personas que en virtud de un interés legítimo se sienten afectadas por dicha carretera ya sea porque corta sus vías de comunicación, como porque ésta contamina acústicamente el entorno o tiene un nefasto impacto paisajístico o ambiental. De este modo, tal como establece la jurisprudencia del Tribunal Supremo español, para reputar que existe este interés legítimo "basta con que la declaración jurídica pretendida coloque al accionante en condiciones naturales y legales de consecución de un determinado beneficio, sin que simultáneamente quede asegurado que forzosamente le haya de obtener", aplicándose el criterio de interés legítimo "con un criterio laxo, con el fin de que en situaciones dudosas se evite cerrar el acceso del administrado a la revisión jurisdiccional del acto", todo ello en el entendido de que este problema de la legitimación activa debe manejarse "con criterio más bien amplio y progresivo que restrictivo", pues el interés legítimo "no consiente una interpretación angosta" (Sentencia del 5 de julio de 1972).

Como se puede observar, la introducción y la consolidación de la noción de interés legítimo como criterio fundante de la legitimación procesal activa en Derecho Administrativo busca en todo momento concebir la misma en términos ostensiblemente más amplios que en Derecho Civil, todo ello necesariamente derivado de la dimensión pública de la actividad de la Administración y de la naturaleza pública del Derecho Administrativo. Esta amplitud de la legitimación procesal activa se extiende con más intensidad en el campo del Derecho Constitucional, en particular, en el ámbito de la acción directa en inconstitucionalidad. En el Derecho Constitucional, la conceptuación del interés legítimo debe partir del supuesto de que la garantía constitucional en la jurisdicción constitucional especializada del Tribunal Constitucional implica la democratización del acceso a la justicia constitucional, lo cual, en el caso dominicano, conlleva a presumir que, por lo menos en lo que respecta al cuestionamiento por la vía de la acción directa de inconstitucionalidad de los actos normativos o de efectos generales, que cualquier persona tiene interés legítimo y jurídicamente protegido para accionar, que esta acción es una verdadera acción popular y que el Tribunal Constitucional es un tribunal del pueblo, un tribunal ciudadano, por lo que se admite incluso la institución norteamericana del "amigo de la corte" (*amicus curiae brief*), como lo ha hecho la Suprema Corte de Justicia (S.C.J. Sentencia No. 7. 10 de febrero del 2004). Por tanto, se puede afirmar que, partiendo de la idea de que el círculo de personas legitimadas para interponer la acción en inconstitucionalidad se amplía en la medida en que crece el número de destinatarios de los actos impugnados, habría que reconocer que, en lo que respecta a las acciones en inconstitucionalidad dirigidas contra leyes del Congreso Nacional y reglamentos dictados por el Poder Ejecutivo y las Administraciones Públicas, existe un interés legítimo y jurídicamente protegido en la cabeza de todos y cada uno de los habitantes del territorio nacional, ciudadano o extranjero, en tanto eventual destinatario de dichas normas generales, por el mero hecho de habitar en territorio dominicano, en cuestionar directamente ante el Tribunal Constitucionalidad la constitucionalidad de dichas normas, aún incluso en ausencia de una lesión o daño directo o indirecto en los accionantes. De ahí que cualquier persona, como bien ha establecido la Sala Constitucional venezolana, "sin necesidad de un hecho histórico concreto que lesione la esfera jurídica privada del accionante", puede ser "un tutor de la constitucionalidad y esa tutela le da el interés para actuar, haya sufrido o no un daño proveniente de la inconstitucionalidad de una ley" (Sentencia No. 1077 de 22 de septiembre de 2000, *caso Servio Tulio Briceño*). Actúa aquí el ciudadano como un verdadero defensor de la Constitución, garante de la supremacía constitucional, lo cual se explica en el hecho de que debe suponerse que "toda persona que pudiera ser sujeto de la aplicación de una norma, tenga capacidad para debatir en juicio de su validez" (Sentencia No. 37 de 27 de enero de 2004, *caso Impugnación de los artículos 129 y 132 de la Ley de Minas*). La legitimación procesal activa es amplia porque cualquier persona, haya o no sufrido un daño, hayan sido o no vulnerados sus derechos o pudieren o no violarse los mismos, tiene un derecho a la supremacía constitucional, derecho que, si se quiere, es un derecho colectivo.

La acción de inconstitucionalidad contra normas y otros actos de efectos generales es, en consecuencia, una verdadera acción popular, que garantiza el derecho constitucional de todo individuo a denunciar la inconstitucionalidad y a proteger así no solo un derecho subjetivo violado sino a garantizar el ordenamiento constitucional, actuando como verdadero centinela de la Constitución y de las leyes, sin que tenga que alegar en el proceso la vulneración de algún derecho, interés o bien jurídico protegido que se encuentre dentro de su esfera patrimonial. Y es que en Derecho Constitucional el interés, contrario a lo que ocurre en Derecho Civil, no es la medida de la acción, sino la lesión o vulneración de la Constitución. Esta acción popular convierte así al Tribunal Constitucional en un verdadero "tribunal ciudadano" (HÄBERLE: 256). En consecuencia, quien acciona en inconstitucionalidad contra leyes y reglamentos ante el Tribunal Constitucional en virtud del artículo 185.1 de la Constitución, actúa en virtud de un interés no personal, sino de la comunidad a la que pertenece, es decir un interés general, derivado de un lato derecho fundamental a la legalidad constitucional, tal como se infiere del artículo 6 de la Constitución, y que busca que la jurisdicción constitucional se transforme en espacio de participación ciudadana, destinado a concretar el control de los gobernantes por los gobernados, más allá del simple momento electoral y del periódico –y efímero– ejercicio del derecho de sufragio. Queda así consagrada la acción en inconstitucionalidad contra normas estatales como un mecanismo de defensa del orden constitucional en manos de todos los destinatarios de dichas normas, que no son más que los integrantes de la "comunidad de intérpretes constitucionales" (HABERLE).

En síntesis, en lo que respecta a las acciones directas en inconstitucionalidad dirigidas contra actos normativos, no cabe duda que la legitimación activa pertenece a toda persona habitante del territorio nacional pues, desde la óptica constitucional, el interés legítimo viene dado por el interés en el mantenimiento del Derecho objetivo y no, como ocurre en el Derecho privado, por el interés de quien ha sufrido perjuicios morales o patrimoniales por el acto de que se trata. En este sentido, la práctica constitucional comparada revela que la legitimación activa ante los tribunales constitucionales es un instituto "destinado a velar por la defensa objetiva de la Constitución y el interés general o bien común, para lo cual se predetermina un conjunto de autoridades u órganos del Estado que por su posición institucional tienen por tarea la defensa del bien común o del interés general, legitimándolos para demandar sin que haya un caso concreto o un interés subjetivo, por vía de acción directa, sin condicionamiento alguno, al Tribunal Constitucional, para que este último depure el ordenamiento jurídico de normas inconstitucionales o impida el ingreso de tales normas a dicho ordenamiento, constituyendo este un rasgo distintivo del modelo germano austríaco de control de constitucionalidad" (NOGUEIRA ALCALÁ: 202). De ahí que para la defensa de la Constitución por la vía de la acción directa en inconstitucionalidad, todos los integrantes de la comunidad nacional, sean personas físicas o morales, nos convertimos en "guardianes de la Constitución" y asumimos, individualmente o de manera colectiva, la protección de la Constitución y de los derechos que ella consagra, pues "al ser la Constitución un pacto de todos los integrantes de la sociedad, queda radicada en todos y cada uno de ellos, la facultad para exigir el cumplimiento de dicho pacto, pues lo pactado obliga" (GUERRERO VALLE: 34). Exigir una lesión o un interés cualificado a una persona para poder accionar ante el Tribunal Constitucional contra una norma inconstitucional es desapoderar al ciudadano, cerrar las puertas de este Tribunal al pueblo y privatizar la acción directa en inconstitucionalidad. Por eso, el interés legítimo, desde un punto de vista estrictamente constitucional, despojado de cualquier inconstitucional impregnación iusprivatista, debe ser comprendido en sentido amplio, en cabeza de cada uno de los ciudadanos, y abarcando, como bien ha señalado el Tribunal Constitucional chileno, "tanto los mecanismos de defensa de los derechos propiamente tales o derechos subjetivos cuanto de los intereses legítimos cuya eficaz protección también favorece el libre y pleno desarrollo de la personalidad" (Ley 18.575, rol no. 634, 2007), visión que compatibiliza el interés subjetivo personal con el interés general del bien común.

Ahora bien, en lo que respecta a las acciones en inconstitucionalidad dirigidas contra actos no normativos, es decir, actos administrativos de efectos particulares o circunscritos a una esfera delimitada de destinatarios, como lo sería un decreto de expropiación o un contrato administrativo, la situación es manifiestamente diferente. Aquí es evidente que, a fin de proteger la seguridad jurídica de las personas, en especial de los beneficiarios o destinatarios de dichos actos de aplicación individual, a menos que entren en juego los intereses difusos o colectivos tutelados por la Constitución, no puede admitirse que cualquier persona, actuando "utis civis" y no "utis singulus", pueda cuestionar ante el Tribunal Constitucional el acto generador o protector de una situación jurídica subjetiva. De ahí que, en lo que respecta a los actos no normativos o singulares, en aras de preservar la seguridad jurídica de las personas, no puede admitirse que cualquier persona, una persona que, para utilizar dos adagios populares, "no tiene vela en el entierro", o "no es ariente o pariente" de las partes del acto, pueda cuestionar ante el Tribunal Constitucional el acto generador o protector de una situación jurídica subjetiva. El accionante en inconstitucionalidad contra un acto no normativo o particular debe ser, en consecuencia, una verdadera "parte interesada", es decir, como ya lo ha dicho la Suprema Corte de Justicia, "aquella que figure como tal en una instancia, contestación o controversia de carácter administrativo o judicial, contra la cual se realice un acto por uno de los poderes públicos, basado en una disposición legal, pretendidamente inconstitucional" (S.C.J. 30 de septiembre de 1998. B.J. 1054, Vol. I. 20) o que "tiene un interés legítimo y jurídicamente protegido", es decir, "demuestre ser titular de un derecho o interés consagrado por la Constitución de la República, leyes, decretos, reglamentos, resoluciones, ordenanzas, cuya violación sea susceptible de causarle un perjuicio" (S.C.J. 19 de mayo de 2010). El artículo 185.1 de la Constitución es pertinente pues, al ampliarse el objeto del control para incluir no solo las leyes sino también los decretos, reglamentos, resoluciones y ordenanzas, y, en sentido general, todos los actos referidos por el artículo 6, se hace imprescindible el establecimiento de un filtro que permita preservar la seguridad jurídica de los particulares contra los cuestionamientos a los actos que los amparan por parte de terceros sin interés legítimo y jurídicamente protegido.

La categoría procesal del interés legítimo y jurídicamente protegido ha quedado desvirtuada por los precedentes del Tribunal Constitucional (Sentencias TC 51/12, 73/12 y 41/13) que afirman que los actos administrativos no son impugnables por la vía del control concentrado en la medida en que en la gran mayoría de los casos hay que admitir que un eventual destinatario de una norma atacada por inconstitucional tiene interés legítimo y jurídicamente protegido para accionar en inconstitucionalidad. Hasta la fecha no ha habido un solo caso de acción directa en inconstitucionalidad contra normas en donde se haya inadmitido la acción por falta de interés. Esto revela que, en la práctica, la acción directa en inconstitucionalidad en contra de las normas es una acción popular y que el interés legítimo solo tendría un efecto procesal precisamente en los casos de acciones contra actos administrativos, que son aquellas que el Tribunal Constitucional han considerado inadmisibles no obstante la claridad del texto del artículo 185.1 y de la propia LOTCPC.

C. El interés legítimo y jurídicamente protegido en el Estado Social y Democrático de Derecho. No hay dudas de que, como bien ha señalado el

Tribunal Constitucional al momento de definir el objeto del control concentrado de constitucionalidad, "los tribunales constitucionales, dentro de la nueva filosofía del Estado Social y Democrático de Derecho, no sólo se circunscriben a garantizar la supremacía constitucional o la protección efectiva de los derechos fundamentales al decidir jurisdiccionalmente los casos sometidos a su competencia, sino que además asumen una misión de pedagogía constitucional al definir conceptos jurídicos indeterminados, resolver lagunas o aclarar disposiciones ambiguas u oscuras dentro del ámbito de lo constitucional" (Sentencia TC 41/2013). Ahora bien, esa definición conceptual, vale decir, ese ejercicio de lo que se conoce como la autonomía procesal del Tribunal Constitucional, no puede hacerse al margen de los valores fundamentales que inspiran y permean la Constitución de 2010, es decir, de un modo descontextualizado. Por eso, el concepto de interés legítimo tiene que ser constitucionalmente adecuado a la Constitución de 2010. De ahí que, como señala la doctrina, el concepto de quien tiene interés legítimo para demandar en inconstitucionalidad ante el Tribunal Constitucional contra los actos pretendidamente inconstitucionales debe ser construido a la luz de "la proclamación de la soberanía popular en el artículo 2 constitucional, la del Estado Social y Democrático de Derecho en el 7 constitucional y la declaración de la preservación de los derechos e intereses de las personas como función esencial del Estado en el artículo 8 constitucional" (PERDOMO).

Siendo esto así, como lo es, es obvio que las opciones interpretativas del Tribunal Constitucional a la hora de definir en qué consiste el interés legítimo se reducen en la medida en que la acción en inconstitucionalidad contra leyes del Congreso Nacional y reglamentos del ejecutivo y las administraciones autónomas aparece como una acción ejercitable por cualquier ciudadano que ejerce su derecho a participar en la cosa pública mediante su colaboración en la expulsión del ordenamiento jurídico de aquellas normas declaradas inconstitucionales. Es aquí donde el Tribunal Constitucional deviene en un "tribunal de la sociedad" al cual acuden cualquiera de los miembros de la "comunidad de intérpretes constitucionales" (HABERLE).

Por ese imperativo de conceptuar a la luz del principio democrático el interés legítimo es que se hace necesario abandonar toda visión exegético-procesal estrecha de dicho concepto. Como bien nos recuerda, el gran constitucionalista argentino German Bidart Campos, "los egoísmos, los reduccionismos, los angostamientos en materia de legitimación procesal son capaces de desvirtuar al sistema de derechos y al sistema garantista, en la misma medida en que ni uno ni otro rindan el resultado a que están destinados ante la administración de justicia. De ahí que la misma matriz constitucional donde se alimentan el sistema de derechos y el sistema garantista deba alimentar al derecho procesal en materia de legitimación" (BIDART CAMPOS: 15).

La misma historia del interés legítimo en el seno del Derecho Administrativo, rama del Derecho en donde nació y se desarrolló dicho concepto de legitimación procesal, revela que interés legítimo no debe ser confundido ni con interés personal, ni con interés directo, ni con necesidad de vulneración de un derecho ni con sufrir una lesión. No lo digo yo, lo dice un administrativista español de la talla de Ramón Parada: "Precisamente la evolución garantista de lo contencioso-administrativo está ligada a una evolución ampliadora de la legitimación y del paso de un proceso protector únicamente de derechos subjetivos a un proceso que, además se abre a la protección de intereses, inicialmente personales y directos, y después simplemente legítimos; un concepto más amplio que linda casi con la acción popular" (PARADAS: 630).

El Tribunal Constitucional español ha estado más que claro en ello cuando ha establecido que, en presencia de los intereses comunes, es decir, "aquellos en que la satisfacción del interés común es la forma de satisfacer el de todos y cada uno de los que componen la sociedad [...] puede afirmarse que cuando un miembro de la sociedad defiende un interés común sostiene simultáneamente un interés personal, o, si se quiere desde otra perspectiva, que la única forma de defender el interés personal es sostener el interés común". Y siguen diciendo los jueces constitucionales españoles: "Esta solidaridad e interrelación social, especialmente intensa en la época actual, se refleja en la concepción del Estado como social y democrático de derecho, que consagra la Constitución (art. 1.1), en el que la idea de interés directo, particular, como requisito de legitimación, queda englobado en el concepto más amplio de interés legítimo y personal, que puede o no ser directo" (STC 62/1983).

De manera que la noción jurídico-procesal de interés legítimo, desde su mismo nacimiento, ya lleva inscrita en su código genético la idea de amplia legitimación procesal, lo que se repotencia en un Estado Social y Democrático de Derecho en donde puede afirmarse que, por lo menos frente a normas inconstitucionales, las personas gozan de un derecho fundamental implícito a la supremacía constitucional.

REFERENCIAS BIBLIOGRÁFICAS

BIDART CAMPOS, Germán. "El acceso a la justicia, el proceso y la legitimación. En *La legitimación. Homenaje a Lino Palacio.* Buenos Aires: Abeledo-Perrot, 1996.

GUERRERO VALLE, Gonzalo. *La legitimación activa de la acción constitucional de nulidad.* Santiago de Chile: Librotecnia, 2010.

HÄBERLE, Peter. "El recurso de amparo en el sistema germano federal de jurisdicción constitucional". En Domingo García Belaunde y Francisco Fernández Segado (eds.). *La jurisdicción constitucional en Iberoamérica.* Madrid: Dykinson, 1997.

NOGUEIRA ALCALÁ, Humberto. "La legitimación activa de los procedimientos ante los Tribunales Constitucionales de América del Sur". En *Ius et Praxis.* Año 10. No. 2.

PARADA, Ramón. *Derecho Administrativo I. Parte General.* Madrid: Marcial Pons, 2007.

PERDOMO, NASSEF. "Interés legítimo y democracia". En www.acento.com.do. 27 de agosto de 2012.

SECCIÓN II
PROCEDIMIENTO PARA EL RECURSO DE INCONSTITUCIONALIDAD

Artículo 38. *Acto introductivo.* El escrito en que se interponga la acción será presentado ante la Secretaria del Tribunal Constitucional y debe exponer sus fundamentos en forma clara y precisa, con cita concreta de las disposiciones constitucionales que se consideren vulneradas.

La LOTCPC recoge el criterio de la doctrina y jurisprudencia dominicana para las que el escrito mediante el cual se interpone la acción directa en inconstitucionalidad debe identificar clara y específicamente la norma o acto cuya constitucionalidad se cuestiona, las disposiciones constitucionales vulneradas y las razones que fundamentan las pretensiones del accionante (PELLERANO GÓMEZ: 88; y S.C.J. No. 3 del 16 de septiembre de 1998. B.J. 1054. Vol. I. 22).

REFERENCIAS BIBLIOGRÁFICAS

PELLERANO GÓMEZ, Juan Ml. *El control judicial de la constitucionalidad.* Santo Domingo: Capeldom, 1998.

Artículo 39. *Notificación de la acción.* Si el Presidente del Tribunal Constitucional considerare que se han cumplido los requisitos precedentemente indicados, notificará el escrito al Procurador General de la República y a la autoridad de la que emane la norma o acto cuestionado, para que en el plazo de treinta días, a partir de su recepción, manifiesten su opinión.

Párrafo. La falta de dictamen del Procurador o de las observaciones de la autoridad cuya norma o acto se cuestione no impide la tramitación y fallo de la acción en inconstitucionalidad.

La LOTCPC, al disponer que se notificará la acción al Procurador General de la República así como a la autoridad cuya norma o acto se cuestiona pero que la falta de dictamen del Procurador o de observaciones de la autoridad "no impide la tramitación o fallo de la acción en inconstitucionalidad", sigue el criterio sostenido por la Suprema Corte de Justicia en el sentido de que, por la naturaleza objetiva y abstracta del control concentrado, el juicio de constitucionalidad es esencialmente no contradictorio por lo que no hay necesidad de citar al Ministerio Público ni al "órgano emisor de la ley, decreto, resolución o acto de que se trate" (S.C.J. No. 6 del 16 de junio de 1999. B.J. 1063.81; No. 12 del 19 de febrero del 2000. B.J. 1071.73; No. 7 del 27 de septiembre del 2000. B.J. 1078.53). Como bien ha afirmado la Suprema Corte de Justicia, "es preciso reiterar que la ley, decreto, resolución o actos emanados de los poderes públicos, como normas sociales obligatorias, no se anulan o derogan mediante un procedimiento judicial que conlleve la citación del órgano emisor de la ley, decreto, resolución o acto de que se trate, pues dichos instrumentos legales se dejan sin efecto o validez, mediante las formas instituidas por la Constitución o la ley; que una de esas formas de anulación se obtiene mediante decisión de la Suprema Corte de Justicia, apoderada directamente con esa finalidad por el Poder Ejecutivo, por uno de los presidentes de las Cámaras del Congreso o por parte interesada, en caso de inconstitucionalidad; que esa facultad constitucional es ejercida por quienes son así autorizados para que esta Corte, en virtud de esa competencia excepcional, juzgue si la ley, decreto, resolución o acto, sometido a su escrutinio, es conforme, es decir, no contrario a la Constitución, sin que estén obligados por la Constitución o la ley, a notificar su instancia a las personas o instituciones que pudieran eventualmente ser afectadas, ya que cuando esta Corte se aboca a ese análisis en virtud de los poderes que le son atribuidos por la Constitución de la República, lo hace sin contradicción y, por tanto, sin debate, a la vista sólo de la instancia que la apodera y del dictamen u opinión, si se produjera, del Procurador General de la República, a quien se le comunica el expediente" (S.C.J. No. 7 del 22 de septiembre de 1999. B.J. 1066). Queda claro, a la luz de la LOTCPC, que el principio de contradicción no rige en sede de control concentrado y que cuando alguien ejercita la acción de inconstitucionalidad no tiene que existir ningún órgano del Estado que asuma la función de defender la constitucionalidad de la norma impugnada.

Artículo 40. *Publicación.* Se dispondrá también que se publique un extracto de la acción que ha sido incoada en el portal institucional del Tribunal Constitucional y cualquier otro medio que se estime pertinente.

El legislador dispone la publicación de un extracto de la acción. El sentido de esta publicidad no puede ser otro que permitir que, como bien ha sostenido la jurisprudencia dominicana, "aquellos que lo consideren útil en interés propio o general, hagan por escrito elevado" al Tribunal Constitucional "sus observaciones a favor o en contra del pedimento" (S.C.J. No. 7 del 22 de septiembre de 1999. B.J. 1066), en su condición de "amigos de la corte" (*amicus curiae*) y a través de un escrito en apoyo de la constitucionalidad o inconstitucionalidad de la norma (*amicus curiae brief*), modalidad admitida expresamente por la Suprema Corte de Justicia (S.C.J. Sentencia No. 7. 10 de febrero del 2004). Como bien establece la doctrina, "la participación procesal del *amicus curiae* supone la presentación en un proceso de un tercero que interviene aportando una opinión fundada que puede resultar relevante para la resolución de un litigio en el que se debatan cuestiones socialmente sensibles. Ese tercero, por tanto, no reviste calidad de parte ni mediatiza, desplaza o reemplaza a estas; debe ostentar un interés justificado en la decisión que pondrá fin al pleito en el que se presenta; es preciso que muestre reconocidas competencias y versación en la cuestión debatida; su informe no constituye un dictamen pericial, y la actuación que despliega no devenga honorarios ni tiene efectos vinculantes para el tribunal ante el que comparece" (BAZÁN: 303).

REFERENCIAS BIBLIOGRÁFICAS

BAZÁN, Víctor. "En torno al *amicus curiae*". En *Revista Oficial del Poder Judicial.* Año 3. No. 5. 2009.

Artículo 41. *Audiencia.* Una vez vencido el plazo, se convocará a una audiencia oral y pública, a fin de que el accionante, la autoridad de la que emane la norma o el acto cuestionado y el Procurador General de la Republica, presenten sus conclusiones.

Párrafo. La no comparecencia de las partes no impide el fallo de la acción en inconstitucionalidad.

Artículo 42. *Solicitud de informes.* El Tribunal Constitucional podrá requerir de instituciones públicas o privadas informes téc-

nicos para una mejor sustanciación de la acción de inconstitucionalidad.

Que el principio del contradictorio no aplique al proceso de conocimiento de las acciones directas en inconstitucionalidad y que, por lo tanto,
no puedan extrapolarse al mismo las garantías judiciales propias de dicho
principio, no significa que el debido proceso no rija en la tramitación de las
acciones directas en inconstitucionalidad. Sería paradójico que se garanti-
zara la aplicación del debido proceso en los procesos ordinarios, tal como
reconoce la LOTCPC, y, sin embargo, no se observase el mismo cuando se
trate de la inconstitucionalidad por vía directa ante el Tribunal Constitucional. El debido proceso rige en sede del control concentrado pero, por
su naturaleza sui generis, las garantías judiciales que aplican al mismo no
están vinculadas al principio contradictorio sino a la necesidad de asegurar un proceso constitucional abierto, público, participativo, transparente
y deliberativo, en vista de que "la justicia constitucional proporciona uno
de los más importantes canales de participación política que se han arbitrado para aquellos que tienen alguna cosa que decir sobre el estado de
las instituciones políticas y civiles del país, y que desean mantenerse en un
plano objetivo, sin entrar en las organizaciones de partido" (GARCÍA DE
ENTERRÍA: 238). Como bien expresa Habermas, "el Tribunal Constitucional
ha de operar dentro del marco de sus competencias en el sentido de que el
proceso de producción de normas se efectúe en las condiciones de una política deliberativa, que son las que fundan su legitimidad. Esta política deliberativa está ligada a su vez a los exigentes presupuestos comunicativos que
han de caracterizar a espacios de discusión política que no tienen por qué
coincidir con el espectro de la formación de la voluntad política, institucionalizada en los órganos parlamentarios, sino que abarcan también tanto el
espacio de la opinión pública política, como el contexto cultural de éste y
su base social. Una práctica de la autodeterminación de corte deliberativo
sólo puede desarrollarse en un juego de interacciones entre la formación
de la voluntad en los organismos parlamentarios, programada para la toma
de decisiones e institucionalizada en términos de derecho procedimental,
por un lado, y la formación política de la opinión en circuitos informales
de comunicación política, por otro" (HABERMAS: 348).

El debido proceso en sede constitucional implica, en consecuencia,
una serie de prácticas, reconocidas por la LOTCPC y tendentes a asegurar
una pública y justa discusión constitucional, tales como dar oportunidad a
determinados órganos a tomar posición (articulo 39), llevar a cabo audiencias y juicios orales (artículo 41), solicitar informes a terceros para que actúen como declarantes o peritos participantes (artículo 42 de la LOTCPC),
y, en virtud del deber general de motivación, decir expresamente en el tex-

to de las sentencias a quienes concretamente se le ha dado la oportunidad de expresar su opinión, prácticas todas ellas que, al conducir a escuchar y ponderar las opiniones de los partidos políticos, grupos de la sociedad civil y ciudadanos que actúan como amigos del Tribunal Constitucional, contribuyen todas ellas a dar voz a quienes no tienen voz, a instrumentar la participación plural, a ampliar el círculo de intérpretes constitucionales y, en consecuencia, a fomentar la "consciencia constitucional" (Häberle) y el "sentimiento constitucional" (Loewenstein), en la medida en que integran a la ciudadanía en la gran y apasionante experiencia de la jurisdicción constitucional.

REFERENCIAS BIBLIOGRÁFICAS

García De Enterría, Eduardo. *La Constitución como norma y el Tribunal Constitucional.* Madrid: Civitas, 2001.

Häberle, Peter. *El Estado Constitucional.* México: UNAM, 2001.

Habermas, Jurgen. *Facticidad y validez.* Madrid: Trotta, 1998.

Loewenstein, Karl. *Teoría de la Constitución.* Barcelona: Ariel, 1976.

Artículo 43. *Plazo y moratoria.* El Tribunal Constitucional debe resolver la acción de inconstitucionalidad dentro de un término máximo de cuatro meses, a partir de la fecha en que concluya la vista.

Con esta disposición, el legislador trata de subsanar uno de los grandes problemas generados por la ausencia de una legislación procesal constitucional que estipulase términos mandatorios dentro de los cuales la jurisdicción constitucional especializada debiese fallar las acciones directas en inconstitucionalidad.

Artículo 44. *Denegación de la acción.* Las decisiones que denieguen la acción, deberán examinar todos los motivos de inconstitucionalidad que se hubieren alegado para fundamentarla. Únicamente surtirán efecto entre las partes en el caso concreto y no producirán cosa juzgada.

Artículo 45. *Acogimiento de la acción.* Las sentencias que declaren la inconstitucionalidad y pronuncien la anulación consecuente de la norma o los actos impugnados, producirán cosa juzgada y eliminarán la norma o acto del ordenamiento. Esa eliminación regirá a partir de la publicación de la sentencia.

A. Efecto *erga omnes*. En materia judicial, las sentencias tienen efectos inter partes, es decir, que únicamente las partes que han dado origen a la controversia estarán obligadas por lo resuelto por la decisión. En contraste con las demás sentencias, la sentencia constitucional surte efectos *erga omnes*, es decir, surte plenos efectos frente a todos, incluyendo tanto a los particulares como a los poderes públicos.

Los efectos *erga omnes* de la sentencia constitucional se explican a partir de la existencia y función del control abstracto de constitucionalidad. En este tipo de control de constitucionalidad lo que se discute es la pertenencia o no de una norma con fuerza de ley al ordenamiento jurídico para, a partir de la constatación de una contradicción entre la Constitución y la norma cuestionada, proceder a agotar la vigencia legal de dicha norma. Si la sentencia constitucional no tuviese efectos *erga omnes*, no pudiese, de ninguna manera, restar vigencia y validez a una norma inconstitucional con valor y fuerza de ley. Sin estos efectos, el control abstracto de constitucionalidad degeneraría en nugatorio, en inexistente.

¿De qué se predican los efectos *erga omnes*? ¿De la parte resolutiva o dispositiva de la sentencia? ¿O de su parte motiva? Entendemos que la motivación de la sentencia constitucional, por lo menos en aquellas partes "que guarden una relación estrecha, directa e indispensable para servir de soporte directo a la parte resolutiva de las sentencias y que incida directamente en ella" (Corte Constitucional de Colombia, Sentencia C-131, del 1 de abril de 1993) es de carácter obligatorio *erga omnes*, vinculando, en consecuencia, a todos los poderes públicos.

Ahora bien, el carácter *erga omnes* y vinculante de la motivación de la sentencia constitucional radica en aquellas fracciones de la parte motiva que estén en íntima relación con la parte dispositiva de la sentencia. Esto se justifica en la medida en que no todos los considerandos de la sentencia resuelven el punto de constitucionalidad que se plantea y son, hasta cierto punto, accidentales o accesorios. De esta manera, se permite la evolución de la jurisprudencia constitucional, en tanto los jueces no están vinculados por estos puntos accesorios.

B. Efecto de cosa juzgada. La cosa juzgada no es más que el efecto atribuido por la ley a la parte dispositiva de las sentencias en virtud del cual queda prohibido volver de nuevo a litigar sobre lo que el juez ha definitiva e inmutablemente declarado en la sentencia.

Se distinguen dos formas de cosa juzgada: la formal y la material. La cosa juzgada formal es aquella que gozan las sentencias irrecurribles e inmodificables, como ocurre con las sentencias constitucionales. La cosa juzgada material es aquella en virtud de la cual, una vez decidida la cuestión objeto de controversia, no podrá volverse a plantearse el asunto a consideración del Tribunal Constitucional. Con esto se busca impedir que se discuta indefinidamente sobre el punto específico decidido y evitar, en consecuencia, que pudiesen presentarse fallos contradictorios.

La cosa juzgada material no es de buen recibo en materia de control abstracto de constitucionalidad, en la medida en que vincular al juez constitucional a sus propias sentencias impediría ajustar la Constitución a la evolución de la sociedad. La cosa juzgada material sería un efecto inherente a las sentencias declaratorias de inconstitucionalidad para evitar que se reintegre al ordenamiento una norma expulsada del mismo por considerarla inconstitucional el tribunal constitucional. Respecto a las sentencias desestimatorias, la controversia puede plantearse de nuevo, pues es posible que una norma, considerada en su momento constitucional, devenga inconstitucional en virtud de la dinámica interpretativa de la jurisdicción constitucional. Como bien afirma Sagüés, "la cosa juzgada material presupone la función pacificadora del proceso, en el sentido de poner fin a una contienda, mientras que la cosa juzgada constitucional busca, principalmente, no pacificar intereses sino salvaguardar la supremacía de la Constitución" (SAGÜÉS: 234). Es por eso que la LOTCPC es clara en cuanto a que "las decisiones que denieguen la acción […] no producirán cosa juzgada" (artículo 44).

En todo caso, y contrario al efecto *erga omnes*, la cosa juzgada se predica del dispositivo y no de la motivación de la sentencia constitucional. Ello así porque afirmar que la motivación tiene efecto de cosa juzgada implica atar al Tribunal Constitucional a la parte motiva de sus sentencias, sin permitir un cambio de jurisprudencia. Esto echaría por el suelo la función creadora e integradora del Tribunal Constitucional e impediría la actualización de la Constitución vía la jurisdicción constitucional. Por eso, la LOTCPC permite al Tribunal Constitucional apartarse del precedente, siempre y cuando exprese "en los fundamentos de hecho y de derecho de la decisión las razones por las cuales ha variado su criterio" (artículo 31, párrafo I).

REFERENCIAS BIBLIOGRÁFICAS

SAGUÉS, Nestor Pedro. *La interpretación judicial de la Constitución*. Buenos Aires: Depalma, 1998.

Artículo 46. *Anulación de disposiciones conexas.* La sentencia que declare la inconstitucionalidad de una norma o disposición general, declarará también la de cualquier precepto de la misma o de cualquier otra norma o disposición cuya anulación resulte evidentemente necesaria por conexidad, así como la de los actos de aplicación cuestionados.

En Derecho Procesal, el principio de congruencia significa que el fallo, la decisión que toma el juez en su sentencia, debe hacerse con base en el cuerpo de la demanda. El juez decide exclusivamente sobre la base de las peticiones de las partes, sin que pueda ir en su decisión más allá de lo pedido o pueda conceder cosa diferente a la inicialmente solicitada. Se prohíben los fallos *ultra petita* y *extra petita*.

Este principio no aplica en el Derecho Procesal Constitucional. El Tribunal Constitucional puede declarar inconstitucionales normas contenidas en el cuerpo de una ley cuya inconstitucionalidad no ha sido demandada por los accionantes. Y es que el objetivo de la jurisdicción constitucional es salvaguardar la integridad constitucional, lo cual no se compadece con la limitación de los poderes de oficio del juez constitucional, para declarar inconstitucional, ya sea extra o ultra petita, disposiciones que contrarían la Constitución. Aunque con este accionar el juez constitucional rompe el principio de congruencia, tal como se entiende en el derecho procesal ordinario, la Constitución queda efectivamente asegurada y una decisión que, como la del tribunal constitucional, es irrecurrible, llega a incluir aquellos preceptos que inicialmente escaparon a la demanda pero cuya inclusión es decisiva para el mantenimiento de la integridad constitucional.

Ahora bien, tal como establece el artículo 46 de la LOTCPC, la facultad del tribunal constitucional de no circunscribirse a la solicitud de revisión y declarar inconstitucionales disposiciones no sometidas inicialmente a juicio, se ejerce a partir del criterio de la unidad normativa o conexidad necesaria. Ello significa que la declaración de inconstitucionalidad puede extenderse más allá de lo solicitado en la demanda, siempre y cuando sea necesario en virtud de la estrecha relación entre la norma objeto de controversia y la no demandada, es decir, cuando la "anulación resulte evidentemente necesaria por conexidad". Como bien explica la Corte Constitucional colombiana, "cuando entre dos o más preceptos existe unidad normativa, aunque se encuentren incluidos en leyes o estatutos diferentes, la inconstitucionalidad de uno de ellos implica la de los demás, motivo suficiente para que esta corporación, en ejercicio de su función de control, en defensa de la integridad y supremacía de la Carta Política, tenga la facultad de declarar la inexequibilidad del conjunto de normas, aunque de ellas no hayan sido demandadas [...]. Ello no sucede –y, por tanto, en tal evento no surge unidad normativa– cuando se trata de disposiciones que, a pesar de referirse a los mismos asuntos tratados en el mandato que se juzga contrario a la Constitución, no depende de este sino que goza de autonomía frente a él, en términos tales que pueden subsistir sin que su contenido sea fatalmente afectado por lo resuelto" (Sentencia C-344 de 1995, 2 de agosto de 1995).

Hay que distinguir el criterio de la unidad normativa del principio de la unidad constitucional. La unidad constitucional refiere a la idea de cada uno de los preceptos constitucionales debe ser interpretado atendiendo a su inclusión dentro del total texto constitucional, de forma coherente y coordinada con los demás preceptos concordantes. En contraste, la unidad normativa se refiere a las normas demandadas en inconstitucionalidad y aquellas que, a juicio del juez constitucional, conformen dicha unidad con aquellas otras declaradas inconstitucionales.

Artículo 47. *Sentencias interpretativas.* El Tribunal Constitucional, en todos los casos que conozca, podrá dictar sentencias interpretativas de desestimación o rechazo que descartan la demanda de inconstitucionalidad, declarando la constitucionalidad del precepto impugnado, en la medida en que se interprete en el sentido que el Tribunal Constitucional considera como adecuado a la Constitución o no se interprete en el sentido o sentidos que considera inadecuados.

Párrafo I. Del mismo modo dictará, cuando lo estime pertinente, sentencias que declaren expresamente la inconstitucionalidad parcial de un precepto, sin que dicha inconstitucionalidad afecte íntegramente a su texto.

Párrafo II. Las sentencias interpretativas pueden ser aditivas cuando se busca controlar las omisiones legislativas inconstitucionales, entendidas en sentido amplio, como ausencia de previsión legal expresa de lo que constitucionalmente debía haberse previsto o cuando se limitan a realizar una interpretación extensiva o analógica del precepto impugnado.

Párrafo III. Adoptará, cuando lo considere necesario, sentencias exhortativas o de cualquier otra modalidad admitida en la práctica constitucional comparada.

    A. Los tipos de sentencias constitucionales. Para comprender la tipología de las sentencias que puede dictar el Tribunal Constitucional es preciso referirse al ordenamiento constitucional italiano. Ello así porque es Italia el país en donde el juez constitucional posee el más variado y sutil abanico de opciones decisorias y porque el mismo es fruto de la propia labor creadora del Tribunal Constitucional italiano que, tras su establecimiento, dedicó sus esfuerzos a ampliar la tipología elemental de sentencias imaginadas por Kelsen.

Siguiendo la doctrina y la jurisprudencia constitucional italianas, es posible afirmar que hay dos clases de sentencias que pueden dictar las jurisdicciones constitucionales: las simples y las complejas. Mediante las simples, el Tribunal Constitucional hace de "legislador negativo" como quería Kelsen, es decir, anula legislación, mientras que mediante las complejas, hace también de "legislador positivo", o sea, crea derecho. Como bien afirma José Acosta Sánchez, esta tipología "es predicable de cualquier sistema de jurisdicción constitucional [...] siendo [únicamente, EJP] la mayor sutileza y proliferación en este orden lo que distingue al sistema italiano" (ACOSTA SÁNCHEZ: 285). El estudio de esta tipología de sentencias introducida por el Tribunal Constitucional italiano es clave pues constituye hoy un acervo invaluable, que enriquece el menú de opciones decisorias a disposición del juez constitucional.

En sentido general, las sentencias que dicta el juez constitucional pueden ser de dos tipos: las sentencias de admisión o de anulación (estimatorias) y las sentencias de rechazo (desestimatorias). Las primeras son aquellas en las que el juez constitucional acoge, en cuanto la considera fundada, la petición del accionante de declarar inconstitucional una determinada norma y, consecuentemente, la anula. Las segundas son las que dicta el juez cuando desatiende la petición de declaración de inconstitucionalidad al considerarla no fundada.

B. Sentencias estimatorias. Estas sentencias declaran la inconstitucionalidad de la norma porque la misma vulnera la Constitución y su objetivo es eliminar la respectiva disposición del ordenamiento jurídico mediante una declaratoria de nulidad. Puede ser de dos tipos: declaratoria de inconstitucionalidad simple de carácter parcial y declaratoria de inconstitucionalidad simple de carácter total.

(i) Sentencias de inconstitucionalidad simple de carácter parcial. Son éstas las sentencias que declaran la ilegitimidad constitucional de una parte de la disposición –identificada según los apartados, proposiciones o términos singulares de la misma– dejando como válidas las restantes disposiciones contenidas en el texto normativo cuestionado. Tal fue el caso de la sentencia dictada por la Suprema Corte de Justicia cuando declaró inconstitucionales algunas disposiciones de la Ley de Carrera Judicial.

(ii) Sentencias de inconstitucionalidad simple de carácter total. Estas sentencias afectan la totalidad del texto normativo. Tal es el caso de la declaratoria de inconstitucionalidad de toda una ley por vicios de forma. En

este caso, el juez constitucional elimina toda la ley, la cual desaparece del ordenamiento jurídico en su totalidad.

C. Sentencias desestimatorias. Las sentencias desestimatorias declaran el status de legitimidad constitucional de la ley impugnada. Estas sentencias pueden ser entendidas de modo parcial en el sentido de que se considera constitucionalmente legítima una parte de la disposición. En cualquier caso, sea que se mire la cuestión desde el punto de vista de la sentencia que acoge la acción o que la rechace, el resultado es el mismo: una parte de la disposición será inconstitucional mientras que otra será considerada constitucional.

D. Las sentencias interpretativas stricto sensu. Las sentencias interpretativas actúan directamente sobre el contenido de la disposición normativa restringiendo su alcance, permitiendo al juez constitucional purgar la ley o reglamento cuestionado y reduciendo su capacidad normativa. Según el Tribunal Constitucional español, "las llamadas en parte de la doctrina sentencias interpretativas, esto es, aquellas que rechazan una demanda de inconstitucionalidad o, lo que es lo mismo, declaran la constitucionalidad de un precepto impugnado en la medida en que se interprete en el sentido que el Tribunal Constitucional considera como adecuado a la Constitución, o no se interprete en el sentido (sentidos) que considera inadecuados son, efectivamente, un medio al que la jurisprudencia constitucional de otros países ha recurrido para no producir lagunas innecesarias en el ordenamiento, evitando, al tiempo, que el mantenimiento del precepto impugnado pueda lesionar el principio básico de la primacía de la Constitución" (STC 77/85).

Estas sentencias pueden a su vez ser de tres clases: aniquilantes, cuando reducen a la nada el contenido de la ley que queda "desvitalizada, reducida a una concha vacía, aplicable en apariencia pero en realidad ineficaz" (DI MANNO: 131); neutralizantes, cuando solo atenúan el efecto de una disposición; y alternativas que son aquellas que separan dos interpretaciones del mismo texto con el fin de expulsar una de ellas del ordenamiento jurídico. La técnica de las sentencias alternativas, propia del Tribunal Constitucional italiano, se distingue de la "interpretación conforme" alemana y de la "interpretación neutralizante" francesa en que la condena de la interpretación excluida figura en la parte dispositiva de la sentencia".

Las sentencias interpretativas pueden ser estimatorias o desestimatorias.

(i) Sentencias interpretativas estimatorias. Las sentencias interpretativas estimatorias declaran tanto la inconstitucionalidad de textos como de las normas que se pueden recabar de ellos. Se pueden agrupar a su vez en dos grandes clases: (1) aquellas que declaran la inconstitucionalidad por interpretación errónea o aplicación indebida de una norma en un caso

concreto y (2) las que declaran la inconstitucionalidad por los efectos del texto o de la norma cuestionada.

a. Las sentencias que declaran la inconstitucionalidad por interpretación errónea o aplicación indebida de una norma en un caso concreto. En ocasiones el texto de una norma o acto cuya constitucionalidad se cuestiona, no contrarían directamente la Constitución. Sin embargo, su interpretación errónea o su aplicación indebida por las autoridades judiciales y administrativas conllevan a una clara violación constitucional, pues la norma derivada de esta interpretación o aplicación contraría los valores y principios constitucionales. En estos casos, el juez, en lugar de declarar inconstitucional el texto de la disposición de la norma o del acto impugnados, declara inconstitucional la interpretación errónea o la aplicación indebida que las autoridades hacen de ese texto, manteniéndose inalterado y surtiendo todos sus efectos normales el texto de la disposición o del acto de donde se recabó la norma declarada inconstitucional.

Una ilustración de este tipo de sentencias es el de la *Ordinanza* de la Corte Constitucional italiana No. 515 del 10 de diciembre de 1987, mediante el cual se resolvió una cuestión de legitimidad constitucional en relación con el artículo 1.4 de la Ley 76/1981, sobre medidas urgentes para la asistencia sanitaria del personal mercante. Este precepto establecía que los bienes inmuebles pertenecientes a la gestión de las casas marítimas debían ser preceptivamente destinadas al uso de la asistencia sanitaria del personal mercante. Se alegó que la norma implicaba una expropiación gratuita contraria al derecho constitucional de propiedad. La Corte dictaminó que la cuestión era manifiestamente inadmisible al considerar que sería inconstitucional una interpretación del artículo 1.4 de la ley impugnada que sostuviese que la sujeción de aquellos bienes inmuebles a la asistencia sanitaria fuese gratuita.

b. Las sentencias que declaran la inconstitucionalidad por los efectos del texto o de la norma cuestionada. Estas sentencias declaran que un texto o una norma son nulas no porque violen de manera directa la Constitución sino porque su aplicación modifica inconstitucionalmente otra norma del ordenamiento o porque su aplicación conlleva la violación indirecta del parámetro del juicio de constitucionalidad. Tal sería el caso de que por medio de un decreto del Poder Ejecutivo se aumente indirectamente la tarifa de cierto impuesto, lo cual es materia reservada al legislador. Aquí la inconstitucionalidad se manifiesta de modo reflejo ya que los efectos producidos por el decreto sobre la ley, al modificar la tarifa original establecida en ella, hace que aquel resulte inconstitucional. Otro ejemplo sería el de una ley que estableciera que solo pueden ser intermediarios de bienes raíces las personas que se encuentran asociadas a una compañía inmobiliaria, lo cual obligaría a los vendedores de inmuebles a asociarse obligatoriamente a una de las franquicias inmobiliarias existentes para poder ejercer válidamente esa actividad comercial. En este último caso, la norma violaría por sus efectos el derecho de no asociarse que la Constitución les garantiza a todos los individuos.

(ii) Sentencias interpretativas desestimatorias. En este tipo de sentencias, el tribunal constitucional se pronuncia diciendo que con base en la interpretación que se le ha dado la norma será declarada constitucional. El tribunal fija así la interpretación de la ley que es la única constitucionalmente admisible y que permite la coexistencia de la norma en el sistema constitucional, desestimando la pretensión de ilegitimidad constitucional.

Ejemplo de este tipo de sentencias es una decisión del Consejo Constitucional francés en virtud de la cual falló la constitucionalidad de la Ley por la que se autoriza la aprobación del Convenio de aplicación del Acuerdo de Schengen. El recurso de inconstitucionalidad afectó a varios preceptos del Convenio, en especial al Artículo 2 (supresión de las fronteras para la circulación de personas) por supuesta vulneración del principio constitucional de la soberanía nacional, en tanto que atentaría al deber del Estado de asegurar el respeto de las instituciones de la República, la continuidad de la vida de la Nación y la garantía de los derechos y libertades de los ciudadanos. El Consejo dictaminó que aquel precepto no era inconstitucional siempre y cuando se interpretase en el sentido de que no supone una modificación de las fronteras que delimitan la competencia territorial del Estado y no modifica el código de nacionalidad francesa (No. 91-294, DC de 5 de julio de 1991).

E. Sentencias interpretativas lato sensu. La LOTCPC adopta un concepto amplio de sentencia interpretativa pues no solo se refiere a las sentencias aditivas (artículo 47, párrafo II), que forman parte de las sentencias normativas, sino que también engloba dentro de las sentencias interpretativas a las sentencias exhortativas así como a "cualquier otra modalidad admitida en la práctica constitucional comparada" (artículo 46, párrafo III). De ahí que, aparte de las sentencias interpretativas en sentido estricto antes abordadas, conviene familiarizarnos también con la variedad de sentencias interpretativas en el sentido amplio del término.

(i) Sentencias normativas. También conocidas como "creativas", "integradoras", "paralegislativas" o "manipulativas" buscan enriquecer el contenido normativo de la norma cuestionada mediante una extensión de su alcance, que la salva, al ponerla en conformidad con la Constitución. Los fundamentos constitucionales y los alcances de este tipo de sentencias han sido expuestos por la Corte Constitucional colombiana:

"La sentencia integradora es una modalidad de decisión por medio de la cual el juez constitucional, en virtud del valor normativo de la Carta, proyecta los mandatos constitucionales en la legislación ordinaria, para de esa manera integrar aparentes vacíos normativos o hacer frente a las inevitables indeterminaciones del orden legal. En ello reside la función integradora de la doctrina constitucional, cuya obligatoriedad como fuente de derecho, ya ha sido reconocida por esta Corporación. Y no podía ser de otra forma, porque la Constitución no es un simple sistema de fuentes sino que es en sí misma una norma jurídica, y no cualquier norma, sino la norma suprema, por lo cual sus mandatos irradian y condicionan la validez de todo el ordenamiento jurídico [...]. De otro lado, este tipo de decisiones integradoras también encuentra fundamento en el principio de efectividad [...], puesto que los órganos del Estado en general, y los jueces y la Corte Constitucional en particular, deben buscar, en sus actuaciones, hacer realidad los principios, derechos y deberes constitucionales así como el orden de valores que la Constitución aspira a instaurar. Es, pues, natural que los jueces, y en particular el juez constitucional, integren en sus sentencias los mandatos constitucionales [...]. Finalmente, estas sentencias integradoras encuentran fundamento en la propia función de la Corte Constitucional en la guarda de la supremacía e integridad de la Carta [...]. En efecto, en muchas ocasiones una sentencia de simple exequibilidad o inexequibilidad resulta insuficiente, ya que ella podría generar vacíos legales que podrían hacer totalmente inocua la decisión de la Corte. En tales casos, la única alternativa para que la Corte cumpla adecuadamente su función constitucional es que, con fundamento en las normas constitucionales, ella profiera una sentencia que integre el ordenamiento legal con el fin de crear las condiciones para que la decisión sea eficaz. Como vemos, las sentencias integradoras tienen un múltiple y sólido fundamento constitucional, lo cual explica que esta modalidad de decisión no sea nueva en la jurisprudencia constitucional colombiana, ni en el derecho constitucional comparado. Así el Tribunal Constitucional italiano ha recurrido en numerosas ocasiones a decisiones de este tipo, que la doctrina de ese país ha denominado sentencias aditivas, sustitutivas o integradoras" (C-109 de 1995).

Estas sentencias se subdividen en tres subcategorías: las aditivas, las sustractivas y las sustitutivas.

a. Las sentencias aditivas. La sentencia aditiva añade o amplía literalmente el texto normativo cuestionado. Ejemplo de este tipo de sentencia fue la dictada por el Tribunal Constitucional italiano en 1978 cuando se juzgó la constitucionalidad de una ley que establecía el procedimiento para el referéndum abrogativo. En esa ocasión, el tribunal consideró que dicha ley no había regulado correctamente la situación que se produciría si, en el curso del proceso refrendario, fuera promulgada una ley nueva que abarcara el contenido de las disposiciones sometidas al voto del cuerpo electoral en referendo. El Tribunal dispuso añadir a la ley que regulaba el referéndum, en una nueva redacción, las disposiciones que impedirían que la consulta electoral pudiera ser arbitrariamente impedida por el propio Parlamento. Esta es una técnica utilizada por el juez constitucional para controlar las carencias de la ley y las omisiones del legislador.

b. Las sentencias sustractivas. La sentencia sustractiva retira de la disposición cuestionada una norma o fragmento de norma contrario a la Constitución al tiempo de introducir una norma conforme a los preceptos constitucionales. Tal es el caso de la sentencia dictada por la Corte Constitucional colombiana que declaró inconstitucional la parte del artículo 656 del Decreto 2550 de 1988 en donde se establecía que los integrantes del Consejo de Guerra deberían ser miembros en servicio activo en los siguientes términos: "Primero: declarase 'inexequible' la expresión 'en servicio activo' del inciso 2 del artículo 656 del Decreto 2550 de 1988 por el cual se expide el Nuevo Código Penal Militar" (Sentencia C-141 de 1995).

c. Las sentencias sustitutivas. Las sentencias sustitutivas son aquellas que estiman la acción y alteran el contenido normativo de la disposición impugnada, sustituyendo la norma contraria a la Constitución por otra acorde a la Constitución. Estas sentencias se parecen a las aditivas pues en ambos tipos de sentencias el juez constitucional crea una norma inferida de la cuestión. Sin embargo, las diferencia una distinción fundamental: en las aditivas, el tribunal no modifica la disposición impugnada, sino que se limita a añadir la norma creada *ex novo,* mientras que, en las sustitutivas, la norma de creación jurisprudencial sustituye a la norma declarada inconstitucional en la disposición impugnada.

Ejemplo de sentencia sustitutiva es la sentencia No. 15 dictada el 17 de febrero de 1969, mediante la cual la Corte Constitucional italiana resolvió una cuestión de legitimidad constitucional sobre el artículo 313.3 del Código Penal. Este precepto tipificaba el delito de desacato a la Corte Constitucional y establecía que la persecución de este delito requería de la autorización del Ministro de Justicia. La Corte consideró que dicho precepto vulneraba el artículo 134 de la Constitución sobre la independencia y autonomía de la Corte. Sobre este fundamento jurídico, declaró la inconstitucionalidad del artículo 313.3 del Código Penal, sustituyendo el requisito de la decisión del Ministro de Justicia por la decisión de la propia Corte Constitucional.

(ii) Sentencias recomendaciones al legislador y sentencias legislativas. Estas sentencias, en lugar de declarar la nulidad de una disposición considerada contraria a la Constitución, otorgan un determinado plazo al legislador para que reforme la ley impugnada, a fin de que elimine la parte incompatible con la Carta Sustantiva. Para combatir la previsible indiferencia del legislador a la exhortación del juez constitucional, es posible, como se hace en Italia, dictar una primera sentencia donde se advierte al legislador que si no se llevan a cabo las recomendaciones del juez constitucional, sería dictada una segunda sentencia en que se declarará la inconstitucionalidad de la norma cuestionada. La primera es una sentencia desestimatoria condicionada a la realización de la modificación ordenada al legislador y la segunda es una sentencia estimatoria que se dicta en caso de que el legislador no cumpla con las pautas o directrices trazadas por el juez constitucional. En Alemania y Austria, se acostumbra a disponer en la propia sentencia exhortativa que si el legislador no cumple con el mandato del juez dentro del plazo dado entonces la norma cuestionada quedará ipso facto anulada a partir del incumplimiento de aquel. En este caso, estamos en presencia de una sentencia de inconstitucionalidad cuya eficacia anulatoria está sujeta a una condición suspensiva.

Son sentencias exhortativas aquellas que contienen directrices dirigidas a las autoridades aplicadoras de la ley, es decir, a la Administración y a los jueces ordinarios. Estas buscan señalar, a la manera en que se señalan con balizas las aguas navegables y los aeródromos, la norma a la luz de la Constitución. Se trata de sentencias que, al tiempo de declarar la inconstitucionalidad de una ley no reparan la omisión legislativa sino que se limitan a plantear un principio en virtud del cual la laguna legislativa debe ser cubierta tanto por el legislador como por la Administración o los jueces. Este tipo de sentencias, denominadas sentencias-leyes, programáticas o prescriptivas, no se limitan a una sutil recomendación o invitación al legislador, sino que fija los criterios normativos con base en los cuales el legislador ha de elaborar las leyes. El legislador pasa así a una especie de función de legislador delegado, en donde únicamente le restaría hacer la norma dando cumplimiento a los requisitos establecidos por el tribunal constitucional. Estas sentencias, como todas las sentencias constitucionales, vinculan a todos los poderes públicos y en particular a quien van especialmente dirigidas, el legislador.

F. Las sentencias interpretativas pueden ser dictadas en cualquier procedimiento ante el Tribunal Constitucional. La LOTCPC es clara en cuanto a que las sentencias interpretativas pueden ser dictadas "en todos los casos que conozca" (artículo 47), lo que conlleva la posibilidad de que el Tribunal Constitucional dicte este tipo de sentencias cuando revise decisiones jurisdiccionales firmes, cuando revise decisiones de amparo o cuando resuelva conflictos de competencia. Y es que "cualquier sentencia puede interpretar una ley, y siempre deberá hacerlo en un sentido conforme a la Constitución; y esta operación puede suponer, implícitamente, el rechazo de otras interpretaciones (normas) inconstitucionales" (DÍAZ REVORIO: 70).

G. En el fondo, toda sentencia constitucional es interpretativa. El término de sentencia interpretativa utilizado por la LOTCPC, siguiendo a la mayoría de la doctrina, puede llevar a la confusión porque, en realidad, todas las sentencias de los tribunales constitucionales son interpretativas, pues todas interpretan el material primario (la Constitución) y el material secundario (la norma o acto enjuiciado). Ahora bien, sólo algunas sentencias son, aparte de interpretativas, normativas, es decir, que incorporan reglas jurídicas de obligado cumplimiento. Por ello es válido el criterio de la doctrina que reivindica el valor creador de la jurisprudencia constitucional, cuando señala que "utilizar ese término [sentencia interpretativa] para referirse tan sólo a aquellas sentencias que establecen una interpretación obligada del material secundario, o que excluyen alguna o algunas interpretaciones del mismo, conduce a centrar la creación judicial del Derecho en la ley, en la creación normativa de rango legal, eludiendo la creación constitucional. Pero, al igual que se pueden extraer normas legales de las disposiciones legales, también se pueden extraer −y se extraen− normas constitucionales de las disposiciones constitucionales. Del mismo modo que el juez ordinario ha creado derecho a partir de la interpretación de la ley, también el juez constitucional crea derecho a partir de la interpretación de la Constitución. La fundamentación jurídica de las sentencias tiene así un doble contenido, en lo que a creación de Derecho respecta: la innovación sobre el ordenamiento en general, con la extracción de normas de los enunciados legales, y la innovación sobre la Constitución, más reducida normalmente, mediante la determinación de normas a partir de los enunciados constitucionales" (BALAGUER CALLEJÓN: 123).

H. Sentencias de cualquier otra modalidad admitida en la práctica constitucional comparada. La LOTCPC establece que, cuando lo estime necesario, el Tribunal Constitucional podrá adoptar sentencias "de cualquier otra modalidad admitida en la práctica constitucional comparada" (artículo 47, párrafo III). Aquí hay una autorización legislativa al Tribunal Constitucional para usar Derecho Constitucional comparado o extranjero en sus decisiones, una de las cuestiones más debatidas por la doctrina y jurisprudencia constitucional en los últimos tiempos. Tanto así que uno de los momentos más álgidos en las audiencias para la confirmación de Sonia Sotomayor como jueza de la Corte Suprema de los Estados Unidos fue cuando el senador Coburn cuestionó a la nominada acerca del uso del Derecho internacional y extranjero como fuentes persuasivas para interpretar disposiciones de la Constitución. Sotomayor contestó que "el Derecho extranjero no puede ser usado como fundamento o precedente o para vincular el resultado de una decisión legal que interprete la Constitución". Luego el senador preguntó a Sotomayor cómo conciliaba esa afirmación con lo que ella había expresado en una conferencia en la Facultad de Derecho de la Universidad Interamericana de Puerto Rico en la que dijo que "prohibir el uso del Derecho extranjero (...) es pedirle a los jueces que cierren sus mentes a las ideas". A esta pregunta, Sotomayor replicó que, en su conferencia, ella afirmó que existía un "malentendido" acerca de lo que significa la palabra "uso" y que cuando los jueces citan Derecho extranjero no están usando ese Derecho sino tan solo "construyendo un almacén de conocimientos" a partir del cual deciden sus casos. La respuesta de Sotomayor, a pesar de lucir evasiva, está en consonancia con su conferencia en donde afirmó: "Nosotros no usamos las leyes o tratados extranjeros, nosotros los consideramos. Estados Unidos no permite que utilicemos las leyes extranjeras o internacionales para resolver nuestros casos. Sin embargo, no pueden decirnos que no consideremos las ideas que plantean dichos tratados para hacer un análisis y emitir nuestro propio juicio".

El match Coburn/Sotomayor ilustra una controversia que se escenifica en el seno de la Corte Suprema estadounidense desde los tiempos del célebre juez John Marshall (1801-1835) pero que ha resurgido con fuerza a partir del intercambio en 1999 entre los jueces Stephen Breyer y Clarence Thomas en el caso *Knight v. Florida*. En dicho caso, se cuestionaba la constitucionalidad de la ejecución de la pena de muerte por entender el condenado que ejecutar esa pena tras haber permanecido encarcelado casi 20 años constituía un castigo cruel e inusitado. El juez Breyer disintió de la mayoría que negó la revisión de la pena impuesta, amparándose en decisiones de la Corte Europea de Derechos Humanos, el *Privy Council* británico y la Corte Suprema de Zimbabwe, que establecían que la ejecución de una sentencia capital a gran distancia del momento de la condena "convierte la ejecución en inhumana, degradante o inusualmente cruel". En representación de la mayoría, el juez Thomas ripostó que la cita de la jurisprudencia extranjera es precisamente la confirmación de la falta de fundamentación en el Derecho Constitucional estadounidense, posición aislacionista que sería reafirmada en el caso *Foster v. Florida*. Muchos critican la posición de Breyer tildándola de simple "cosmopolitismo judicial". Se dice que, como bien afirma la opinión disidente del juez Scalia en *Lawrence v. Texas* (2003), los ciudadanos de un país no están supuestos a sufrir "inclinaciones, entusiasmos o modas extranjeras". Sin embargo, no cabe dudas que el uso de precedentes extranjeros se justifica porque, en palabras de la jueza O'Connor en su opinión disidente en *Roper v. Simmons* (2005), "existen fórmulas constitucionales que encuentran su significado directamente en los valores que emergen de la civilización de una sociedad".

En el caso latinoamericano, como bien señala Leonardo Filippini, el Derecho internacional –que no el extranjero– no es un "préstamo" sino un conjunto de normas obligatorias y vinculantes para los poderes públicos internos. En lo que respecta al Derecho extranjero, el debate norteamericano evidencia que no solo las naciones cuyas constituciones derivan de las más avanzadas deben aprender de estas últimas sino que, como afirma Guido Calabresi, deben existir "padres sabios que no dudan de aprender de sus hijos". De ahí la importancia del método de interpretación comparativo (HÄBERLE), de "mirar más allá" de las fronteras nacionales, de la libre "circulación de jurisprudencias" (ZAGREBELSKY), de reconocer, como expresa Sotomayor, que "las ideas son ideas", no importa de dónde provengan. Por eso, los jueces constitucionales deben ser fieles a su Constitución nacional y a ese "patrimonio común de principios constitucionales materiales" que permite respuestas universales a problemas locales desde la perspectiva de un Derecho Constitucional abierto y transnacional.

REFERENCIAS BIBLIOGRÁFICAS

ACOSTA SÁNCHEZ, José. *Formación de la Constitución y jurisdicción constitucional.* Madrid: Tecnos, 1998.

BALAGUER CALLEJÓN, Francisco y otros. *Derecho Constitucional.* Tomo I. Madrid: Tecnos, 1999.

DI MANNO, Thierry. *Le juge constitutionnel et la technique des decisiones interpretatives en France et Italie.* Paris: Economica / PUAM, 1997.

DÍAZ REVORIO, Francisco Javier. *Las sentencias interpretativas del Tribunal Constitucional.* Valladolid: Lex Nova, 2001.

FILIPPINI, Leonardo. "El derecho internacional de los derechos humanos no es un préstamo". En *Revista Jurídica de la Universidad de Palermo.* Año 8. No 1. Buenos Aires: 2007.

HÄBERLE, Peter. *El estado constitucional.* México: UNAM, 2001.

LAFUENTE BALLE, José Ma. *La judicialización de la interpretación constitucional.* Madrid: Colex, 2000.

LÓPEZ BOFILL, Héctor. *Decisiones interpretativas en el control de constitucionalidad de la ley.* Valencia: Tirant lo Blanch, 2004.

ZAGREBELSKY, Gustavo. "Jueces constitucionales". En Francisco Fernández Segado (coord.). *Dignidad de la persona, derechos fundamentales, justicia constitucional.* Madrid: Dykinson, 2008.

Artículo 48. *Efectos de las decisiones en el tiempo.* La sentencia que declara la inconstitucionalidad de una norma produce efectos inmediatos y para el porvenir. Sin embargo, el Tribunal Constitucional podrá reconocer y graduar excepcionalmente, de modo retroactivo, los efectos de sus decisiones de acuerdo a las exigencias del caso.

A. Los efectos temporales de las sentencias constitucionales. Determinar los efectos temporales de las sentencias constitucionales conlleva la tarea de establecer si la declaración de inconstitucionalidad rige únicamente hacia el futuro, con base en la fecha de su reconocimiento por el tribunal, o si, por el contrario, debe retrotraerse al momento de la entrada en vigor de la norma declarada inconstitucional. De lo que se trata es saber si la sentencia constitucional tiene efectos *ex nunc o pro futuro*, lo que significa que las situaciones presentadas antes de la declaratoria de inconstitucionalidad tendrán pleno reconocimiento del orden jurídico; o si, por el contrario, tiene efectos *ex tunc*, con lo que la declaratoria de inconstitucionalidad tiene efecto retroactivo o *pro pretérito* al momento de la entrada en vigor de la ley inconstitucional.

B. Modelos de control de constitucionalidad y efectos temporales. Los modelos de control de constitucionalidad tienen una fuerte incidencia en la configuración de los efectos temporales de las sentencias constitucionales.

(i) El modelo norteamericano: los efectos ex tunc de las sentencias constitucionales. En el modelo norteamericano de control de constitucionalidad (control difuso, actuando el juez ordinario por vía de excepción, en ocasión de un litigio concreto), la sentencia que declara la nulidad constitucional lo hace solo a efectos de su aplicación a un caso concreto, únicamente para las partes (inter partes), debiendo otro interesado en la inaplicación iniciar el proceso (y asegurando el principio del stare decisis que en los casos sustancialmente iguales se decida con arreglo al criterio fijado por la Suprema Corte). Dicha sentencia produce los típicos efectos retroactivos de una sentencia declarativa de una nulidad de pleno derecho, en la medida en que deja de aplicarse la norma a los hechos acaecidos bajo su amparo que motivaron la controversia. En consecuencia, todas las relaciones jurídicas que se desarrollaron con causa en la misma durante la vigencia aparente, pero pacífica, de la norma pueden ser revisadas, con los consiguientes problemas de incertidumbre jurídica asociados a la retroactividad pura, los gastos innecesarios que entraña el tener que plantear un nuevo proceso en cada caso y el agravante adicional de que la doctrina del precedente no siempre asegura la uniformidad interpretativa, lo que crea manifiestas situaciones de desigualdad.

Este modelo se funda en la idea de que la declaratoria de inconstitucionalidad es la simple declaración de una nulidad preexistente por lo que el valor de la sentencia debe ser retrotraído al momento en que la norma incurrió en contradicción con la Constitución, es decir, al momento en que la ley entró en vigor en el ordenamiento jurídico. Como declaraba el Field, "una ley inconstitucional no es ley; no confiere derechos; no impone deberes; no protege; ni confiere autoridad; es, en términos legales, tan inoperativa como si nunca hubiese sido promulgada" (*Norton vs. Shelby County*, 118 U.S. 425, 442 [1886]). Dado que, como bien afirmaba Blackstone, "el deber de la [Suprema] Corte no es 'dictar una nueva ley sino preservar y exponer la vieja'" (*Linkletter vs. Walker*, 381 U.S. 618, 622-23 [1965]), se entiende que las decisiones judiciales, contrario con lo que ocurre con las leyes del Congreso, se aplican retroactivamente (*Eskridge vs. Washington*, 357 U.S. 214 [1958]; *Griffin vs. Illinois*, 351 U.S. 12 [1956]; *Gideon vs. Wainwright*, 372 U.S. 335 [1963]; *Jackson vs. Denno*, 378 U.S. 368 [1964]).

(ii) El modelo europeo: los efectos ex nunc de las sentencias constitucionales. En el segundo modelo (control concreto, por vía de acción ante el Tribunal Constitucional, único legitimado), la sentencia que declara la inconstitucionalidad tiene carácter constitutivo y proyecta sus efectos ex nunc. Dado que en este modelo, la ilegitimidad constitucional se predica de la norma, es posible fijar los efectos, ya sea hacia el pasado o el futuro de la sentencia constitucional, pudiendo además diferirse la cesación de los efectos de la norma a un tiempo superior (que no debe sobrepasar el año) al de la publicación de la sentencia. Por tratarse de una sentencia con efectos *erga omnes*, la misma equivale a una derogación de la ley. Sin embargo, la ventaja que presenta la generalidad de la sentencia constitucional en este modelo, choca con la injusticia inherente a dar por válidas y eficaces todas las relaciones jurídicas que nacieron y se desarrollaron a su amparo.

Hans Kelsen, creador del modelo, explica la filosofía de los efectos temporales de las sentencias constitucionales en los siguientes términos: "Sería bueno, en todo caso, también en interés de la seguridad jurídica, no atribuir ningún efecto retroactivo a la anulación de las normas generales, al menos en el sentido de dejar que subsistan todos los actos jurídicos anteriormente realizados sobre la base de la norma que se trate. Pero ese mismo interés no afecta a los hechos anteriores a la anulación que, en el momento en que ésta se produzca, no hayan sido todavía objeto de ninguna decisión de ninguna autoridad pública, los cuales, si se excluye todo efecto retroactivo de la sentencia anulatoria –y no se anulaban las normas generales más que pro futuro, sólo para los hechos posteriores a la anulación– habrían de ser siempre juzgados con arreglo a aquella" (KELSEN: 144). Como se puede observar, Kelsen concibió la eficacia de la sentencia constitucional con un efecto retroactivo de carácter limitado o de grado medio. El vicio de la ley inconstitucional tiene carácter anulable y la sentencia del tribunal constitucional que lo expulsa es eficaz sólo desde el momento de la declaración de inconstitucionalidad, salvo para el proceso a quo.

(iii) El acercamiento de los modelos: la modulación de los efectos temporales de las sentencias constitucionales. Dados los inconvenientes que presentaban ambos modelos, se han ido atemperando las diferencias entre los mismos. El modelo austriaco reconsideró los efectos de la sentencia que declara la

anulación al implantar un control incidental de constitucionalidad que permite declarar efectos retroactivos en su seno cuando así lo exija el interés de los afectados en un litigio. Para el propio Kelsen, "este efecto retroactivo de la anulación es una necesidad técnica, puesto que sin él, las autoridades encargadas de aplicación del derecho no tendrían interés inmediato y, por tanto, suficientemente poderoso para provocar la intervención del Tribunal Constitucional. Es preciso alentar la presentación de estas peticiones atribuyendo en este caso efectos retroactivos a la anulación" (KELSEN: 147). Por otro lado, la sentencia de inconstitucionalidad es aplicable al caso que dio lugar a la inconstitucionalidad, al tiempo que el Tribunal Constitucional puede decidir si la ley declarada inconstitucional es aplicable o no a los hechos anteriores a la anulación (artículo 140 de la Constitución de Austria), lo que entraña que, si decide que la ley no es aplicable, la sentencia constitucional podrá tener un alcance temporal retroactivo.

Por su parte, el modelo norteamericano se acerca al europeo en la medida en que la Suprema Corte decide que son irrevisables las materias civiles y administrativas cuando las relaciones jurídicas hayan consolidado o extinguido sus efectos y permite la revisión sólo en materia penal. Además, en ausencia de disposición expresa de la Constitución, la Corte ha declarado la limitación de los efectos temporales de la sentencia anulatoria de una ley sólo para el futuro mediante sentencia prospectiva. Así, el sistema norteamericano ha desechado el anacrónico dogma blackstiano de la teoría declaratoria del Derecho como función del juez, del carácter declarativo del Derecho, propia de los sistemas jurídicos *private law oriented*, orientados y ordenados sobre el Derecho privado, que considera al Derecho como un sistema cerrado de conceptos, propia de una sociedad estática perteneciente a una época preindustrial y agrícola, pero que es incompatible con la época actual, que demanda que el Derecho sea un proceso abierto en función de fines y objetivos a alcanzar.

C. Los grados de retro e irretroactividad. La retroactividad y la irretroactividad de las sentencias constitucionales son susceptibles de ser moduladas con arreglo a grados (BLASCO SOTO: 46-57).

(i) Los grados de retroactividad. La retroactividad es susceptible de ser modulada conforme tres grados: (i) en grado máximo, (ii) en grado medio; (iii) en grado mínimo.

a. Retroactividad de la sentencia en grado máximo. La sentencia es retroactiva en grado máximo cuando la misma se aplica al pasado afectando todas las relaciones jurídicas nacidas al amparo de la ley declarada inconstitucional y gozando de una eficacia retroactiva absoluta, en la medida en que permite abrir procesos que han creado situaciones jurídicas definitivas, investidas de fuerza de cosa juzgada, eliminándose la preclusión que la misma produce. Este criterio de retroactividad, en virtud del cual todos los efectos de la ley desaparecen al ser declarada inconstitucional, ha sido el que tradicionalmente ha operado en el sistema de control difuso norteamericano.

Entendemos que este criterio está fundado en un error conceptual. Al no distinguirse entre nulidad y efecto retroactivo de los vicios de los actos, es fácil concluir que la declaratoria de inconstitucionalidad declara la nulidad, por lo que la ley no ha producido ningún efecto. Se dice que la sentencia constitucional en estos casos es meramente declarativa. Pero lo cierto es que la nulidad no determina la retroactividad o no de la sentencia y la ley nula sí ha producido efectos hasta el momento de la declaratoria de la inconstitucionalidad. Por demás, este criterio conduce a la revisión de todas las relaciones jurídicas surgidas al amparo de la ley, declarada posteriormente inconstitucional, con lo que se perturba en exceso el ordenamiento jurídico y el normal funcionamiento de las instituciones. Es por estas razones prácticas, más que por el reconocimiento del error de considerar las sentencias constitucionales meramente declarativas, que la Suprema Corte estadounidense ha atemperado este criterio. En *Linkletter vs. Walker*, la Corte, advirtiendo que no siempre el principio de la retroactividad absoluta de la sentencia constitucional puede ser atendido, consideró que el efecto retroactivo de la decisión judicial abarca a todos los casos pendientes, excluyéndose los que han adquirido la autoridad de la cosa juzgada.

De todos modos, en el caso dominicano es inadmisible el criterio de la retroactividad en grado máximo de la sentencia constitucional. La razón fundamental de esta inadmisibilidad estriba en el carácter normativo de la sentencia constitucional y en el principio constitucional de la irretroactividad de las normas (artículo 110 de la Constitución). La sentencia constitucional es la decisión de un legislador negativo: el Tribunal Constitucional. De ahí el carácter *erga omnes* de la sentencia constitucional. La declaratoria de inconstitucionalidad no equivale a la constatación o proclamación del vicio de la ley originario sino a una especie de derogación de la norma reputada inconstitucional. Por lo tanto, esa declaratoria debe surtir efectos para el futuro y no para el pasado, debiendo reconocerse la legalidad de los actos concluidos a su amparo. Como bien establece el artículo 110 de la Constitución, "en ningún caso la ley ni poder público alguno podrán afectar o alterar la seguridad jurídica derivada de situaciones establecidas conforme a una legislación anterior". Es en este sentido que debe entenderse la decisión *Linkletter vs. Walker* de la Corte Suprema estadounidense: las sentencias constitucionales son retroactivas en la medida en que no afecten los derechos de las personas establecidos al amparo de un precedente judicial *overruled* por una *overruling* decision que no puede, aunque quiera, borrar las consecuencias de un *existing judicial fact*.

De todos modos, el único caso en que sería admisible la retroactividad absoluta de la sentencia constitucional es si la misma declara inconstitucional una ley penal. En este caso, en virtud del artículo 110 de la Constitución, si la declaratoria permite la reducción de penas y condenas de quienes están subjúdice o cumpliendo condena se podría aplicar retroactivamente la misma, pudiendo revisarse los procesos que gozan de autoridad de cosa juzgada. Ahora bien, habría que determinar si la retroactividad absoluta en caso de favorabilidad se extiende a las leyes penales exclusivamente o también a las procesales penales. El Tribunal Constitucional español ha considerado que cuando "no está en juego una reducción de la pena o una reducción de la sanción administrativa o una exclusión, exención o limitación de la responsabilidad" no deben revisarse "los procesos terminados por sentencia firme" (STC 145/1988). Por su parte, la Suprema Corte de los Estados Unidos ha considerado que la revisión de los procesos fenecidos no es posible si la norma declarada inconstitucional es procesal penal, porque su aplicación en el proceso no ha influido sobre su resultado final. Con esta decisión, el tribunal busca evitar que se reabran casos que gozan de autoridad de cosa juzgada, en los que volver a encontrar las pruebas sobre la culpabilidad del imputado sería casi imposible (*Linkletter vs. Walker*, 381 U.S. 618 [1965]). El tribunal admite, sin embargo, como se evidencia en *Griffith vs. Kentucky,* que "las reglas nuevas declaradas" deben ser aplicadas retroactivamente a todos los "casos criminales pendientes" o que no son finales (479 U.S. 314 [1987]).

En el caso dominicano, consideramos que, dado que la Constitución no distingue entre normas penales sustantivas y normas penales procesales, procede la aplicación retroactiva de una sentencia que declare la inconstitucionalidad de dichas normas, sin distinguir la naturaleza de las mismas. Y es que la Constitución es clara cuando afirma que la ley "no tiene efecto retroactivo sino cuando sea favorable al que está subjúdice o cumpliendo condena" (artículo 110). En todo caso, el análisis debe concentrarse no tanto en determinar si la norma penal declarada inconstitucional es de carácter sustantivo o procesal sino más bien en averiguar si la derogación de dicha norma es favorable o no al subjúdice o al condenado. Si no es favorable, la sentencia solo surtirá efectos para el futuro y para los casos pendientes. Al análisis de la favorabilidad contribuye notablemente el test aportado por el Tribunal Constitucional español antes citado (STC 145/1988), el cual debería ser aplicado caso por caso, a petición de quien mejor puede considerar la norma favorable o no –el subjúdice o condenado–, ante el Tribunal Constitucional por vía de la acción en inconstitucionalidad, o ante el juez de amparo. Y es que "el hecho es, pues, que los efectos en el tiempo de las sentencias estimatorias del Tribunal constitucional no pueden describirse, sin más, hablando de efectos *ex tunc* (retroactivos) o de efectos *ex nunc* o pro futuro; la sentencia será eficaz frente a todas aquellas relaciones (anteriores o posteriores a su publicación) en las que la disposición o norma declarada inconstitucional pudiese ser objeto de aplicación" (Pizzorusso: 56). Esta eficacia de la sentencia constitucional solo puede ser decidida por el juez competente ante petición en un caso concreto del interesado.

b. Retroactividad de la sentencia en grado medio. Este grado de retroactividad se produce cuando la sentencia despliega su eficacia hacia el pasado afectando a todas las relaciones jurídicas surgidas al amparo de la norma inconstitucional, excepto las agotadas. Este es el sistema predominante en la mayoría de las jurisdicciones constitucionales del mundo porque hace compatible el principio de la supremacía constitucional con el de la seguridad jurídica, ambos valores constitucionales esenciales del ordenamiento jurídico en un Estado de Derecho.

c. Retroactividad de la sentencia en grado mínimo. Esta retroactividad se manifiesta cuando la sentencia sólo se aplica respecto a los hechos pasados del proceso donde se ha originado la duda de inconstitucionalidad. Este tipo de retroactividad es predicable sólo de aquellos procesos constitucionales de carácter incidental en que la declaración de inconstitucionalidad ha tenido su origen en un juicio, como es el caso de la llamada "cuestión de inconstitucionalidad" del derecho español o del sistema de control de constitucionalidad establecido en la Constitución dominicana de 1924 en virtud del cual correspondía a la Suprema Corte de Justicia "decidir en primera y última instancia sobre la constitucionalidad de las leyes, decretos, resoluciones y reglamentos, cuando fueren objeto de controversia entre partes ante cualquier tribunal, el cual, en este caso, deberá sobreseer su decisión sobre el fondo hasta después del fallo de la Suprema Corte de Justicia" (artículo 61, numeral 5).

Como bien señala un autor, "es en este grado donde es más difícil fijar los límites entre retroactividad e irretroactividad, porque se puede argumentar que la ley es irretroactiva excepto para el caso que dio origen al proceso constitucional. Incluso dentro de la graduación establecida, se dificulta la distinción entre retroactividad media y mínima, al entenderse que cuando se extiende la eficacia de la sentencia constitucional al proceso *'a quo'*, automáticamente esta eficacia se amplía a todas las relaciones jurídicas no agotadas que versen sobre la misma materia. Esta motivación tiene su lógica; si una ley es inconstitucional para un supuesto, también lo es para todos los casos iguales, salvo para las relaciones ya no discutibles, de lo contrario la Constitución perdería su carácter de Norma Fundamental" (Blasco Soto: 53).

(ii) Los grados de irretroactividad. Aunque la graduación de la irretroactividad es mucho más compleja, es posible distinguir (i) la irretroactividad en grado máximo y (ii) la irretroactividad en grado medio.

a. Irretroactividad en grado máximo. Este grado de irretroactividad se da cuando la sentencia declara la inmediata inconstitucionalidad pero la efectividad del fallo se aplaza a un momento posterior (*vacatio sententiae*) con la finalidad de evitar el vacío legislativo que produce la declaración de inconstitucionalidad. El plazo es conferido por el tribunal constitucional al legislador a los fines de que éste pueda adecuar el ordenamiento jurídico a la situación declarada inconstitucional. Así, recurriendo al mecanismo de sucesión de leyes, se evitan los efectos más traumáticos que produce la declaración de inconstitucionalidad.

Esta irretroactividad en grado máximo sólo es admitida en el ordenamiento austriaco cuya Constitución permite al Tribunal Constitucional fijar un plazo no mayor de un año para la entrada en vigor de la anulación de una ley por dicho órgano (artículo 140.5 de la Constitución de Austria). Para la mayoría de la doctrina, resultan tan inadmisibles las sentencias declarativas de la inconstitucionalidad de una ley a la que no siga inmediata y automáticamente la pérdida de eficacia de la ley como las leyes destinadas a suspender los efectos de la declaración de inconstitucionalidad o a prorrogar la eficacia de la ley declarada inconstitucional.

Es por ello que los tribunales constitucionales prefieren optar por la reserva de declaración de inconstitucionalidad y el aplazamiento de la decisión estimatoria para el futuro. Esto se logra en Italia a través de las sentencias de rechazo con reserva de estimación. En Alemania, el mismo fin se obtiene con las decisiones del Tribunal Constitucional que declaran la inconstitucionalidad, pero aplazan la eficacia de la sentencia pro futuro, mediante sentencias de mera incompatibilidad, en las que el pronunciamiento separa la verificación de la inconstitucionalidad, de la anulación de la ley, para permitir que el legislador intervenga antes de que se produzcan los efectos eliminatorios de la decisión de inconstitucionalidad, evitándose así la creación de vacíos legislativos. De igual modo operan en Estados Unidos las *prospective prospective overruling*.

b. Irretroactividad en grado medio. Esta irretroactividad es predicable cuando la sentencia se aplica a supuestos futuros, excluyendo el juicio a quo, si se trata de una cuestión de constitucionalidad promovida incidentalmente.

D. Modulación por los tribunales constitucionales de los efectos temporales de sus sentencias. Para entender la modulación por los tribunales constitucionales de los efectos temporales de sus sentencias, es preciso que abordemos (i) las causas de la modulación; (ii) sus fundamentos; (iii) las ventajas de las mismas; y (iv) los tipos de sentencias constitucionales conforme a la modulación de sus efectos temporales.

(i) Las causas de la modulación. Tanto la Suprema Corte de los Estados Unidos como los tribunales constitucionales europeos y latinoamericanos, se han visto precisados a elaborar técnicas que controlen y limiten los efectos de sus sentencias, debido a la trascendencia que tiene la *senten-*

cia constitucional estimatoria sobre las relaciones jurídicas preexistentes, reguladas por la ley declarada inconstitucional. Con su actuación, los tribunales constitucionales han tratado de hacer varias cosas: no perder de vista las consecuencias políticas, sociales y económicas de sus sentencias de la declaratoria de inconstitucionalidad que una visión estrechamente dogmática habría impedido ver; no causar la paralización de las instituciones, en especial de la administración de justicia; evitar el uso abusivo del *self restraint* que había dado lugar a situaciones incompatibles con la lógica jurídica, llegándose a una situación de denegación de justicia, al evitar conocer el juez constitucional casos injustamente tachados de "políticos", por el temor a los efectos automáticos e inmediatos de una declaratoria de inconstitucionalidad; violar los principios constitucionales de la igualdad, y la seguridad jurídica a que conduce la aplicación puramente retroactiva o irretroactiva de las sentencias constitucionales.

(ii) Los fundamentos de la modulación. Como hemos visto anteriormente, las dos concepciones originarias de los efectos temporales de las sentencias constitucionales, la norteamericana y la europea, se han acercado, gracias a la actuación de las jurisdicciones constitucionales que, a pesar de la ausencia de una consagración *expressis verbis* en las Constituciones de sus ordenamientos de la facultad de los tribunales de modular los efectos temporales de sus sentencias, han procedido o bien a limitar los efectos en el tiempo de sus sentencias o bien a permitir una cierta retroactividad de éstas. A pesar de haberse invocado el principio de seguridad jurídica, esta actitud implica la autoatribución de un notable margen de libertad de apreciación de las consecuencias prácticas de las sentencias, particularmente cuando los tribunales constitucionales han limitado los efectos al implica del Tribunal Supremo norteamericano: por vía pretoriana a falta de previsión expresa".

¿En qué se fundan los tribunales para autoatribuirse la facultad de modular los efectos temporales de sus sentencias? Según el Tribunal Constitucional español, es misión de este tribunal precisar el alcance de la declaratoria de inconstitucionalidad "en cada caso" (STC 108/1986), lo que significa que en ciertos casos el vicio de inconstitucionalidad puede ser compatible con la práctica constitucional, a diferencia de otros casos, en donde el vicio puede ser definitivamente contrario a la dinámica constitucional; luego, entonces, podría específicamente evaluarse el vicio, de acuerdo con su grado de equivocidad y los efectos políticos de su decisión para adoptar la decisión pertinente. No hay dudas de que tal tarea corresponde al tribunal constitucional. Como bien expresa la Corte Constitucional de Colombia: "Pero, fuera del poder constituyente, ¿a quién corresponde declarar los efectos de los fallos de la Corte Constitucional, efectos que no hacen parte del proceso, sino que se generan por la terminación de éste?

Únicamente a la propia Corte Constitucional, ciñéndose, como es lógico, al texto y espíritu de la Constitución. Sujeción que implica tener en cuenta los fines del derecho objetivo, y de la Constitución que es parte de él, que son la justicia y la seguridad jurídica" (Sentencia C-037 de 1996).

(iii) Las ventajas de la modulación. Son indudables las ventajas de la modulación de los efectos temporales de las sentencias constitucionales. La declaración de efectos pro futuro permite una adecuación progresiva de las leyes a la Constitución en la medida en que es mucho menos traumático agotar la vigencia de los preceptos legales hacia el futuro, que extirparlos desde su rigor inicial, lo que acarrea muchas veces conmociones políticas en el *indirizzo* político y desproporciones en cuanto a la igualdad se refiere. Esto es clave en países que, como la República Dominicana, poseen anacrónicas legislaciones que devienen inconstitucionales a la luz de la interpretación progresiva de la Constitución.

Por ello, no se puede menos que coincidir con García de Enterría cuando afirma: "La técnica permite, pues, gradualizar progresivamente la efectividad de la Constitución sin el precio de una conmoción social a cada nuevo escalón. La alternativa real a la prospectividad de las sentencias no es, pues, la retroactividad de las mismas, sino la abstención en el descubrimiento de nuevos criterios de efectividad de la Constitución, el estancamiento en su interpretación, la renuncia, pues, a que los tribunales constitucionales cumplan una de sus funciones capitales, la de hacer una living Constitution, la de adaptar paulatinamente esta a las nuevas condiciones sociales [...]" (GARCÍA DE ENTERRÍA: 11).

(iv) Los tipos de sentencias constitucionales según la modulación de sus efectos temporales. Pueden distinguirse cinco tipo de sentencias constitucionales en función del momento en que producen sus efectos: (i) las sentencias que tienen un efecto retroactivo absoluto, por lo que permiten recuestionar la autoridad de la cosa juzgada de decisiones judiciales anteriores; (ii) las sentencias que tienen un efecto retroactivo restringido, pues no permiten aplicar la sentencia más que a las situaciones respecto de las que no haya cosa juzgada; (iii) las sentencias que prevén la aplicación de la solución que contienen a los procesos futuros y al caso de autos (*limited prospectivity*); (iv) las sentencias que niegan todo efecto retroactivo, excluyendo su aplicación al caso de autos (*prospectivity overruling*); y (v) las sentencias constitucionales que mantienen transitoriamente la aplicación de la norma antigua incluso para las relaciones surgidas tras la sentencia durante un plazo limitado de tiempo, o sea, una especie de efecto prospectivo diferido (*prospectivity prospective overruling*) porque la sentencia sólo se aplicará transcurrido un plazo desde su adopción.

REFERENCIAS BIBLIOGRÁFICAS

BLASCO SOTO, María del Carmen. *La sentencia en la cuestión de inconstitucionalidad.* Barcelona: Bosch, 1995.

GARCÍA DE ENTERRÍA, Eduardo. *La Constitución como norma y el Tribunal Constitucional.* Madrid: Civitas, 2001.

KELSEN, Hans. *La garantía jurisdiccional de la Constitución.* México: Universidad Nacional Autónoma de México, 2001.

PIZZORUSSO, Alessandro. *Lecciones de Derecho Constitucional.* Vol. II. Madrid: Centro de Estudios Constitucionales, 1984.

RODRÍGUEZ, Manuel A. "La eficacia temporal de la sentencia que declara la nulidad de pleno derecho en aplicación del artículo 46 de la Constitución". En *Estudios Jurídicos.* Vol. XIII, enero 2004-diciembre 2007.

Artículo 49. *Notificación de la decisión.* Cualquiera que sea la forma en que se dicte el fallo, se notificará siempre al Procurador General de la Republica, al accionante y a las partes que hubieren intervenido.

Párrafo I. La Secretaria del Tribunal Constitucional lo comunicará por nota a los funcionarios que conozcan del asunto principal y los de las demás partes, para que lo hagan constar en los autos y publicará por tres veces consecutivas un aviso por los medios establecidos en el artículo 4 de esta ley.

Párrafo II. La declaración de inconstitucionalidad se comunicará además al poder a poderes, órganos a entidades que emitieron las normas o actos declarados inconstitucionales, así como, en su caso, a los competentes para su corrección o conversión.

Párrafo III. Los fallos se publicaran íntegramente en el Boletín del Tribunal Constitucional y deben consignarse en las publicaciones oficiales de los textos a que pertenecían la norma o normas anuladas.

Este precepto busca garantizar la publicidad y la efectividad de las decisiones del Tribunal Constitucional. En este sentido, no solo se ordena la notificación de los fallos al Procurador General de la República y a todas las partes, sino que, además, se estipula la publicación de un aviso en el Boletín Constitucional y en el portal institucional del Tribunal Constitucional en el internet (párrafo I), así como la publicación íntegra del fallo en el Boletín indicado (párrafo III). La declaración de inconstitucionalidad debe ser comunicada también a quienes dictaron los actos o normas inconstitucionales como a quienes son competentes para su corrección o conversión (párrafo II).

Artículo 50. (*Modificado por el Art. 1 de la Ley 145-11, promulgada el 4 de julio de dos mil once*). *Ejecución de la sentencia.* El Tribunal dispondrá en la sentencia o en actos posteriores, el responsable de ejecutarla y en su caso, resolver las incidencias de la ejecución conforme las disposiciones del artículo 89 de la presente ley.

Este artículo es casi una copia fiel del artículo 92 de la Ley Orgánica del Tribunal Constitucional español que dispone que este Tribunal "podrá disponer en la sentencia, o en la resolución, o en actos posteriores, quien ha de ejecutarla y, en su caso, resolver las incidencias de la ejecución".

Dicha disposición, en conjunción con el artículo 31 de la LOTCPC, que a su vez reafirma un precepto de la Constitución (artículo 184), y en virtud del cual todos los poderes públicos están obligados al cumplimiento de lo que el Tribunal Constitucional resuelva, permite al Tribunal Constitucional adoptar todas las medidas necesarias y adecuadas para garantizar la plena efectividad de sus decisiones, y por ende de la Constitución y de los derechos fundamentales. Lógicamente, los mecanismos de ejecución o actuación de las sentencias constitucionales varían según se trate de sentencias que tutelan la parte orgánica de la Constitución (acción directa en inconstitucionalidad, control preventivo de los tratados internacionales y conflicto de competencias), de las sentencias que dicta el Tribunal Constitucional al tutelar la parte dogmática de la Constitución (revisión de las sentencias dictadas por los jueces en materia de habeas data y amparo, para los cuales la propia LOTCPC arbitra mecanismos específicos de ejecución) y de las que dicta al revisar las decisiones firmes del Poder Judicial y del Tribunal Superior Electoral. Del mismo modo, los problemas que suscita la ejecución de las sentencias dictadas por el Tribunal Constitucional varían según la modalidad de sentencias interpretativas que dicte el mismo, conforme las disposiciones del artículo 47 de la LOTCPC.

En todo caso, más allá de los mecanismos establecidos por la propia LOTCPC y el ordenamiento jurídico para la ejecución de las sentencias del Tribunal Constitucional, sería aconsejable la instauración en la organización del propio Tribunal Constitucional de una oficina de seguimiento y vigilancia de la efectividad de las sentencias que emita el Tribunal Constitucional, que permita dar el seguimiento a las distintas sentencias del Tribunal Constitucional, especialmente a aquellas que involucran un determinado tipo de actuación de los poderes públicos o que ordenan determinadas actuaciones de parte de la Administración. Esta oficina daría seguimiento a partir de la emisión de la sentencia y dispondría un registro anual sobre organismos renuentes o funcionarios amonestados por sentencias del Tribunal Constitucional que podrían ser publicados en la página web y también, eventualmente, a través de los medios de difusión nacional como un dispositivo de presión sobre su conducta".

SECCIÓN III
DEL CONTROL DIFUSO DE CONSTITUCIONALIDAD

Artículo 51. *Control difuso.* Todo juez o tribunal del Poder Judicial apoderado del fondo de un asunto ante el cual se alegue como medio de defensa la inconstitucionalidad de una ley, decreto, reglamento o acto, tiene competencia y está en el deber de examinar, ponderar y decidir la excepción planteada como cuestión previa al resto del caso.

Párrafo. La decisión que rechace la excepción de inconstitucionalidad solo podrá ser recurrida conjuntamente con la sentencia que recaiga sobre el fondo del asunto.

Artículo 52. *Revisión de oficio.* El control difuso de la constitucionalidad debe ejercerse por todo juez o tribunal del Poder Judicial, aun de oficio, en aquellas causas sometidas a su conocimiento.

A. La cuestión de la inconstitucionalidad es incidental. El juez no puede conocer de la inconstitucionalidad por la vía principal e independientemente de una controversia judicial ya que el artículo 5 del Código Civil prohíbe a los jueces fallar por vía de disposición general (S.C.J. 31 de marzo de 1922. B.J. 138-140.28), y porque de lo contrario estarían "invadiendo atribuciones de otros organismos" y "violando los principios fundamentales de la separación de poderes" (S.C.J. 15 de marzo de 1969. B.J. 670.608). La Suprema Corte de Justicia ha sintetizado esta característica fundamental del control difuso de la constitucionalidad en los siguientes términos: "La Suprema Corte de Justicia, ni tribunal alguno, está capacitada por la Constitución para decidir acerca de los alegatos de inconstitucionalidad de las leyes, decretos, reglamentos o actos de los poderes públicos en vistas de instancias directas, como la que ha sido elevada en el presente caso; que para los fines del artículo 43 de la Constitución [actual artículo 6], es preciso reconocer que, para que un alegato cualquiera de inconstitucionalidad pueda ser tomado en consideración por los tribunales, es condición indispensable que el alegato sea presentado como un medio de impugnación o de defensa en el curso de una controversia entre partes, que deba decidir el tribunal ante el cual el alegato de inconstitucionalidad sea propuesto" (S.C.J. 9 de mayo de 1961. B.J. 610.1130; en el mismo sentido: S.C.J. 4 de agosto de 1916. B.J. 73.4 y 1 de septiembre de 1916. B.J. 74.2).

B. La cuestión de la inconstitucionalidad es previa. De acuerdo con una jurisprudencia constante, "todo tribunal ante el cual se alegue la inconstitucionalidad de una ley, decreto, reglamento o acto, como medio de defensa, tiene competencia y está en el deber de examinar y ponderar dicho alegato como cuestión previa al resto del caso" (S.C.J. 16 de diciembre de 1983. B.J. 877.3876; S.C.J. 17 de diciembre de 1987. B.J. 924.2969). Sin embargo, como una manera de evitar el retraso de los procesos, la LOTCPC dispone que la decisión sobre la excepción deberá ser recurrida conjuntamente con la sentencia que recaiga sobre el fondo del asunto (artículo 51, párrafo).

C. La inconstitucionalidad puede ser pronunciada de oficio por el juez. Dado que el juez tiene una obligación constitucional de no aplicar leyes inconstitucionales desde el inicio de la República y en virtud del principio de la supremacía constitucional establecido por el artículo 6 de la Constitución, éste, "en presencia de una ley, resolución, reglamento o acto contrarios a la Constitución (…) puede y debe pronunciar su nulidad aunque no la hayan promovido las partes envueltas en el mismo, esto es de *oficio*, sin el cumplimiento de ninguna formalidad, de cualquier naturaleza que sea, que al proceder de ese modo los jueces no están invadiendo atribuciones de otros organismos, ni violando los principios fundamentales de la separación de los poderes, sino dando cabal cumplimiento a las facultades que se le otorgan para examinar y ponderar no solo la regularidad de las leyes, sino también sus alcances y propósitos" (S.C.J. 16 de diciembre de 1983. B.J. 877.3976). Este criterio jurisprudencial fue recogido por el artículo 52 de la LOTCPC.

SECCIÓN IV
DE LA REVISIÓN CONSTITUCIONAL DE LAS DECISIONES JURISDICCIONALES

Artículo 53. *Revisión constitucional de decisiones jurisdiccionales.* El Tribunal Constitucional tendrá la potestad de revisar las decisiones jurisdiccionales que hayan adquirido la autoridad de la cosa irrevocablemente juzgada, con posterioridad al 26 de enero de 2010, fecha de proclamación y entrada en vigencia de la Constitución, en los siguientes casos:

A. Finalidad del recurso. Conforme el Tribunal Constitucional, el recurso de revisión contra decisiones jurisdiccionales firmes tiene como finalidad "corregir o controlar las actuaciones del Poder Judicial" (Sentencia TC 53/12), efectuando un "control constitucional de las decisiones judiciales" (Sentencia TC 60/13).

B. Decisiones jurisdiccionales. Conforme la LOTCPC el recurso de revisión procede contra decisiones jurisdiccionales lo cual abarca no solo las decisiones judiciales, es decir, las decisiones del Poder Judicial, sino también las decisiones de órganos jurisdiccionales extra Poder Judicial, como es el caso del Tribunal Superior Electoral o la Cámara de Cuentas. Ello es cónsono con la función del Tribunal Constitucional en tanto supremo contralor de la constitucionalidad que no se compadece con la exclusión de aquellas decisiones jurisdiccionales que no emanan del Poder Judicial, como parecería indicar una lectura simplista del artículo 277 de la Constitución. Y es que nada de lo jurisdiccional es ajeno al Tribunal Constitucional. En este sentido, el Tribunal Constitucional ha considerado que el recurso de revisión procede contra decisiones de cualquier tipo, aun aquellas dictadas en ocasión de la derogada Ley 437-06 (Sentencia TC 10/13).

C. Decisiones jurisdiccionales firmes. El recurso de revisión procede contra decisiones jurisdiccionales que han adquirido la autoridad de la cosa irrevocablemente juzgada, es decir, contra aquellas que ponen fin a la actuación judicial y, por tanto, contra las que no cabe ningún recurso ni ordinario ni extraordinario. Pero no cabe exigir aquellos recursos de procedencia doctrinalmente cuestionable (STC 126/1999) sino "aquellos que razonablemente puedan considerarse como pertinentes sin necesidad de complejos análisis jurídicos" (STC 142/1992, 235/1999 y 211/1999). El Tribunal Constitucional ha considerado que no procede la revisión contra decisiones "susceptibles del recurso de casación" (Sentencia TC 90/12) y en aquellos casos en que, fruto del envío de la Suprema Corte de Justicia al casar, están abiertas "las vías recursivas por ante los tribunales ordinarios" (Sentencia TC 91/12).

D. Aplicación temporal de la revisión. La Constitución establece que la revisión procederá contra todas las decisiones dictadas con posterioridad a la proclamación de la Constitución (artículo 277), es decir, las dictadas desde el 26 de enero de 2010. Aquellas decisiones que adquirieron la autoridad de la irrevocablemente juzgada antes de esa fecha no son recurribles en revisión (Sentencias TC/63/12, 90/12 y 10/13).

Como la Constitución establece que la LOTCPC determinará el procedimiento de revisión y como éste no ha estado disponible a los justiciables hasta la entrada en funcionamiento del Tribunal Constitucional, pues aún establecido el procedimiento de revisión por el legislador, es obvio que la Suprema Corte de Justicia no puede juzgar sus propias sentencias en su rol de Tribunal Constitucional provisional, hay que entender que todas las decisiones susceptibles de revisión pueden ser recurridas desde el momento mismo en que entre en funcionamiento el Tribunal Constitucional y siempre y cuando se cumpla con los presupuestos de admisibilidad establecidos por la LOTCPC. Pensar lo contrario contraría el propósito del constituyente que fue el de establecer un recurso de revisión y que el legislador sencillamente determinare el cauce procedimental a seguir para incoar y conocer este recurso.

E. Causales de revisión. El Tribunal Constitucional ha sido muy claro en cuanto a que "el artículo 53 de la Ley No. 137-11, Orgánica del Tribunal Constitucional y de los Procedimientos Constitucionales, faculta a este Tribunal para conocer de las revisiones de las decisiones jurisdiccionales que hayan adquirido la autoridad de la cosa irrevocablemente juzgada, siempre y cuando dichas decisiones se encuentren contempladas en las causales del referido artículo" (Sentencia TC 63/12). Estas causales son las siguientes:

1) Cuando la decisión declare inaplicable por inconstitucional una ley, decreto, reglamento, resolución u ordenanza;

La LOTCPC permite recurrir en revisión ante el Tribunal Constitucional las decisiones firmes en las que los jueces han ejercido el control difuso de constitucionalidad y han inaplicado una norma o acto por considerarlo inconstitucional. Esta revisión obedece a la necesidad de vincular el control difuso a cargo de los jueces del Poder Judicial con el control en manos del Tribunal Constitucional. De este modo, se preserva la seguridad jurídica, al evitarse que en el ordenamiento jurídico coexistan interpretaciones diversas de la Constitución, y, lo que no es menos importante, se garantiza que la Constitución sea aplicada de modo homogéneo en el territorio nacional y sin vulnerar el principio de igualdad ante la Constitución y las leyes. Y es que, como bien ha advertido la doctrina dominicana, "permitir que una norma pueda ser considerada inconstitucional para algunos (aquellos que fueron parte en el proceso por la vía difusa) y constitucional o aplicable para otros (el resto de la población) implica una violación a las disposiciones del artículo 39 de la Constitución de 2010, que dispone que todas las personas deben recibir la misma protección y trato de las instituciones y autoridades, y que pone a cargo del Estado crear las condiciones jurídicas y administrativas para que la igualdad sea real y efectiva" (ÁLVAREZ VALDEZ: 51)".

Aunque la LOTCPC no acogió el criterio de esta doctrina en el sentido de que debía tratarse de una revisión automática, en particular de las decisiones de las Salas de la Suprema Corte de Justicia que desaplicasen normas o actos por inconstitucionales, y las cuales debían remitir al Tribunal Constitucional sus decisiones de esta índole, a fin de que el supremo intérprete de la Constitución, decidiera finalmente y con carácter *erga omnes* acerca de la constitucionalidad de la norma o acto en cuestión, lo cierto es que el mecanismo contemplado por el legislador, si bien pone en manos de la parte afectada incoar este recurso, contribuirá a la uniforme interpretación de la Constitución y a la interpretación de la ley conforme a la Constitución tal como ella es interpretada por el Tribunal Constitucional, pues el tribunal al cual envíe el Tribunal Constitucional el conocimiento del caso, tras la revisión, deberá apegarse estrictamente "al criterio establecido por el Tribunal Constitucional en relación […] a la inconstitucionalidad o inconstitucionalidad de la norma cuestionada por la vía difusa" (artículo 54.10).

En este sentido, la LOTCPC sienta las bases para una debida articulación de la justicia constitucional, en manos del Tribunal Constitucional y del Poder Judicial, los cuales no deben ser vistos como dos compartimentos estancos. Queda descartada así la inconstitucional teoría de los mundos constitucionales paralelos y desconectados, esgrimida por los adversarios del control por el Tribunal Constitucional de la constitucionalidad de las decisiones jurisdiccionales. Como bien ha señalado el magistrado del Tribunal Constitucional español Manuel Aragón Reyes, "no hay, pues, como se ha venido diciendo, dos jurisdicciones separadas, una que juzga de la 'constitucionalidad' y otra de la 'legalidad', sino dos jurisdicciones estrechamente relacionadas. Por lo demás, ya el propio Tribunal Constitucional, desde fecha muy temprana, lo había constatado (como no podía ser de otra manera): 'La distinción entre la jurisdicción constitucional y la ordinaria no puede ser establecida, como a veces se hace, refiriendo la primera al «plano de la constitucionalidad» y la jurisdicción ordinaria al de la «simple legalidad», pues la unidad del ordenamiento y la supremacía de la Constitución no toleran la consideración de ambos planos como si fueran mundos distintos e incomunicables'" (ARAGÓN REYES: 125).

REFERENCIAS BIBLIOGRÁFICAS

ÁLVAREZ VALDEZ, Francisco. "Necesidad de vincular los controles concentrado y difuso de constitucionalidad de la norma". En *Gaceta Judicial*. No. 288. Noviembre 2010.

ARAGÓN REYES, Manuel. *Estudios de Derecho Constitucional*. Madrid: Centro de Estudios Políticos y Constitucionales, 2009.

2) *Cuando la decisión viole un precedente del Tribunal Constitucional;*

Esta causal de revisión sirve como mecanismo para asegurar el respeto a los precedentes del Tribunal Constitucional. Y es que, como bien ha establecido el Tribunal Constitucional peruano, "la regla que el Tribunal externaliza como precedente a partir de un caso concreto, es una regla para todos y frente a todos los poderes públicos; cualquier ciudadano puede invocarla ante cualquier autoridad o funcionario sin tener que recurrir previamente ante los tribunales, puesto que las sentencias del Tribunal Constitucional, en cualquier proceso, tienen efectos vinculantes frente a todos los poderes públicos y también frente a los particulares. Si no fuese así, la propia Constitución estaría desprotegida, puesto que cualquier entidad, funcionario o persona podría resistirse a cumplir una decisión de la máxima instancia jurisdiccional" (Exp. No. 3741-2004-AA/TC). Si los jueces pudiesen fallar sus casos en pleno desconocimiento del precedente constitucional y no se lo confiriera a los justiciables afectados acudir al Tribunal Constitucional a impugnar esas decisiones violatorias del precedente constitucional, entonces no habría respeto efectivo a las decisiones del Tribunal Constitucional cuya vinculatoriedad respecto a los poderes públicos viene ordenada por la propia Constitución. La Constitución garantiza la cosa juzgada constitucional y ésta solo puede ser entendida, como bien ha expresado el Tribunal Constitucional peruano, como aquella que se configura en una sentencia dictada por los jueces "de conformidad con el orden objetivo de valores, con los principios constitucionales y con los derechos fundamentales, y de acuerdo con la interpretación que haya realizado el Tribunal Constitucional" (Exp. No. 0006-2006-PC/TC).

3) Cuando se haya producido una violación de un derecho fundamental, siempre que concurran y se cumplan todos y cada uno de los siguientes requisitos:

a. Que el derecho fundamental vulnerado se haya invocado formalmente en el proceso, tan pronto quien invoque la violación haya tornado conocimiento de la misma;

b. Que se hayan agotado todos los recursos disponibles dentro de la vía jurisdiccional correspondiente y que la violación no haya sido subsanada; y

c. Que la violación al derecho fundamental sea imputable de modo inmediato y directo a una acción u omisión del órgano jurisdiccional, con independencia de los hechos que dieron lugar al proceso en que dicha violación se produjo, los cuales el Tribunal Constitucional no podrá revisar.

A pesar de que, por su denominación y configuración legal, este recurso es formalmente de revisión, en aplicación del artículo 277 de la Constitución, lo cierto es que materialmente nos encontramos frente a un recurso de amparo contra decisiones jurisdiccionales firmes, diseñado en base al modelo del amparo constitucional español, y que la LOTCPC ha copiado casi literalmente de la Ley Orgánica del Tribunal Constitucional español. Veamos en qué consiste este recurso de revisión y en qué se distingue del amparo constitucional ordinario...

A. Naturaleza del recurso. Conforme la regulación del procedimiento de revisión establecido por la LOTCPC, varias notas aparecen caracterizando este recurso.

En primer lugar, la revisión es un recurso extraordinario. Al igual que la acción de amparo, el recurso de revisión es de carácter extraordinario en la medida en que constituye un procedimiento especial para la tutela de los derechos, distinto del que se sigue ordinariamente en cualquiera de las jurisdicciones del Poder Judicial.

En segundo lugar, lo que es más importante, la revisión es un recurso excepcional. Contrario a la acción de amparo que, como ya hemos visto, es un recurso normal puesto a la disposición de todas las personas a fin de obtener tutela inmediata de sus derechos fundamentales violados o amenazados, la revisión es claramente un recurso excepcional que se puede incoar no tanto para la protección de los derechos, sino, como bien afirma un autor al referirse al amparo constitucional español que sirvió de inspiración a nuestro recurso de revisión contra sentencia firme, "para cuando falla la garantía de la protección de los derechos, para corregir los errores que se pueden cometer en el interior del sistema de protección de los derechos diseñado por el constituyente" (PÉREZ ROYO: 513). Esta excepcionalidad de la revisión se manifiesta a la entrada del recurso pues éste está configurado legalmente como un recurso subsidiario, al cual se puede acudir cuando "se hayan agotado todos los recursos disponibles dentro de la vía jurisdiccional correspondiente y que la violación no haya sido subsanada" (artículo 53.3.b de la LOTCPC), y como una garantía objetiva de la Constitución y de los derechos fundamentales que ella consagra, ya que el Tribunal Constitucional, independientemente de que se haya producido la violación de un derecho fundamental, sólo admitirá la revisión cuando, "en razón de su especial trascendencia o relevancia constitucional, el contenido del recurso de revisión justifique un examen y una decisión sobre el asunto planteado" (artículo 53, párrafo, de la LOTCPC). Dicha excepcionalidad del recurso se reafirma a la salida del recurso pues, contrario al amparo en donde la sentencia adoptada por el juez aborda todos los extremos materiales necesarios para administrar justicia, en la revisión el Tribunal Constitucional no se pronuncia sobre "los hechos que dieron lugar al proceso en que dicha violación se produjo, los cuales el Tribunal Constitucional no podrá revisar" (artículo 53.3.c de la LOTCPC). La diferencia con el amparo aquí es obvia: mientras el juez de amparo no solo constata si se ha producido o no la violación de un derecho fundamental, decidiendo además sobre todas las consecuencias que dicha constatación comporta (por ejemplo, reintegrando a la escuela a un alumno expulsado sin un previo y justo procedimiento disciplinario), la sentencia de revisión dictada por el Tribunal Constitucional tan solo verifica si se ha violado un derecho fundamental, reponiendo las actuaciones al momento en que se produjo la violación, de modo que se continúe el procedimiento judicial ordinario y se administre justicia sin que se viole derecho fundamental alguno, debiendo el tribunal de envío conocer nuevamente el caso, "con estricto apego al criterio establecido por el Tribunal Constitucional en relación del derecho fundamental violado" (artículo 54.10 de la LOTCPC).

Por todo lo antes dicho, se puede concluir que la revisión contras decisiones jurisdiccionales firmes violatorias del derecho fundamental, al igual que el amparo constitucional español y contrario a la acción de amparo dominicana, es un recurso de carácter excepcional "en el que ni interesa ni debe interesar la disputa o conflicto que subyace al mismo, sino únicamente si en la resolución de dicho conflicto se han vulnerado o no derechos fundamentales. No es la administración de justicia lo que interesa, sino que no haya fallos en el procedimiento de administración de justicia en lo que a derechos fundamentales y libertades públicas se refiere" (PÉREZ ROYO: 514).

B. Requisitos de admisibilidad. La LOTCPC establece que la revisión contra sentencia que vulnere un derecho fundamental será admisible siempre y cuando concurran todos y cada uno de los siguientes cuatro requisitos:

(i) Previa, pronta y formal invocación del derecho fundamental violado. La LOTCPC exige no solo la necesidad de invocar el derecho lesionado sino también la de hacerlo a tiempo, o sea, "tan pronto quien invoque la violación haya tomado conocimiento de la misma" (artículo 53.3.a). Con este requisito, como bien ha establecido el Tribunal Constitucional español, se busca que el juez ordinario "pueda remediar por sí mismo la violación del derecho o libertad fundamental, a cuyo efecto ha de brindársele la oportunidad de tal subsanación" (STC 224/1999). No se trata, por tanto, de un requisito "meramente formal o rituario" (STC 4/2000). De ahí que no se exige, "en lo que a la forma de la invocación se refiere, la cita concreta y numérica del precepto constitucional que se dice lesionado, ni siquiera la mención de su nomen iuris", sino una "acotación suficiente del contenido del derecho violado que permita a los órganos judiciales pronunciarse sobre las infracciones aducidas" (STC 62/1999). Según los jueces constitucionales españoles, "el momento procesal oportuno para la invocación del derecho fundamental vulnerado en el previo procedimiento judicial es el inmediatamente siguiente a aquel en que sobreviene la pretendida lesión, sin perjuicio de reiterarla en la posterior cadena de recursos" (STC 171/1992). Lógicamente, esta invocación solo es exigible cuando hay posibilidad procesal de denuncia de la violación del derecho, cosa que no ocurre cuando "la lesión se imputa a una decisión judicial que pone fin al proceso", caso en el cual "no hay oportunidad procesal para tal invocación

y, por ello mismo, el requisito es inexigible" (STC 50/1982), como ocurre, como ha establecido el Tribunal Constitucional, cuando la violación del derecho emerge como consecuencia del último órgano que dictó la decisión (Sentencia TC 57/12).

(ii) Agotamiento de los recursos jurisdiccionales disponibles y que la violación no haya sido subsanada. Como la revisión solo procede contra decisiones jurisdiccionales que han adquirido la autoridad de la cosa irrevocablemente juzgada, este requisito solo puede entenderse en el sentido de que el recurrente haya agotado los recursos jurisdiccionales disponibles para tutelar su derecho y que la violación del derecho no haya sido subsanada en dichas instancias jurisdiccionales. La vía procesal previa tiene también que ser adecuada para reparar la lesión denunciada. Por ejemplo, como bien ha establecido el Tribunal Constitucional español, la revisión civil o penal no puede exigirse previamente como condición para poder recurrir en revisión constitucional de la sentencia, salvo que aquella revisión pueda fundarse exclusivamente en la lesión del derecho fundamental (STC 242/1991).

(iii) Imputación inmediata y directa de la violación del derecho fundamental al órgano jurisdiccional. La LOTCPC exige que la vulneración del derecho fundamental sea imputable de modo inmediato y directo al órgano jurisdiccional, lo que significa que o bien en la sentencia recurrida en revisión se violó el derecho fundamental o bien en dicha sentencia no se corrigió la vulneración del derecho efectuada en otras instancias jurisdiccionales. Es importante resaltar que, conforme ha establecido el Tribunal Constitucional, cuando se recurre contra una decisión confirmatoria de otras que han sido lógica y cronológicamente presupuesto de aquella, han de tenerse por recurridas las precedentes decisiones confirmadas, aunque éstas no lo hayan sido de forma expresa (STC 182/1990). Y es que, aunque la revisión se dirige contra la decisión firme, si el Tribunal Constitucional acoge el recurso y anula la decisión recurrida, esa anulación comportará la anulación también de aquellas decisiones judiciales que no fueron corregidas mediante los recursos ordinarios o extraordinarios procedentes. Por otro lado, como bien ha establecido el Tribunal Constitucional de España, lo que es objeto del recurso, por otro lado, es la decisión contenida en el fallo y no la motivación del mismo, por lo que los fundamentos de la decisión solo pueden servir para fundamentar una revisión cuando éstos hayan tenido trascendencia o reflejo en el fallo (ATC 30/1985). Sin embargo, la jurisprudencia constitucional española admite que se recurra contra una decisión cuya fundamentación causa agravios en sus derechos fundamentales al justiciable, como ocurre cuando una sentencia penal, aunque desestima los cargos penales contra el recurrente, afirma que las actuaciones del imputado son incorrectas "en el ámbito de la ética profesional" (STC 157/2003).

REFERENCIAS BIBLIOGRÁFICAS

ÁLVAREZ VALDEZ, Francisco. "Necesidad de vincular los controles concentrado y difuso de constitucionalidad de la norma". En *Gaceta Judicial.* No. 288. Noviembre 2010.

PÉREZ ROYO, Javier. *Curso de Derecho Constitucional.* Madrid: Marcial Pons, 2007.

Párrafo. La revisión por la causa prevista en el numeral 3) de este artículo solo será admisible por el Tribunal Constitucional cuando este considere que, en razón de su especial trascendencia o relevancia constitucional, el contenido del recurso de revisión justifique un examen y una decisión sobre el asunto planteado. El tribunal siempre deberá motivar sus decisiones.

El requisito de la "especial trascendencia o relevancia constitucional" como condición de admisibilidad de la revisión contra decisiones jurisdiccionales violatorias de los derechos fundamentales fue establecido por el legislador, inspirados en los modelos alemán y español, como una manera de evitar la sobrecarga de un Tribunal Constitucional que, como el dominicano, por demás, no puede válidamente funcionar a través de Salas, como ocurre con la mayoría de sus homólogos. Este confiere una gran discrecionalidad al Tribunal Constitucional a la hora de admitir la revisión, configurándose como una especie de *certiorari* a la usanza norteamericana. Esto no significa, sin embargo, que la admisión pueda ser arbitraria. El Tribunal Constitucional español ha establecido una serie de criterios que permiten inferir en cuales casos se encuentra esta especial trascendencia o relevancia constitucional. Entre estos criterios encontramos "el de un recurso que plantee un problema o una faceta de un derecho fundamental susceptible de amparo sobre el que no haya doctrina del Tribunal Constitucional", o "que de ocasión al Tribunal Constitucional para aclarar o cambiar su doctrina, como consecuencia de un proceso de reflexión interna", o cuando surgen "nuevas realidades sociales" o "cambios normativos relevantes para la configuración del contenido del derecho fundamental", o cuando la interpretación jurisdiccional de la ley es considerada por el Tribunal Constitucional "lesiva del derecho fundamental y crea necesario proclamar otra interpretación conforme a la Constitución", o cuando la doctrina del Tribunal Constitucional en relación al derecho fundamental alegadamente vulnerado "está siendo incumplida de modo general y reiterado por la jurisdicción ordinaria o existen resoluciones judiciales contradictorias sobre el derecho fundamental, ya sea interpretando de manera distinta la doctrina constitucional, ya sea aplicándola en unos casos y desconociéndola en otros", o, en fin, "cuando el asunto suscitado, sin estar incluido en ninguno de los supuestos anteriores, trascienda del caso concreto porque plantee una cuestión jurídica de relevante y general repercusión social o económica o tenga unas consecuencias políticas generales" (STC 155/2009).

Por su parte, el Tribunal Constitucional dominicano, inspirado en la jurisprudencia de su homólogo español, ha establecido que la condición de de especial transcendencia o relevancia constitucional, respecto a las revisiones de decisiones dictadas por los jueces de amparo, "sólo se encuentra configurada, entre otros, en los supuestos: 1) que contemplen conflictos sobre derechos fundamentales respecto a los cuales el Tribunal Constitucional no haya establecido criterios que permitan su esclarecimiento; 2) que propicien, por cambios sociales o normativos que incidan en el contenido de un derecho fundamental, modificaciones de principios anteriormente determinados; 3) que permitan al Tribunal Constitucional reorientar o redefinir interpretaciones jurisprudenciales de la ley u otras normas legales que vulneren derechos fundamentales; 4) que introduzcan respecto a estos últimos un problema jurídico de trascendencia social, política o económica cuya solución favorezca en el mantenimiento de la supremacía constitucional" (Sentencia TC/0007/12 de fecha 22 de marzo de 2012). Posteriormente, el Tribunal Constitucional estableció que esos criterios de relevancia constitucional también eran aplicables a la revisión de decisiones jurisdiccionales firmes (Sentencia TC 38/12). En específico, respecto a la trascendencia constitucional en materia de revisiones de decisiones firmes, el Tribunal Constitucional ha considerado, además, que no hay relevancia constitucional cuando no se suscita "ninguna discusión relacionada a la protección de los derechos fundamentales ni a la interpretación de la Constitución, cuestiones éstas a las cuales está referida la noción de especial trascendencia o relevancia constitucional" (Sentencia 1/13), o cuando ha quedado comprobado que no hay violación al derecho fundamental (Sentencia TC 65/12).

Como se puede observar, se trata de un concepto jurídico indeterminado (ORTEGA GUTIÉRREZ), pero que, bien aplicado, no debe originar arbitrariedad o, por lo menos, es menos arbitrario que el puro certiorari norteamericano o argentino. En la práctica, el Tribunal Constitucional ha sido flexible en la admisión lo que permite que paulatina y progresivamente se vaya generando un corpus de precedentes constitucionales, que, al tiempo de servir de brújula a los jueces ordinarios, permita disuadir a los potenciales violadores de la Constitución y de los derechos fundamentales. Como el Tribunal Constitucional debe motivar las admisiones, tal como ordena la LOTCPC, los fundamentos de estas admisiones deben orientar a los justiciables y a los litigantes acerca de cuáles criterios utiliza el Tribunal para considerar un caso especialmente relevante o no. Cuando haya un corpus de precedentes apreciable, es de prever que muchos litigantes fundarán sus recursos de revisión en la violación del precedente, con lo que se evitan que su revisión sea rechazada por la vía de la falta de relevancia, pero el procedimiento se volverá más objetivo porque los recursos estarán fundados en un ostensible incumplimiento de las decisiones vinculantes del Tribunal Constitucional y no en algo que muchas veces resulta tan subjetivo como saber cuándo un caso constitucional es relevante o no. Ha seguido aquí el Tribunal Constitucional el criterio sostenido en el voto disidente de la Sentencia TC/7/12, en cuanto a que "no sería razonable ni cónsono con la realidad que en sus primeras sentencias el Tribunal Constitucional aplique la figura de la especial trascendencia o relevancia constitucional, porque carecemos de precedente y de jurisprudencia y todos los temas vinculados a los derechos fundamentales serán relevantes durante un tiempo considerable".

REFERENCIAS BIBLIOGRÁFICAS

HERNÁNDEZ RAMOS, Mario. *El nuevo trámite de admisión del recurso de amparo constitucional.* Madrid: Editorial Reus, 2009.

ORTEGA GUTIÉRREZ, David. "La especial trascendencia constitucional como concepto jurídico indeterminado". En *Teoría y Realidad Constitucional.* UNED. Num. 25. 2010.

Artículo 54. *Procedimiento de revisión.* El procedimiento a seguir en materia de revisión constitucional de las decisiones jurisdiccionales será el siguiente:

1) El recurso se interpondrá mediante escrito motivado depositado en la secretaria del tribunal que dicta la sentencia recurrida, en un plazo no mayor de treinta días a partir de la notificación de la sentencia;

2) El escrito contentivo del recurso se notificará a las partes que participaron en el proceso resuelto mediante la sentencia recurrida, en un plazo no mayor de cinco días a partir de la fecha de su depósito;

El Tribunal Constitucional ha dispuesto que la notificación del recurso queda a cargo de la secretaría del tribunal que dictó la sentencia recurrida, "a la cual compete la obligación de tramitar el expediente completo ante este Tribunal, de manera que existe una tácita intención del legislador de no poner a cargo de los abogados la realización de las actuaciones procesales vinculadas a los referidos recursos" (Sentencia TC 38/12).

3) El recurrido depositará el escrito de defensa en la secretaria del tribunal que dicta la sentencia, en un plazo no mayor de treinta días a partir de la fecha de la notificación del recurso. El escrito de defensa será notificado al recurrente en un plazo de cinco días contados a partir de la fecha de su depósito;

4) El tribunal que dicta la sentencia recurrida remitirá a la Secretaria del Tribunal Constitucional copia certificada de esta, así como de los escritos correspondientes en un plazo no mayor de diez días contados a partir de la fecha de vencimiento del plazo para el depósito del escrito de defensa. Las partes ligadas en el diferendo podrán diligenciar la tramitación de los documentos anteriormente indicados, en interés de que la revisión sea conocida, con la celeridad que requiere el control de la constitucionalidad;

El recurso de revisión se interpone mediante un "escrito motivado", es decir, fundamentado. Aunque la LOTCPC establece que, en lo que respecta a la revisión contra decisiones jurisdiccionales violatorias de los derechos fundamentales, el Tribunal Constitucional no podrá revisar los hechos de la causa (artículo 53.3.c), lo cierto es que el escrito debe contener, aparte de la fundamentación jurídica, una fundamentación fáctica, que incluya los hechos procesales, es decir, los hechos relativos al proceso en el que se produjo la vulneración. En el escrito se debe acreditar el cumplimiento de los requisitos de admisibilidad, así como citar los preceptos constitucionales o los precedentes del Tribunal Constitucional supuestamente infringidos. Allí donde la LOTCPC exija como condición de admisibilidad la especial relevancia constitucional del recurso el recurrente deberá exponer por qué estima especialmente trascendente su recurso.

5) El Tribunal Constitucional tendrá un plazo no mayor de treinta días, a partir de la fecha de la recepción del expediente, para decidir sobre la admisibilidad del recurso. En caso de que decida admitirlo deberá motivar su decisión;

La LOTCPC regula un trámite de admisión que tiene por objeto, primero, el examen previo y el control de oficio de los presupuestos del proceso y de los requisitos de admisibilidad del recurso, y, después, en lo que respecta al recurso contra decisiones violatorias de los derechos fundamentales, la concurrencia en el asunto de la especial trascendencia constitucional. Pero el Tribunal Constitucional sólo está obligado a motivar los casos en que admite el recurso. Sin embargo, en todo caso las providencias que denieguen la admisión a trámite del recurso deben expresar sucintamente cuál es la causa de la inadmisión. Por ejemplo, si se ha recurrido una decisión que no declara inaplicable una norma por inconstitucional o se ha recurrido una sentencia dictada con anterioridad al 26 de enero de 2010 o se ha recurrido fuera de plazo, el Tribunal Constitucional deberá indicar esta circunstancia, sin entrar en mayores detalles. Ahora bien, la providencia que sí debe estar ampliamente motivada es aquella que, reunidos todos los requisitos para admitir el recurso, considera que hay especial trascendencia o relevancia constitucional. El Tribunal ha sido muy flexible con este requisito y, dada la escasa jurisprudencia constitucional hasta la fecha, que sirve de orientación al justiciable sobre lo inadmisible o lo admisible, ha preferido motivar incluso las inadmisiones del recurso. Por otro lado, el Tribunal Constitucional ha establecido que él decidirá tanto la admisibilidad como el fondo de revisión en una única sentencia, en virtud de los principios de celeridad y economía procesal (Sentencia TC 38/12).

6) La revisión se llevara a cabo en Cámara de Consejo, sin necesidad de celebrar audiencia;

Ver Sentencia TC/6/12.

7) La sentencia de revisión será dictada por el Tribunal Constitucional en un plazo no mayor de noventa días contados a partir de la fecha de la decisión sobre la admisibilidad del recurso;

Tal como está configurada la revisión en la LOTCPC, se trata de un recurso de tramitación relativamente rápida pues el Tribunal Constitucional tiene, tras recibir la revisión, 30 días para decidir sobre su admisibilidad y luego dispone de 90 días tras la decisión de admisibilidad para fallar el recurso. En la Sentencia TC/38/12, el Tribunal Constitucional, a partir de los principios de celeridad y economía procesal, ha decidido fallar tanto la admisibilidad como el fondo del recurso en una única sentencia.

8) El recurso no tiene efecto suspensivo, salvo que, a petición, debidamente motivada, de parte interesada, el Tribunal Constitucional disponga expresamente lo contrario;

A. Cuando procede la suspensión. La mera interposición del recurso no produce el efecto de suspender la ejecución de la sentencia impugnada. De ahí que el recurrente deberá solicitar la medida de la suspensión, la cual, aunque la LOTCPC no establece nada expreso al respecto, el Tribunal Constitucional podrá disponer si entiende que la ejecución de la sentencia recurrida hubiere de ocasionar un perjuicio que hará perder a la revisión su finalidad. La suspensión es una medida cautelar que está sujeta a las mismas condiciones que el resto de las medidas precautorias. En este sentido, el Tribunal Constitucional español tiene jurisprudencia constante en el sentido que, cuando la sentencia objeto del recurso "tiene un mero contenido económico, de forma que su cumplimiento sólo produce en el recurrente la obligación de pagar o entregar una determinada cantidad de dinero no procede la suspensión de la ejecución, ya que, si se otorgase en su día el amparo y ello comportara la nulidad de la resolución recurrida, la reparación del perjuicio causado por la ejecución sería de fácil consecución mediante la restitución de la cantidad satisfecha y, en su caso, el abono de los intereses legales que se consideren procedentes, todo ello salvo que concurrieren circunstancias excepcionales que pusieren de manifiesto un perjuicio irreparable o de muy difícil reparación, que debiera ser acreditado por quien solicita la suspensión" (ATC 310/2001). Sin embargo, si se trata de decisiones que afectan bienes o derechos del recurrente de imposible restitución a su estado anterior, como ocurre con las condenas que supongan privación o limitación de derechos, sí es procedente la suspensión de la decisión recurrida (ATC 109/1997). Tal es el caso de una decisión que determina la resolución de un contrato de arrendamiento (ATC 346/1983), la que dispone en favor de un tercero de la parte de la finca objeto de una división acordada judicialmente (ATC 181/1997), la que dispone la subasta y adjudicación de un bien (ATC 56/1996), la que ordena el desalojo de una vivienda o de un local de negocios (ATC 205/1997). El Tribunal Constitucional ha establecido que la suspensión no procede cuando se trata de una sentencia que se limita a ordenar el pago de sumas de dinero (Sentencias TC/40/12, TC/58/12 y TC 97/12) o que manda la partición, pues ésta no puede servir de titulo para desalojar y tomar posesión del inmueble (Sentencia TC 28/13).

B. Objeto de la demanda en suspensión y el derecho fundamental a solicitar medidas cautelares que preserven la efectividad de la sentencia que decida sobre el recurso de revisión. El Tribunal Constitucional ha establecido que la demanda en suspensión procede solo contra la sentencia recurrida (Sentencia 35/12). Entendemos, sin embargo, que existe un derecho fundamental a la ejecución de la sentencia, el cual implica que "el debido proceso no es tal si no se garantiza el cumplimiento de la de-

cisión que de él resulte, asegurando la eficacia de esta decisión mediante medidas cautelares" (GIL: 136). Aunque la Constitución no se refiere
expresamente al derecho a las medidas cautelares, en realidad nuestra
Constitución en nada difiere de la mayoría de las Constituciones ameri-
canas y europeas y ello no obsta a que se reconozca de modo pretoriano
el status constitucional de la tutela cautelar, como lo han hecho los jueces constitucionales en Francia, España, Alemania, Italia y Colombia, por
solo citar algunos casos. Y es que, como bien ha expresado el Tribunal
Constitucional español, "la tutela judicial no es tal sin las medidas cautelares adecuadas que aseguren el efectivo cumplimiento de la resolución
definitiva que recaiga en el proceso" (STC 14/1992). En este sentido,
nuestra doctrina ha establecido que "el derecho a la protección cautelar
es un derecho fundamental que forma parte del derecho de acceso a la
justicia" (RODRÍGUEZ HUERTAS).

De ahí que, según la jurisprudencia española, "no puede inferirse que
quede libre el legislador de todo límite para disponer o no medidas de
aquel género o para ordenarlas sin condicionamiento constitucional alguno. La tutela judicial ha de ser, por imperativo constitucional, 'efectiva', y
la medida en que lo sea o no ha de hallarse en la suficiencia de las potestades atribuidas por Ley a los órganos del Poder Judicial para, efectivamente,
salvaguardar los intereses o derechos cuya protección se demanda (...) En
consecuencia no puede el mismo legislador eliminar de manera absoluta
la posibilidad de adoptar medidas cautelares dirigidas a asegurar la efectividad de la sentencia estimatoria que pudiera dictarse en el proceso contencioso-administrativo, pues con ello se vendría privar a los justiciables
de una garantía que, por equilibrar y ponderar la incidencia de aquellas
prerrogativas, se configura como contenido del derecho a la tutela judicial
efectiva" (STC 238/1992). En igual sentido, se pronuncia la jurisprudencia constitucional colombiana para la que la tutela cautelar judicial tiene
su fundamento en: (i) el hecho de que las decisiones judiciales deben ser
ejecutadas y cumplidas, por lo que no tendría ningún sentido que el juez
dicte una sentencia que no pueda ser materialmente ejecutada o que resulte inocua; (ii) que el acceso efectivo e igual a la justicia debe garantizarse a
todas las personas y que este acceso no debe ser puramente formal, por lo
que los justiciables deben poder acceder a mecanismos que, como las medidas cautelares, aseguran la efectividad de las sentencias que les son favo-
rables; y (iii) que es vital que el derecho de acceso a la justicia contribuya a
un mayor equilibrio procesal en tanto asegure que el justiciable mantenga
a lo largo del proceso un estado de cosas semejante al que existía cuando
acudió a la justicia (Corte Constitucional, sentencias C-490-00 de mayo 4
de 2000, MP Alejandro Martínez Caballero y C-039-04 de enero 27 de 2004,
MP Rodrigo Escobar Gil).

Por todo lo anterior, consideramos que el Tribunal Constitucional debe habilitar la posibilidad de solicitar medidas cautelares que preserven la efectividad de la sentencia que intervenga sobre el recurso de revisión, máxime cuando ello es inherente al derecho fundamental a la tutela judicial efectiva exigida por el artículo 69 de la Constitución y que, en el ámbito de la justicia constitucional, es ordenado por el principio rector de la efectividad establecido por el artículo 7.4 de la LOTCPC.

C. Procedimiento de suspensión. Respecto al procedimiento de suspensión, el Tribunal Constitucional ha establecido lo siguiente: "Al analizar el artículo 54.8 de la referida Ley 137-11, transcrito más adelante, hemos advertido que no hay previsión en lo que respecta a la notificación de la demanda en suspensión. Particularmente, no se indica a cargo de quién está la referida actuación procesal ni el plazo para realizar la misma. En este sentido, la presente sentencia se limitará a solucionar las indicadas imprevisiones. a) La demanda en suspensión que nos ocupa fue depositada el siete (7) de marzo de dos mil once (2011), y hasta la fecha no ha sido notificada a los demandados. b) El único texto que se refiere a la demanda en suspensión es el artículo 54.8 de la referida Ley No. 137-11, cuyo contenido es el siguiente: 'El recurso no tiene efecto suspensivo, salvo que, a petición, debidamente motivada o de parte interesada, el Tribunal Constitucional disponga expresamente lo contrario'. c) En el texto transcrito anteriormente no se indica a cargo de quién está la notificación de la demanda en suspensión ni el plazo en el cual éstadebe realizarse, a pesar de lo importante que es para el demandado tener conocimiento de la misma. d) Los demandados tienen interés incuestionable en que se les notifique la demanda que nos ocupa, porque si ésta se acogiera resultarían seriamente perjudicados, en la medida en que no podrían ejecutar la sentencia hasta que no termine el proceso relativo al recurso de revisión constitucional. e) No se debe perder de vista que el recurso de revisión constitucional se interpone contra una sentencia en relación a la cual no proceden ninguno de los recursos contemplados en el ámbito del Poder Judicial, lo cual supone que, generalmente, se trata de un proceso que se inició hace varios años y, en la eventualidad de que se ordene la suspensión, el litigio se retardaría aún más. Tal situación pudiera implicar una violación al derecho a que el conflicto termine en un plazo razonable. f) Volviendo sobre el derecho de defensa, cabe destacar que el mismo constituye una de las garantías del debido proceso. En efecto, según el artículo 69.4 de la Constitución, toda persona a la cual se le imputa un hecho tiene '(…) derecho a un juicio público, oral y contradictorio, en plena igualdad y con respeto al derecho de defensa'. De manera que, si se permitiera el conocimiento de la demanda en suspensión de ejecución de sentencia, sin previa notificación al demandado, se violaría la Constitución. g) Luego de haber justificado la necesidad de que la demanda en suspensión de ejecución de sentencia sea notificada al demandado, procede establecer a cargo de quién está dicha actuación procesal, así como el plazo en que debe realizarse la misma; aspectos estos que, como dijéramos anteriormente, no fueron previstos por el legislador. Ante tal situación, el Tribunal tiene dos alternativas: no resolver el caso que se le ha presentado, a consecuencia de la imprevisión o laguna legislativa, o llenar dicha laguna aplicando en este caso el principio de autonomía procesal desarrollado por la doctrina alemana e implementado por algunos tribunales constitucionales de la región. i) El principio de autonomía procesal faculta al Tribunal Constitucional a establecer mediante su jurisprudencia normas que regulen el proceso constitucional '… en aquellos aspectos donde la regulación procesal constitucional presenta vacíos normativos o donde ella debe ser perfeccionada o adecuada a los fines del proceso constitucional. La norma así establecida está orientada a resolver el concreto problema –vacío o imperfección de la norma– que el caso ha planteado y, sin embargo, lo transcenderá y será susceptible de aplicación ulterior debido a que se incorpora, desde entonces en la regulación procesal vigente'. j) El principio de autonomía procesal es coherente con el de efectividad previsto en el artículo 7.4 de la referida Ley 137-11, texto que establece lo siguiente: 'Efectividad. Todo juez o tribunal debe garantizar la efectiva aplicación de las normas constitucionales y de los derechos fundamentales frente a los sujetos obligados o deudores de los mismos, respetando las garantías mínimas del debido proceso y está obligado a utilizar los medios más idóneos y adecuados a las necesidades concretas de protección frente a cada cuestión planteada, pudiendo conceder una tutela judicial diferenciada cuando lo amerite el caso en razón de sus peculiaridades'. La aplicación del referido principio de autonomía procesal es imperioso en la especie, ya que de lo contrario permanecería en un limbo jurídico, en la medida que habría que esperar de manera indefinida que el demandante en suspensión notificare la demanda y, al mismo tiempo, que los demandados depositaran su escrito de defensa. l) La demanda en suspensión que nos ocupa ha sido incoada en ocasión de un recurso de revisión constitucional y, en consecuencia, de orden público, en tal sentido, es de rigor que dicha actuación procesal la realice la Secretaría del Tribunal Constitucional. m) En efecto, conforme al modelo diseñado en la referida Ley 137-11, tanto el presente recurso como el recurso de revisión constitucional de sentencia de amparo deben ser depositados en la secretaría del tribunal que dictó la sentencia recurrida, a la cual compete la obligación de tramitar el expediente completo ante este Tribunal, de manera que existe una tácita intención del legislador de no poner a cargo de los abogados la realización de las actuaciones procesales vinculadas a los referidos recursos. n) En lo que respecta al plazo, es de principio en materia ordinaria, que en todos los casos en que el legislador no lo prevé, para la realización de una determinada actuación procesal, la misma debe hacerse en la octava franca, por considerar que es el de derecho común. o) La solución prevista para el derecho común puede aplicarse, aunque con las adaptaciones que demanda la naturaleza de la materia que nos ocupa; en virtud del principio de supletoriedad previsto en el artículo 7.12 de la referida Ley 137-11, cuyo contenido es el siguiente: 'Para la solución de toda imprevisión, oscuridad, insuficiencia o ambigüedad de esta ley, se aplicarán supletoriamente los principios generales del Derecho Procesal Constitucional y sólo subsidiariamente las normasprocesales afines a la materia discutida, siempre y cuando no contradigan los fines de los procesos y procedimientos constitucionales y los ayuden a su mejor desarrollo'. p) En este sentido, consideramos procedente establecer un plazo de tres días francos y no de ocho días francos como ocurre en el derecho común, tomando en cuenta, que según el artículo 54.2 de la referida Ley 137-11 el recurso en revisión debe notificarse dentro de cinco días. q) Luego de indicado el plazo de la notificación de la demanda conviene establecer el tiempo con que cuenta el demandado para depositar su escrito de defensa. En este orden, el Tribunal considera razonable conceder cinco (5) días francos a dicha parte para que deposite el referido escrito. Vencido el plazo indicado anteriormente o depositado el escrito, el expediente queda en estado de recibir fallo. r) Por otro lado, los referidos plazos deben ser aumentados en razón de la distancia, por aplicación supletoria del artículo 1033 del Código de Procedimiento Civil, texto según el cual: '(…) Este término se aumentará de un día por cada treinta kilómetros de distancia; y la misma regla se seguirá en todos los casos previstos, en materia civil o comercial, cuando en virtud de leyes, decretos o reglamentos haya lugar a aumentar un término en razón de las distancias. Las fracciones mayores de quince kilómetros aumentarán el término de un día, y las menores no se contarán para el aumento, salvo el caso en que la única distancia existente, aunque menor de quince kilómetros, sea mayor de ocho, en el cual dicha distancia aumentará el plazo de un día completo. Si fuere feriado el último día de plazo, éste será prorrogado hasta el siguiente'. s) En virtud de las motivaciones expuestas anteriormente procede poner a cargo de la Secretaría del Tribunal Constitucional la notificación de la demanda en suspensión, en el plazo que se indicará en el dispositivo de esta sentencia" (Sentencia TC 39/12).

9) La decisión del Tribunal Constitucional que acogiere el recurso, anulara la sentencia objeto del mismo y devolverá el expediente a la secretaria del tribunal que la dictó.

10) El tribunal de envío conocerá nuevamente del caso, con estricto apego al criterio establecido por el Tribunal Constitucional en relación del derecho fundamental violado o a la constitucionalidad o inconstitucionalidad de la norma cuestionada por la vía difusa.

La decisión del Tribunal Constitucional que acoja el recurso "anulará la sentencia" recurrida, lo que significa que la decisión jurisdiccional anulada carece de efecto jurídico alguno. La LOTCPC dispone que el Tribunal Constitucional "devolverá el expediente a la secretaría del tribunal" que dictó la sentencia recurrida y que este tribunal "conocerá nuevamente del caso, con estricto apego al criterio establecido por el Tribunal Constitucional" (Sentencia TC/9/13). Esto es comprensible cuando se trata de la afectación de derechos fundamentales procesales, ya que la apreciación de una lesión de estos derechos supone una declaración de nulidad que implica que se retrotraigan las actuaciones al momento inmediatamente anterior a la comisión de la lesión, de modo que el tribunal dicte una nueva resolución respetuosa con las garantías procesales. Pero cuando se trata de derechos fundamentales sustantivos la situación es diferente. Si, por ejemplo, se ha recurrido en revisión contra una decisión judicial que ordena al recurrente en revisión el pago de un impuesto fijado mediante decreto presidencial y no por ley, la sentencia estimatoria del recurso por el Tribunal Constitucional, al acoger la pretensión del recurrente, puede ir perfectamente "acompañada de una decisión del propio Tribunal Constitucional que, en general, decide sobre el fondo del asunto, eso sí, a partir de los hechos declarados probados por los órganos judiciales" (PÉREZ TREMPS: 311). En este caso, el Tribunal Constitucional procede como lo hace la Suprema Corte de Justicia, la cual puede casar sin envío cuando no hay "cosa alguna por juzgar" (S.C.J. 24 de febrero de 1954. B.J. 523. 263; S.C.J. 7 de noviembre de 1978, B.J. 896. 2250; S.C.J. 12 de marzo de 1986, B.J. 905. 89; y S.C.J. 13 de diciembre de 1981. B.J. 948. 1756).

A raíz de la Sentencia TC/9/13, se produjo un interesante debate entre el Tribunal Constitucional y la Suprema Corte de Justicia. El Tribunal Constitucional consideró que la Suprema Corte de Justicia, al inadmitir un recurso de casación penal, no estableció "con suficiente claridad los motivos que indujeron a la Suprema Corte de Justicia a negar la falta de tipificación de todos los supuestos previstos" por el Código Procesal Penal (artículos 425 y 426), con lo que se violaba la garantía constitucional del debido proceso, al no proveerse una adecuada motivación, la cual consiste para los jueces constitucionales especializados en: "a. Desarrollar de forma sistemática los medios en que fundamentan sus decisiones; b. Exponer de forma concreta y precisa cómo se producen la valoración de los hechos, las pruebas y el derecho que corresponde aplicar; c. Manifestar las consideraciones pertinentes que permitan determinar los razonamientos en que se fundamenta la decisión adoptada; d. Evitar la mera enunciación genérica de principios o la indicación de las disposiciones legales que hayan sido violadas o que establezcan alguna limitante en el ejercicio de una acción; y e. Asegurar, finalmente, que la fundamentación de los fallos cumpla la función de legitimar las actuaciones de los tribunales frente a la sociedad a la que va dirigida la actividad jurisdiccional". Por tales motivos, el Tribunal Constitucional acogió en el fondo el recurso de revisión, anuló la decisión recurrida y envió el expediente a la Suprema Corte de Justicia para que ésta procediera conforme el artículo 54.10 de la LOTCPC, es decir, para que conociera "nuevamente del caso, con estricto apego al criterio establecido por el Tribunal Constitucional en relación del derecho fundamental violado". La Suprema Corte de Justicia, en lugar de ceñirse al criterio establecido por el Tribunal Constitucional, prefirió inclinarse por el criterio de los votos disidentes en la Sentencia TC/9/13 y el de la jurisprudencia constitucional española (STC 9/2003, 104/2002, 67/2000, 36/1997 y 169/1996), afirmando que no hay vulneración al derecho a resoluciones judiciales motivadas "cuando se consignan los motivos necesarios y pertinentes para fundamentar una resolución que se limita pura y simplemente a inadmitir", bastando con una "motivación sucinta para inadmitir a trámite", en la cual "solo se debe comprobar si se dan los presupuestos procesales" (Salas Reunidas de la SCJ, Resolución de fecha 14 de marzo de 2013, Exp. No. 2011-4904, Rte.: Constructora Malespín, S.A. y Marcos E. Malespín). Cuando la Suprema Corte establece que "el plus motivacional a adoptar dependerá esencialmente de la naturaleza de la resolución", no se está conociendo de nuevo el caso con estricto apego al criterio del Tribunal Constitucional, sino que, muy por el contrario, se reproduce el criterio de la minoría disidente, para la que "los niveles de motivación varían dependiendo de la complejidad del caso de que se trate, de los aspectos que se resuelvan, es decir, si se conoce o no el fondo; así como de la naturaleza del recurso que se conozca" (Voto disidente de los magistrados Hermógenes Acosta de los Santos, Wilson S. Gómez Ramírez e Idelfonso Reyes). Esto, como se puede observar, es claramente una flagrante violación al artículo 54.10 de la LOTCPC.

REFERENCIAS BIBLIOGRÁFICAS

Pérez Tremps, Pablo. *El recurso de amparo*. Valencia: Tirant lo Blanch, 2004.

CAPÍTULO II
DEL CONTROL PREVENTIVO DE LOS TRATADOS INTERNACIONALES

Artículo 55. *Control preventivo.* Previo a su aprobación por el Congreso Nacional, el Presidente de la Republica someterá los tratados internacionales suscritos al Tribunal Constitucional, a fin de que este ejerza sobre ellos el control previo de constitucionalidad.

Artículo 56. *Plazo.* El Tribunal Constitucional decidirá sobre la constitucionalidad o no de los tratados internacionales suscritos dentro de los treinta días siguientes a su recibo y al hacerlo, Si considerare inconstitucional el Tratado de que se trate, indicara sobre cuales aspectos recae la inconstitucionalidad y las razones en que fundamenta su decisión.

Artículo 57. *Efecto vinculante.* La decisión del Tribunal Constitucional será vinculante para el Congreso Nacional y el Poder Ejecutivo.

Párrafo. Si el tratado internacional es reputado constitucional, esto impide que, posteriormente, el mismo sea cuestionado por inconstitucional ante el Tribunal Constitucional o cualquier juez o tribunal por los motivos que valoró el Tribunal Constitucional.

Artículo 58. *Publicación.* La decisión del Tribunal Constitucional sobre el control preventivo de los tratados, se publicara por los medios oficiales del Tribunal Constitucional.

La Constitución establece que el Tribunal Constitucional será competente para conocer acerca de "el control preventivo de los tratados internacionales antes de su ratificación por el órgano legislativo" (artículo 185.2). Conforme ha dicho el Tribunal Constitucional, el fundamento de este control preventivo es "evitar distorsiones del ordenamiento constitucional, con los tratados internacionales como sistema de fuentes del derecho interno y consecuentemente que el Estado asuma compromisos y obligaciones en el ámbito internacional contrarios a la Constitución" (Sentencia TC 37/12). Se trata de un control automático y obligatorio: ningún tratado puede perfeccionarse en la esfera internacional sin antes someterse al control previo de constitucionalidad que se confía al Tribunal Constitucional. De ahí que el Presidente de la República, en cualquier momento previo a la ratificación, debe remitir al Tribunal Constitucional el correspondiente instrumento, a fin de que éste examine su constitucionalidad, tanto desde la óptica formal como sustancial. Si la sentencia es de constitucionalidad, entonces el Congreso Nacional podrá ratificar el tratado; en caso contrario, la ratificación no podrá efectuarse. El control preventivo aplica sobre todos los tratados internacionales suscritos y aún no ratificados. La decisión del Tribunal Constitucional es vinculante pero nada impide que se cuestione posteriormente el tratado por motivos no valorados por el Tribunal Constitucional (artículo 57). Por eso, la LOTCPC es bien enfática en la necesidad de motivar la decisión (artículo 56).

REFERENCIAS BIBLIOGRÁFICAS

CIPRIÁN, Rafael. "Control previo de constitucionalidad de tratados internacionales". En FERRER MAC-GREGOR, Eduardo y Eduardo Jorge Prats (coordinadores). *VII Encuentro de Derecho Procesal Constitucional.* Tomo I. Santo Domingo: Comisionado de Apoyo a la Reforma y Modernización de la Justicia, 2011.

MASSÓ GARROTE, Marcos. "El control previo de los tratados internacionales". En FERRER MAC-GREGOR, Eduardo y Eduardo Jorge Prats (coordinadores). *VII Encuentro de Derecho Procesal Constitucional.* Tomo I. Santo Domingo: Comisionado de Apoyo a la Reforma y Modernización de la Justicia, 2011.

PERDOMO, Nassef. "Supremacía constitucional y tratados internacionales. Aproximaciones a los efectos del control previo de la constitucionalidad de tratados internacionales en República Dominicana". En FERRER MAC-GREGOR, Eduardo y Eduardo Jorge Prats (coordinadores). *VII Encuentro de Derecho Procesal Constitucional.* Tomo I. Santo Domingo: Comisionado de Apoyo a la Reforma y Modernización de la Justicia, 2011.

CAPÍTULO III
DE LOS CONFLICTOS DE COMPETENCIA

Artículo 59. *Conflictos de competencia.* Le corresponde al Tribunal Constitucional resolver los conflictos de competencia de orden constitucional entre los poderes del Estado, así como los que surjan entre cualesquiera de estos poderes y entre órganos constitucionales, entidades descentralizadas y autónomas, los municipios u otras personas de Derecho Público, o los de cualesquiera de estas entre sí, salvo aquellos conflictos que sean de la competencia de otras jurisdicciones en virtud de lo que dispone la Constitución o las leyes especiales.

Artículo 60. *Presentación.* El conflicto será planteado por el titular de cualquiera de los poderes del Estado, órganos o entidades en conflicto, quien enviará a la Secretaria del Tribunal Constitucional un memorial con una exposición precisa de todas las razones jurídicas en que se fundamente el hecho en cuestión.

Artículo 61. *Plazo de alegatos.* El Presidente del Tribunal le dará audiencia al titular del otro poder, órgano o entidad por un plazo improrrogable de treinta días, a partir de la recepción del memorial.

Artículo 62. *Plazo de resolución.* Cumplido este plazo, aunque no se hubiere contestado la audiencia, el Tribunal resolverá el conflicto dentro de los siguientes sesenta días, salvo que se considere indispensable practicar alguna prueba, en cuyo caso dicho plazo se contará a partir del momento en que esta se haya practicado.

A. Concepto de conflicto de competencias. La asignación de facultades de resolución de conflictos de competencia a la jurisdicción constitucional surge originalmente como fruto de la necesidad de salvaguardar la estructura federal de los estados pero su utilidad se extiende a todo tipo de conflictos entre órganos constitucionales. Se trata de "atribuciones complementarias" de la jurisdicción constitucional especializada (Gil: 207). El fundamento de esta competencia del Tribunal Constitucional es "el reconocimiento de que la distribución horizontal del poder se articula mediante un reparto constitucional de competencias, de modo análogo a como ocurre con la división vertical o territorial. Lo que significa, pues, que cada uno de los poderes del Estado, o más concretamente (como ocurre en Alemania y en España) cada uno de los órganos constitucionales posee atribuciones propias que sólo él y no cualquiera de los otros órganos puede ejercer" (GÓMEZ MONTORO: 21).

La Constitución establece que el Tribunal Constitucional será competente para conocer "los conflictos de competencia entre los poderes públicos, a instancia de uno de sus titulares" (artículo 185.3). Por conflictos de competencia, debemos entender competencia, en el sentido amplio del término, es decir, abarcando los conflictos de competencia o atribuciones que opongan a los poderes públicos, es decir, el legislativo, el ejecutivo y el judicial, pero también los conflictos entre órganos del Estado, de configuración constitucional, como es el caso de la Junta Central Electoral y la Cámara de Cuentas, o entre éstos y los poderes públicos, así como los conflictos en defensa de la autonomía local a instancia de un ayuntamiento en relación al Estado. Y es que si la Constitución reconoce la autonomía de los órganos del Estado con rango constitucional y de los ayuntamientos es obvio, en consecuencia, que el Tribunal Constitucional pueda ejercer su misión fundamental de garantizar la supremacía Constitucional y defender el orden constitucional atributivo de las competencias a los diferentes poderes y órganos del Estado. La LOTCPC, conforme esta conceptuación constitucional en sentido extenso de los conflictos de competencias, ha definido los mismos como aquellos "entre los poderes del Estado, así como los que surjan entre cualesquiera de estos poderes y entre órganos constitucionales, entidades descentralizadas y autónomas, los municipios u otras personas de Derecho Público, o los de cualesquieras de éstas entre sí", con la salvedad de que aquellos conflictos de competencias cuya solución se atribuye a otras jurisdicciones, en virtud de la Constitución y las leyes, serán conocidos conforme disponga el constituyente y el legislador (artículo 59).

B. Procedimiento. El conflicto debe ser planteado por el titular de cualesquiera de los poderes, órganos o entidades en conflicto mediante un memorial escrito que debe contener una exposición precisa de las razones jurídicas que fundan su pretensión (artículo 60). Para garantizar el contradictorio, se le conceden 30 días al titular de la contraparte, contados a partir de la recepción y comunicación del memorial, para formular su posición (artículo 61). El Tribunal Constitucional tiene 60 días, contados a partir del vencimiento del antes indicado plazo o de la audiencia celebrada, para resolver el conflicto, "salvo que se considere indispensable practicar alguna prueba, en cuyo caso dicho plazo se contará a partir del momento en que ésta se haya practicado" (artículo 62).

C. Precedente peligroso del Tribunal Constitucional. En la Sentencia TC/61/12, el Tribunal Constitucional estableció que "el conflicto surgido a raíz de la negativa del Ministerio de Hacienda de entregar los fondos correspondientes al distrito municipal de Tavera no constituye un conflicto de competencia a la luz de la previsión constitucional y de la referida Ley No. 137-11, debido a la ilegitimidad de sus autoridades, por lo que la acción interpuesta deviene inadmisible". Conforme este precedente cualquier titular de un poder público o de un órgano del Estado que acuda en conflicto de competencia ante el Tribunal Constitucional, podría ver rechazada su acción en virtud de que los jueces constitucionales especializados consideren que la autoridad que incoa la acción ha sido ilegítimamente designada, aunque ello no constituya el objeto de la litis y no obstante que el Tribunal Superior Electoral no haya sido apoderado de una instancia en este sentido, cuando se trate de autoridades electas por el pueblo. Entendemos que el Tribunal Constitucional debe resolver los conflictos de competencia que surjan entre autoridades y órganos al margen de la legitimidad de estas autoridades y órganos que no es el objeto del conflicto de competencias.

REFERENCIAS BIBLIOGRÁFICAS

GÓMEZ MONTORO, Ángel G. *El conflicto entre órganos constitucionales.* Madrid: Centro de Estudios Constitucionales, 1992.

GIL, Domingo. "La justicia constitucional y sus atribuciones en Iberoamérica". En FERRER MAC-GREGOR, Eduardo y Eduardo Jorge Prats (coordinadores). *VII Encuentro de Derecho Procesal Constitucional.* Tomo I. Santo Domingo: Comisionado de Apoyo a la Reforma y Modernización de la Justicia, 2011.

CAPÍTULO IV
DE LA ACCIÓN DE HABEAS CORPUS

Artículo 63. *Habeas corpus.* Toda persona privada de su libertad o amenazada de serlo de manera ilegal, arbitraria o irrazonable, tiene derecho a una acción de habeas corpus ante un juez o tribunal competente, por si misma o por quien actúe en su nombre, para que conozca y decida, de forma sencilla, efectiva, rápida y sumaria, la legalidad de la privación o amenaza de su libertad. La acción de habeas corpus se rige por las disposiciones del Código Procesal Penal y no puede ser limitada o restringida cuando no exista otra vía procesal igualmente expedita para la tutela de los derechos garantizados por esta vía procesal.

    A. El régimen constitucional del habeas corpus. La Constitución establece que "toda persona privada de su libertad o amenazada de serlo, de manera ilegal, arbitraria o irrazonable, tiene derecho a una acción de habeas corpus ante un juez o tribunal competente, por sí misma o por quien actúe en su nombre, de conformidad con la ley, para que conozca y decida, de forma sencilla, efectiva, rápida y sumaria, la legalidad de la privación o amenaza de su libertad" (artículo 71). La LOTCPC reproduce textualmente esta definición constitucional del habeas corpus, solo que añadiendo que "la acción de habeas corpus se rige por las disposiciones del Código Procesal Penal y no puede ser limitada o restringida cuando no exista otra vía procesal igualmente expedita para la tutela de los derechos garantizados por esta vía procesal" (artículo 63).

B. El régimen legal del habeas corpus. Como se puede observar, la Constitución remite la regulación del habeas corpus a la ley y la LOTCPC establece que esta ley será el Código Procesal Penal.

(i) El régimen legal anterior al Código Procesal Penal: el habeas corpus como recurso ordinario. El régimen del habeas corpus anterior al Código Procesal Penal estaba conformado por la Ley 5353 sobre habeas corpus, y la práctica judicial consolidada al amparo de ésta, las cuales desnaturalizaron totalmente la acción constitucional de habeas corpus: (i) al someter el procedimiento de habeas corpus a las normas de la materia correccional; (ii) al permitir que la Ley 62-86 y la Ley 35-90 derogasen, para los casos relativos a la Ley 50-88 sobre Drogas y Sustancias Controladas, la norma contenida en la Ley 5353 de que las decisiones en materia de habeas corpus eran ejecutorias no obstante cualquier recurso; y (iii) al validar las prisiones irregularmente ordenadas cuando hay indicios de que la persona en prisión podría resultar culpable. Este régimen, criticado por la doctrina más liberal (BALBUENA), persistió por casi un siglo de nuestra historia republicana, hasta su derogación por el Código Procesal Penal.

(ii) El régimen del Código Procesal Penal: el habeas corpus como acción constitucional. El Código Procesal Penal establece que "toda persona privada o cohibida en su libertad sin las debidas formalidades de ley o que se viere inminentemente amenazada de serlo, tiene derecho, a petición suya o de cualquier persona en su nombre, a un mandamiento de habeas corpus con el fin de que el juez o tribunal decida, sin demora, sobre la legalidad de la medida de privación de libertad o de tal amenaza" (artículo 381). Se establece así, como bien señala la Exposición de Motivos del Anteproyecto de Código Procesal Penal, "el habeas corpus preventivo, en consonancia con lo que dispone la Convención Americana de Derechos Humanos" (OLIVARES GRULLÓN: 69). Más aún, al tiempo de desformalizar el procedimiento de una acción constitucional sumaria que la legislación y la práctica judicial habían deformado y desnaturalizado al someterla a requisitos rituales y formalistas que entorpecían la misma y la desaceleraban, el Código Procesal Penal configura como infracciones penales el incumplimiento de las órdenes de libertad del juez de habeas corpus (artículo 387), así como el ocultamiento, secuestro o traslado de toda persona beneficiada de una orden de libertad (artículo 388). Y lo que no es menos importante: el Código establece la posibilidad de ejercer la acción de habeas corpus cuantas veces

se pretenda trasladar al extranjero una persona ilegalmente privada de su libertad (artículo 389).

REFERENCIAS BIBLIOGRÁFICAS

BALBUENA, Pedro. "El habeas corpus como garantía jurisdiccional al derecho a la libertad". En FERRER MAC-GREGOR, Eduardo y Eduardo Jorge Prats (coordinadores). *VII Encuentro de Derecho Procesal Constitucional.* Tomos I y II. Santo Domingo: Comisionado de Apoyo a la Reforma y Modernización de la Justicia, 2011.

OLIVARES GRULLÓN, Félix y Ramón Emilio Núñez Núñez. "Exposición de Motivos". *Código Procesal Penal.* Santo Domingo: FINJUS, 2002.

CAPÍTULO V
DE LA ACCIÓN DE HABEAS DATA

Artículo 64. *Habeas data.* Toda persona tiene derecho a una acción judicial para conocer de la existencia y acceder a los datos que de ella consten en registros o bancos de datos públicos o privados y en caso de falsedad o discriminación, exigir la suspensión, rectificación, actualización y confidencialidad de aquellos, conforme la ley. No podrá afectarse el secreto de las fuentes de información periodística. La acción de habeas data se rige por el régimen procesal común del amparo.

A. El habeas data como garantía del derecho a la autodeterminación informativa. El habeas data es el amparo del derecho a la autodeterminación informativa, es decir, del "derecho a acceder a la información y a los datos que sobre ella o sus bienes reposen en los registros oficiales o privados, así como conocer el destino y el uso que se haga de los mismos" (artículo 44.2 de la Constitución). La LOTCPC reproduce textualmente el artículo 70 de la Constitución que consagra la acción de habeas data por lo que conviene analizar la figura a partir de dicho texto.

B. Situación antes y después de la reforma constitucional de 2010. Hasta la reforma constitucional de 2010, el habeas data no era dentro de nuestro ordenamiento una figura autónoma, como ocurría en Brasil desde 1988 y en Ecuador desde 1996, considerándose que, al igual que en Argentina, México y Colombia, el habeas data formaba parte del amparo o tutela y, por tanto, no había necesidad de crear una acción autónoma, cuando de la propia existencia del derecho a la autodeterminación informativa y de su naturaleza de derecho fundamental, se infiere la lógica extensión del vigente manto procesal protector de la acción de amparo a dicho derecho. El caso dominicano no era una excepción: en efecto, como bien reconoce la mejor doctrina, "las democracias europeas no han incorporado a sus Constituciones esta figura de manera expresa, sino que apenas han utilizado diversos canales previos o creados ex profesamente y sin ese nombre, para proteger el nuevo derecho a la autodeterminación informativa [...]. En realidad, no tiene mayor importancia si el habeas data existe como figura procesal autónoma o si está encubierto y aparece como dependiente de otra. Lo importante, en realidad, es que el derecho sea protegido, y lo es en ambas vertientes" (GARCÍA BELAÚNDE: 57). El derecho a la autodeterminación informativa estaba parcialmente protegido por la Ley General de Libre Acceso a la Información Pública en la medida en que dicho instrumento obliga al Estado a facilitar el acceso a los datos personales a su titular y en cuanto limita la entrega de estos datos a terceros sin el consentimiento del titular. Pero, en lo que respecta al derecho de toda persona a acceder a información sobre sí misma o sus bienes contenida en base de datos o registros públicos o privados, el mismo era un derecho fundamental implícito, derivado del derecho a la intimidad, que solo podía encontrar tutela, en el supuesto caso que fuese necesario, actualizar, rectificar, anular o mantener en reserva dicha información con la finalidad de proteger ciertos derechos fundamentales, por la vía del amparo.

A partir de la reforma constitucional de 2010, la situación normativa del habeas data cambia. No solo el derecho a la autodeterminación informativa aparece clara y expresamente consagrado en el artículo 44.2 de la Constitución sino que, lo que no es menos importante, el constituyente estableció un mecanismo de tutela específico para dicho derecho, denominándolo expresamente habeas data, y definiéndolo como la acción judicial "para conocer de la existencia y acceder a los datos que de ella consten en registros o bancos de datos públicos o privados y, en caso de falsedad o discriminación, exigir la suspensión, rectificación, actualización y confidencialidad de aquellos, conforme a la ley" (artículo 72). De modo que la Constitución de 2010 viene a explicitar y, por tanto, en gran medida a resolver-, para utilizar las palabras de Sagüés, no solo la "cuestión de derecho constitucional 'de fondo'", que refiere al derecho a la autodeterminación informativa, sino también "otro asunto, de derecho procesal constitucional referido −en el sentido preciso− a la acción de habeas data, una garantía constitucional destinada a tutelar" el mencionado derecho (SAGÜÉS: 621).

C. Tipos de habeas data. Los artículos 44.2 y 72 de la Constitución establecen una serie de tipos básicos de habeas data, sin perjuicio de otros que la ley o los jueces puedan establecer, para mejor protección de los derechos de las personas, en virtud del carácter no limitativo de los derechos y sus garantías (artículo 74.1) y del principio de favorabilidad (artículo 74.4). Siguiendo la nomenclatura de Sagüés, encontramos así el habeas data exhibitorio o informador, el cual busca garantizar el derecho de toda persona a "conocer de la existencia y acceder a los datos que de ella consten en registros o bancos de datos públicos o privados"; el habeas data finalista mediante el cual la persona procura "conocer el destino y el uso que se haga" de los datos que sobre ella consten en los referidos registros o bancos de datos; el habeas data cancelador o exclutorio mediante el cual se persigue la suspensión o supresión de datos considerados sensibles y que podrían causar discriminación (ideas políticas, comportamiento sexual, determinadas enfermedades, etc.); el habeas data rectificador o corrector mediante el que se busca la rectificación de los datos personales; el habeas data actualizador o aditivo que pretende la actualización de los datos o añadir información faltante al registro o base de datos; y, finalmente, el habeas data reservador que tutela el principio de confidencialidad al ordenar la reserva de ciertos registros que no deben trascender (SAGÜÉS: 625).

C. Legitimación. En lo que concierne a la legitimación activa, conforme el artículo 72 de la Constitución, "toda persona" está legitimada para accionar en habeas data. El habeas data no es, sin embargo, una acción popular, pues la Constitución es clara en cuanto a que sólo está habilitada para accionar la persona respecto a los datos "que de ella consten en registros o bancos de datos públicos o privados". Respecto a la legitimación pasiva, el habeas data procede contra autoridades o contra particulares pues la norma constitucional se refiere a "registros o bancos de datos públicos o privados".

D. Habeas data e información periodística. La Constitución dispone que con el ejercicio del habeas data "no podrá afectarse el secreto de la información periodística" (artículo 72), lo que significa que no puede constituirse en elemento de censura previa "ni de afectación de los datos obrantes en los registros o archivos de los medios de difusión en lo que hace a su desempeño específico como tales" (SAGÜÉS: 628).

E. Procedimiento. A pesar de que el habeas data es una acción autónoma, como ya hemos visto, la Ley Orgánica del Tribunal Constitucional y de los Procedimientos Constitucionales dispone que "la acción de habeas data se rige por el régimen procesal común del amparo" (artículo 64). De ahí que la acción de amparo se erige, en gran medida, en el Derecho Procesal Constitucional común de todas las garantías jurisdiccionales específicas de los derechos fundamentales, salvo el habeas corpus, como se evidencia en el hecho de que la propia Constitución establece que el amparo es una acción de protección de los derechos fundamentales "no protegidos por el habeas corpus" (artículo 72), lo que refuerza la idea, concretada por el legislador, de que el habeas data, no obstante estar configurada constitucionalmente con denominación propia y clara autonomía, se despliega a partir del régimen procedimental del amparo.

REFERENCIAS BIBLIOGRÁFICAS

GARCÍA BELAÚNDE, Domingo. *Derecho Procesal Constitucional.* Bogotá: Temis, 2001.

MONTERO, Gregorio. "Habeas corpus y habeas data". FERRER MAC-GREGOR, Eduardo y Eduardo Jorge Prats (coordinadores). *VII Encuentro de Derecho Procesal Constitucional.* Tomo II. Santo Domingo: Comisionado de Apoyo a la Reforma y Modernización de la Justicia, 2011.

SAGÜÉS, Nestor Pedro. *Compendio de Derecho Procesal Constitucional.* Buenos Aires: 2009.

CAPÍTULO VI
DE LA ACCIÓN DE AMPARO

SECCIÓN I
ADMISIBILIDAD Y LEGITIMACIÓN PARA LA INTERPOSICIÓN DE LA ACCIÓN DE AMPARO

Artículo 65. *Actos impugnables.* La acción de amparo será admisible contra todo acto omisión de una autoridad pública o de cualquier particular, que en forma actual o inminente y con arbitrariedad o ilegalidad manifiesta lesione, restrinja, altere o amenace los derechos fundamentales consagrados en la Constitución, con excepción de los derechos protegidos por el habeas corpus y el habeas data.

A. La garantía de los demás derechos fundamentales: el amparo. Conforme la Constitución, "toda persona tiene derecho a una acción de amparo para reclamar ante los tribunales, por sí o por quien actúe en su nombre, la protección inmediata de sus derechos fundamentales, no protegidos por el habeas corpus, cuando resulten vulnerados o amenazados por la acción o la omisión de toda autoridad pública o de particulares, para hacer efectivo el cumplimiento de una ley o acto administrativo, para garantizar los derechos e intereses colectivos y difusos" (artículo 72).

B. Origen del amparo. El amparo es una institución netamente latinoamericana (MORALES), nacida en México en donde se incorpora en la Constitución de 1857, bajo el influjo de los *writs* estadounidenses, pasando paulatina y progresivamente a casi todo el resto de América Latina, en donde es conocida bajo diversos nombres: mandato de seguridad (Brasil), recurso de protección (Chile), tutela (Colombia). Esta garantía es incorporada a la Declaración Americana sobre los Derechos y Deberes del Hombre de 1948 y de ahí es trasplantada a la Declaración Universal de los Derechos del Hombre del mismo año, y luego a las Convenciones Europea (artículo 13) y Americana (artículo 25), así como al Pacto de Derechos Civiles y Políticos de Naciones Unidas (artículo 2.3). En particular, el artículo 25.1 de la Convención Americana sobre Derechos Humanos, consagra esta acción en los siguientes términos: "Toda persona tiene derecho a un recurso sencillo y rápido o a cualquier otro recurso efectivo ante los jueces o tribunales competentes, que la ampare contra actos que violen sus derechos fundamentales reconocidos por la Constitución, la ley o la presente Convención, aun cuando tal violación sea cometida por personas que actúen en ejercicio de sus funciones oficiales".

El amparo existe en la República Dominicana desde el momento mismo en que se ratifica la Convención Americana y pasa a formar parte de nuestro Derecho interno con rango constitucional (artículos 3 y 10 de la Constitución de 1966). Así fue reconocido por la Suprema Corte de Justicia mediante decisión del 24 de febrero de 1999 en la que se declara "que el derecho de amparo previsto en el Artículo 25.1 de la Convención Americana de Derechos Humanos de San José, Costa Rica, del 22 de noviembre de 1969, es una institución de derecho positivo dominicano, por haber sido adoptada por el Congreso Nacional, mediante Resolución No. 739 del 25 de diciembre de 1977, de conformidad con el artículo 3 de la Constitución de la República" (S.C.J. 24 de febrero de 1999). Previo a la constitucionalización expresa del amparo en 2010, dicha acción fue regulada por la Ley No. 437-06 que establece el Recurso de Amparo.

C. Naturaleza del amparo: acción o recurso. A pesar de que el artículo 25.1 de la Convención Americana y la derogada Ley No. 437-06 se refieren al amparo en términos de un "recurso", lo cierto es que en el sentido técnico procesal no es un verdadero recurso, pues el amparo: "a) constituye una manifestación de la facultad jurídica consistente en acudir a un órgano jurisdiccional para solicitar la tutela, declaración o reconocimiento de un derecho constitucional mediante la eliminación de la lesión caracterizada por una acción u omisión; b) no actúa como medio tendente a reformar o anular una resolución dentro de un proceso, en esa instancia o en otra superior o distinta; c) el acto procesal que le da inicio lo constituye la demanda de amparo, es decir, comienza de un litigio, en tanto que el recurso no es sino un acto dentro o en el curso de un proceso, lo que no descarta que haya recursos dentro del proceso de amparo; y d) está dotado de plena autonomía y tiene vida propia, excluyente de otros institutos procesales conexos ni es accesorio a otra garantía" (LUCIANO PICHARDO: 35). En este sentido, y tal como lo reconoce expresamente la Constitución, el amparo es, en realidad, una "acción" (artículo 72).

D. Derechos protegidos por el amparo. La Constitución es clara en cuanto a que la finalidad del amparo es lograr que el amparista obtenga "la protección inmediata de sus derechos fundamentales" (artículo 72), es decir los consignados expresamente en la Constitución y en los instrumentos internacionales de derechos humanos. De acuerdo con la Convención Americana, el amparo protege los derechos reconocidos por la Constitución, la propia Convención y la ley. Aunque la Convención no distingue, para fines del amparo, entre derechos de rango legal y derechos de rango constitucional o convencional, entendemos que, para los casos de derechos reconocidos en leyes, y salvo los supuestos de amparo de cumplimiento, en donde el mecanismo se activa aún si no se han vulnerado o amenazados derechos fundamentales, se requiere una conexión entre estos derechos y derechos fundamentales consagrados en la Constitución o en instrumentos internacionales, es decir, que sean "de igual naturaleza" a los derechos fundamentales expresamente consagrados en la Constitución o en los instrumentos internacionales de derechos humanos (art. 72.1 y art. 72.3). Los derechos reconocidos en la Constitución y estos instrumentos internacionales se presumen fundamentales y por tanto están sujetos a protección bajo el amparo sin tener que demostrar su carácter fundamental, el cual se sobreentiende por su expreso reconocimiento a nivel constitucional y convencional. Sin embargo, en virtud de los principios constitucionales de efectividad (artículo 68), tutela judicial efectiva (artículo 69) y favorabilidad (artículo 74.4), reconocidos también por la LOTCPC (artículos 7.1, 7.4 y 7.5), si no existe una vía procesal ordinaria para la protección de un derecho de rango legal que no es materialmente fundamental o no tiene conexidad con un derecho fundamental, el amparo es, en consecuencia, la vía procesal más idónea para la tutela de dicho derecho.

E. El acto cuestionable en amparo. Conforme la Constitución, el amparo procede cuando los derechos fundamentales del amparista "resulten vulnerados o amenazados por la acción o la omisión de toda autoridad pública o de particulares" (artículo 72).

(i) Concepto de acto. Los actos contra los cuales puede ejercerse el amparo son aquellos causados por la actividad del hombre, que no signifiquen el desarrollo de conductas no prohibidas por la ley (pues "a nadie se le puede obligar a hacer lo que la ley no manda ni impedírsele lo que la ley no prohíbe", tal como dispone el artículo 40.15 de la Constitución), que violen derechos fundamentales y cuya ilicitud, ilegalidad o arbitrariedad se evidencie de manera manifiesta (artículo 65 de la LOTCPC). Si el acto es realizado en cumplimiento de una ley que es declarada inconstitucional por la vía concentrada, puede ejercerse el amparo, siempre y cuando se haya lesionado algún derecho fundamental. El acto "que justifica el ejercicio del derecho de amparo debe ser arbitraria, esto es, que carezca de fundamento alguno o que se produzca contra las normas establecidas en la ley, a consecuencia de una incorrecta apreciación de las pruebas o, de

la interpretación de las normas aplicables al caso, esto es, que se base fundamentalmente en el mero capricho del agraviante" (PELLERANO GÓMEZ: 139). La lesión a los derechos debe ser actual, en tanto se está produciendo o se produjo, o es inminente que se produzca. En otras palabras, el amparo procede cuando el acto que lesiona los derechos tiene vigencia al momento de tramitarse la acción, ya sea porque sus efectos persisten y se manifiestan durante el juicio de amparo, ya sea que exista una amenaza inminente de que se produzca, la cual se cierne en el amparista como una especie de intimidación. La determinación de si: (i) hay agresión a los derechos fundamentales; (ii) existe o hay amenaza de un acto u omisión proveniente de autoridad o particular; (iii) existe actualidad o inminencia de la vulneración o amenaza; y (iv) hay arbitrariedad o ilegalidad manifiesta de la vulneración o amenaza, "constituye el 'primer filtro' que debe sortear el amparista, por lo que en ausencia de cualquiera de estos, la acción de amparo resulta 'notoriamente improcedente' conforme el artículo 70.3 de la LOTCPC" (TENA DE SOSA: 45).

(ii) Actos de autoridades públicas. La Constitución no distingue entre autoridades públicas. Se refiere, por tanto, a los actos realizados por los integrantes de los tres poderes del Estado, así como por las autoridades municipales y los demás órganos del Estado establecidos en la Constitución, así como las instituciones públicas autónomas o descentralizadas. Hay que entender "autoridad pública" en el sentido amplio, es decir, incluyendo no solo a los funcionarios dotados de *imperium,* con potestad para mandar, emitir decisiones obligatorias y requerir o hacer uso de la fuerza, sino a todas las personas públicas, funcionarios, empleados, agentes y auxiliares del Estado. En cuanto a las empresas del Estado o aquellas en donde el Estado tiene participación mayoritaria o control de la gestión, hay que entenderlas como autoridades públicas, "precisamente por su carácter instrumental y vicarial respecto del Estado" (SAGÜÉS: 431).

(iii) Acciones de particulares. La Constitución reconoce expresamente que el amparo procede contra acciones de particulares. Se constitucionaliza así el criterio de la Suprema Corte de Justicia, la que había considerado que la vía del amparo "queda abierta contra todo acto u omisión de los particulares" (S.C.J. 24 de febrero de 1999). Y es que, como bien estableció la Corte Suprema de Justicia de Argentina en el célebre caso *Kot,* "nada hay ni en la letra, ni el espíritu de la Constitución, que permita afirmar que la protección de los llamados 'derechos humanos' [...] esté circunscripta a los ataques que provengan sólo de la autoridad". Pueden ser demandados en amparo, además, personas privadas físicas o jurídicas.

(iv) Omisiones. La Constitución es clara en cuanto a que el amparo procede contra "la omisión" de autoridad pública o de particulares. En este sentido, se constitucionaliza el criterio sostenido por la Suprema Corte de

Justicia en el sentido de que la acción de amparo "queda abierta contra todo acto u omisión de los particulares o de los órganos o agentes de la Administración Pública" (S.C.J. 24 de febrero de 1999). Se configura así el amparo como una acción de cumplimiento.

(v) Actos jurisdiccionales. El artículo 3.a de la derogada Ley 437-06 consideraba inadmisible el amparo contra actos jurisdiccionales, dándole carta legal de ciudadanía al criterio sostenido por la Suprema Corte de Justicia en el sentido de que "el recurso de amparo, como mecanismo protector de la libertad individual en sus diversos aspectos, no debe ser excluido como remedio procesal específico para solucionar situaciones creadas por personas investidas de funciones judiciales ya que, al expresar el artículo 25.1 de la Convención que el recurso de amparo está abierto a favor de toda persona contra los actos que violen sus derechos fundamentales, aun cuando tal violación sea cometida por personas que actúen en ejercicio de sus funciones oficiales', evidentemente incluye entre éstas a las funciones judiciales; que si bien esto es así, no es posible, en cambio, que los jueces puedan acoger el amparo para revocar por la vía sumaria de esta acción lo ya resuelto por otros magistrados en ejercicio de la competencia que le atribuye la ley, sin que se produzca la anarquía y una profunda perturbación en el proceso judicial, por lo que tal vía queda abierta contra todo acto u omisión de los particulares o de los órganos o agentes de la administración pública, incluido la omisión o el acto administrativo, no jurisdiccional, del poder judicial, si lleva cualquiera de ellos una lesión, restricción o alteración, a un derecho constitucionalmente protegido" (S.C.J. 24 de febrero de 1999).

Como se puede observar, el criterio del tribunal supremo, recogido por la Ley 437-06, permitía el amparo solo contra actos administrativos de los jueces. Sin embargo, la Constitución, al igual que la Convención Americana, no excluye el amparo contra actos jurisdiccionales. Por su parte, la LOTCPC no establece que el amparo será inadmisible cuando se impugnen mediante esta vía actos jurisdiccionales, limitándose tan solo a disponer que el amparo será inadmisible "cuando existan otras vías judiciales que permitan de manera efectiva obtener la protección del derecho fundamental invocado" (artículo 70.1). Lógicamente, provocaría un caos en la justicia que el amparo deviniese en un recurso ordinario mediante el cual se sustituye a los jueces propios de la causa en las decisiones que ellos deben pronunciar. De ahí que, para poder conceptuar debidamente el amparo contra actos jurisdiccionales, es preciso tener en cuenta la doble dimensión del amparo: por un lado, el amparo es un derecho fundamental, el derecho que tiene toda persona "a un recurso sencillo y rápido o a cualquier otro recurso efectivo ante los jueces o tribunales competentes, que la ampare contra actos que violen sus derechos fundamentales" (artículo 25.1 de la Convención Americana sobre Derechos Humanos); y, por otro lado, el amparo es una acción que permite a la persona "reclamar ante los tribunales, por sí o por quien actúe en su nombre, la protección inmediata de sus derechos fundamentales, no protegidos por el habeas corpus" (artículo 72). A la luz de este doble carácter del amparo, de derecho y de garantía, entendemos que la acción de amparo contra actos jurisdiccionales violatorios de los derechos fundamentales procede sólo cuando la persona no ha sido amparada debidamente por los tribunales, es decir, cuando ésta no ha contado con ese "recurso sencillo y rápido o a cualquier otro recurso efectivo" a que se refiere el artículo 25.1 de la Convención Americana, o, lo que es lo mismo, cuando no se han tenido a la disposición esas "vías judiciales que permitan de manera efectiva obtener la protección del derecho fundamental invocado", tal como dispone el artículo 70.1 de la LOTCPC.

¿Cuándo el amparista ha contado con un recurso sencillo y rápido o con cualquier otro recurso efectivo que haga inadmisible su petición de amparo? La lentitud de los procesos, las trabas burocráticas o rituales, la pura denegación de justicia basada en inadmisibilidades formalistas, constituyen una directa violación de los derechos fundamentales, en especial, del derecho a la tutela judicial efectiva. Cuando uno se excusa diciendo que están abiertos procesos judiciales ordinarios que permiten en teoría la tutela de los derechos para así legitimar la negativa a aceptar el amparo contra las violaciones a los derechos cometidas por los jueces en estos procesos, se olvida que, tal como ha señalado la Corte Interamericana de Derechos Humanos, "la inexistencia de un recurso efectivo contra las violaciones a los derechos reconocidos por la Convención constituye una transgresión de la misma por el Estado Parte en el cual semejante situación tenga lugar. En ese sentido debe subrayarse que, para que tal recurso exista, no basta con que esté previsto por la Constitución o la ley o con que sea formalmente admisible, sino que se requiere que sea realmente idóneo para establecer si se ha incurrido en una violación a los derechos humanos y proveer lo necesario para remediarla. No pueden considerarse efectivos aquellos recursos que, por las condiciones generales del país o incluso por las circunstancias particulares de un caso dado, resulten ilusorios. Ello puede ocurrir, por ejemplo, cuando su inutilidad haya quedado demostrada por la práctica, porque el Poder Judicial carezca de la independencia necesaria para decidir con imparcialidad o porque falten los medios para ejecutar sus decisiones; por cualquier otra situación que configure un cuadro de denegación de justicia, como sucede cuando se incurre en retardo injustificado en la decisión; o, por cualquier causa, no se permita al presunto lesionado el acceso al recurso judicial" (Corte I.D.H., *Garantías Judiciales en Estados de Emergencia, Artículos 27.2, 25 y 8 de la Convención Americana sobre Derechos Humanos*, Opinión Consultiva OC-9-87 del 6 de octubre de 1987, Serie A, No. 9).

De ahí que, contrario al amparo contra actos de la Administración o de los particulares, el amparo contra actos jurisdiccionales debe conceptuarse como una vía excepcional, admisible sólo cuando el amparista no pueda acudir a una vía judicial tan idónea y efectiva como el amparo para hacer cesar o suspender la violación, amenaza o turbación de su derecho fundamental, cuando el acto jurisdiccional atacado en amparo es manifiestamente arbitrario, o cuando en realidad esconde una vía de hecho o ha sido dictado fuera de toda competencia o cuando de no corregirse de inmediato un acto jurisdiccional se producirían efectos irremediables en perjuicio del amparista. En ese sentido, son ilustradoras las referencias jurisprudenciales venezolanas y colombianas.

En el caso de Venezuela, la Corte Primera de lo Contencioso Administrativo, en sentencia del 9 de septiembre de 1993, ha señalado que "en atención a esa vocación de la definitividad que tienen las decisiones emanadas de los tribunales y a las suficientes garantías que ofrecen a las partes en conflicto los procedimientos judiciales, el amparo contra las sentencias debe estar sometido a estrictos requisitos, tendentes a impedir que, so pretexto de solicitar amparo de derechos constitucionales pretendidamente violados, se esté intentando realmente reabrir indefinidamente los asuntos ya judicialmente decididos e impugnar sentencias por vías diferentes o adicionales a los recursos que el propio ordenamiento jurídico procesal ofrece para ello. Es razonable, por tanto, que se exija –como requisito de procedencia del amparo contra sentencias– el que la conducta del juez accionado constituya un abuso de poder o una grave usurpación o extralimitación de funciones, que lesione simultáneamente un derecho constitucional. En cambio, no podría proceder el amparo cuando el juez haya actuado dentro de los límites de su oficio, solo que el accionante no está de acuerdo con los criterios jurídicos utilizados por aquel al adoptar su decisión".

Por su parte, en Colombia, la propia Corte Constitucional ha señalado que "es abundante la jurisprudencia de la Corte Constitucional sobre la procedencia excepcional de la tutela contra providencias judiciales. En efecto, si bien es cierto que en la Sentencia C-543 del 1 de octubre de 1992, esta Corporación declaró inexequibles los artículos 11, 12 y 40 del Decreto 2191 de 1991, también lo es que en tal fallo se permitió reaccionar ante determinadas providencias, ya sea para evitar perjuicios irremediables y defender los derechos fundamentales de las personas, o ya sea porque determinadas actuaciones judiciales pueden configurar vías de hecho que vulneran derechos fundamentales. Así, en el citado fallo, la Corte precisó que no 'riñe con los preceptos constitucionales la utilización de esta figura ante actuaciones de hecho imputables al funcionario por medio de las cuales se desconozcan o amenacen los derechos fundamentales'. ¿Cuándo se configura entonces una actuación o vía de hecho imputable a un funcionario judicial? Esta Corporación ha delimitado el alcance de la vía de hecho judicial y ha señalado que ésta existe 'cuando la conducta del agente carece de fundamento objetivo, obedece a su sola voluntad o capricho y tiene como consecuencia la vulneración de los derechos constitucionales de la persona'. En efecto, en tales circunstancias, el funcionario judicial antepone de manera arbitraria su propia voluntad a aquella que deriva de manera razonable del ordenamiento jurídico, por lo cual sus actuaciones, manifiestamente contrarias a la Constitución y a la Ley, no son providencias judiciales sino en apariencia. En realidad son vías de hecho, frente a las cuales procede la tutela, siempre y cuando se cumplan los otros requisitos procesales señalados por la Constitución, a saber que se esté vulnerando o amenazando un derecho fundamental, y la persona no cuente con otro medio de defensa judicial adecuado. Así, al respecto ha dicho esta Corporación: 'No es la apariencia de una decisión, sino su contenido, lo que amerita la intangibilidad constitucionalmente conferida a la autonomía funcional del juez. Hay que distinguir entre providencias judiciales y las vías de hecho. Las primeras son invulnerables a la acción de tutela en cuanto corresponden al ejercicio autónomo de la decisión judicial y respecto de las cuales existen, dentro del respectivo proceso, los medios de defensa judiciales establecidos por el ordenamiento jurídico. Las segundas son *apariencias de* providencias judiciales que vulneran los derechos básicos de las personas. De suerte que la violación de la Constitución Política por parte de la autoridad judicial puede ser atacada mediante la acción de tutela, siempre y cuando se cumplan los presupuestos contemplados en el artículo 86 de la Carta y no exista otro medio de defensa judicial para la adecuada protección del derecho fundamental lesionado'" (Sentencia T-368/94).

Ahora bien, este amparo contra las decisiones jurisdiccionales debe ser sometido a una serie de condiciones, delineadas por la jurisprudencia constitucional colombiana:

La acción de amparo procede en tres casos: (a) cuando la decisión pueda causar un perjuicio irremediable, caso en el cual queda autorizado el amparo sólo como mecanismo transitorio cuyo efecto es puramente temporal y queda supeditado a lo que resuelva en el fondo el juez ordinario competente; (b) cuando el juez demora excesivamente en resolver con diligencia el caso de que está apoderado; y (c) cuando actuaciones de hecho imputables al funcionario judicial desconozcan o amenacen derechos fundamentales.

No puede el juez de amparo inmiscuirse en un proceso judicial en curso, adoptando decisiones paralelas a las que cumple, en ejercicio de su función, quien lo conduce. El juez de amparo no puede extender su poder de decisión hasta el extremo de resolver sobre la cuestión litigiosa que se debate en un proceso, o en relación con el derecho que allí se controvierte. En consecuencia, no está autorizado a proferir resoluciones o mandatos que interfieran u obstaculicen diligencias judiciales ya ordenadas por el juez de fondo, ni modificar providencias por él dictadas. Ello así porque, de lo contrario, no sólo vulneraría la independencia del juez de fondo y la desconcentración que caracteriza a la administración de justicia, sino porque, además, cambiaría las reglas legales del proceso, vulnerando así los principios del debido proceso.

Abrir la vía de la acción de amparo a las personas cuyos derechos han sido violados por el accionar de quienes administran justicia en nombre de la República es ser coherente con el fundamento del amparo como mecanismo de protección de los derechos fundamentales. Como bien expresa el juez A. A. Cancado Trinidade en voto disidente en la Corte Interamericana de Derechos Humanos, "el derecho a un recurso sencillo, rápido y efectivo ante los jueces o tribunales nacionales competentes, consagrado en el Artículo 25 de la Convención, es una garantía judicial fundamental mucho más importante de lo que uno pueda *prima facie* suponer, y que jamás puede ser minimizada. Constituye, en última instancia, uno de los pilares básicos no sólo de la Convención Americana sobre Derechos Humanos, como del propio Estado de Derecho en una sociedad democrática (en el sentido de la Convención). Su correcta aplicación tiene el sentido de perfeccionar la administración de justicia a nivel nacional, con los cambios legislativos necesarios a la consecución de este propósito" (Corte I.D.H, *Caso Genie Lacayo*, Resolución del 13 de septiembre de 1997). Si permitir la tutela en contra de los actos de los jueces violatorios de los derechos fundamentales puede conducir a lo que despectivamente se denomina como *"amparitis"*, ello es evidencia, no del abuso de esta acción por los particulares a quienes beneficia, sino del dato estadístico y sociológico de que es el Poder Judicial uno de los poderes públicos que con más frecuencia vulnera los derechos fundamentales de las personas. Y he ahí el terrible dilema que enfrentamos los latinoamericanos: la justicia que se supone que es quien protege a las personas contra la violación a sus derechos, se convierte en sí misma en perpetradora de los mayores abusos contra las personas que acuden ante ella solicitando justicia. Por eso, el amparo de los jueces contra los actos de los jueces es un mecanismo fundamental para enfrentar violaciones sistemáticas y continuas de los derechos fundamentales.

REFERENCIAS BIBLIOGRÁFICAS

Luciano Pichardo, Rafael. "El amparo y los derechos fundamentales. En *Estudios Jurídicos*, Vol. XI, No. 2. Mayo-agosto 2002.

Morales, Vielka. *El amparo.* Tesis de grado. Santiago: PUCMM, 1987.

Pellerano Gómez, Juan Ml. "El amparo constitucional". En *Estudios Jurídicos,* Vol. X, No. 3, septiembre-diciembre 2001.

Sagüés, Nestor Pedro. *Compendio de Derecho Procesal Constitucional.* Buenos Aires: Astrea, 2009.

Tena de Sosa, Félix y Yudelka Polanco Santos. "El amparo como proceso subsidiario: crítica al voto disidente de la TC/0007/12". En *Crónica Jurisprudencial Dominicana.* Año I, Núm. 1, enero-marzo 2012.

Artículo 66. *Gratuidad de la acción.* El procedimiento en materia de amparo es de carácter gratuito, por lo que se hará libre de costas, así como de toda carga, impuestos, contribución o tasa. No habrá lugar a la prestación de la fianza del extranjero transeúnte.

La LOTCPC reafirma, respecto al amparo, el carácter gratuito que caracteriza a todo proceso constitucional.

Artículo 67. *Calidades para la interposición del recurso.* Toda persona física o moral, sin distinción de ninguna especie, tiene derecho a reclamar la protección de sus derechos fundamentales mediante el ejercicio de la acción de amparo.

La capacidad para accionar en amparo, es decir, la legitimación procesal activa, la tiene, conforme la Constitución, "toda persona", ya sea "por sí o por quien actúe en su nombre", siempre que "sus derechos fundamentales" se vean "vulnerados o amenazados" (artículo 72). Como se puede observar, el amparo es una acción que "tiene en principio un carácter personal, en el sentido de que sólo puede ser intentada por el agraviado, es decir, por la persona que se vea lesionada o amenazada de lesión en su propio derecho constitucional. En consecuencia, nadie puede hacer valer en el proceso de amparo, en nombre propio, un derecho ajeno" (Brewer-Carías: 179). La condición de agraviado, como bien establece la Constitución, la puede tener "toda persona", sea física o moral, nacional o extranjero, mayor o menor de edad, ciudadano o no, o sea, cualquier sujeto de Derecho. En este sentido, la legitimación procesal es amplia. Sin embargo, siempre se exige, desde la óptica constitucional, que la persona se vea vulnerada o amenazada en "sus derechos fundamentales". Este criterio es reafirmado por la LOTCPC al establecer que la calidad para interponer amparo la tiene "toda persona física o moral, sin distinción de ninguna especie" pero siempre, aclara el precepto, para reclamar la protección de "sus derechos fundamentales", lo cual realza la necesidad de que exista en el accionante un interés calificado, personal, legítimo y directo, es decir, que haya una lesión directa, actual o inminente, sobre sus derechos que le legitime para acudir a los tribunales en búsqueda del restablecimiento de la situación jurídica subjetiva infringida, ya sea por sí o mediante un legítimo representante que actúe en su nombre.

REFERENCIAS BIBLIOGRÁFICAS

BREWER CARÍAS, Allán. *Justicia constitucional (procesos y procedimientos constitucionales)*. México: Porrúa, 2007.

Artículo 68. *Calidad del defensor del pueblo.* El Defensor del Pueblo tiene calidad para interponer la acción de amparo en interés de salvaguardar los derechos fundamentales de las personas y los intereses colectivos y difusos establecidos en la Constitución y las leyes, en caso de que estos sean violados, amenazados o puestos en peligro por funcionarios u órganos del Estado, por prestadores de servicios públicos o particulares.

Párrafo. Toda persona puede denunciar ante el Defensor del Pueblo los hechos que permitan articular una acción de amparo.

El Defensor del Pueblo está legitimado para interponer amparos, tomando en cuenta que su función esencial "es contribuir a salvaguardar los derechos fundamentales de las personas y los intereses colectivos y difusos establecidos en esta Constitución y las leyes, en caso de que sean violados por funcionarios u órganos del Estado, por prestadores de servicios públicos o particulares que afecten intereses colectivos y difusos" (artículo 191 de la Constitución).

Artículo 69. *Amparo para salvaguardar los derechos colectivos y difusos.* Las personas físicas o morales están facultadas para someter e impulsar la acción de amparo, cuando se afecten derechos o intereses colectivos y difusos.

La Constitución reconoce expresamente el amparo "para garantizar los derechos e intereses colectivos y difusos" (artículo 72). Resulta claro que, ante esos derechos e intereses, como bien ha expresado la Sala Constitucional de la Corte Suprema de Justicia de Costa Rica, "el presupuesto procesal de la legitimación, tiende a extenderse y ampliarse en una dimensión tal, que lleva necesariamente al abandono del concepto tradicional, debiendo entender que en términos generales, toda persona puede ser parte y que su derecho no emana de títulos de propiedad, derechos o acciones concretas que pudiera ejercer según las reglas del derecho convencional, sino que su actuación procesal responde a lo que los modernos tratadistas denominan el interés difuso, mediante el cual la legitimación original del interesado legítimo o aun del simple interesado, se difunde entre todos los miembros de una determinada categoría de personas que resultan así igualmente afectados por actos ilegales que los vulneran" (S.C.V. 095-95). Esto es evidente en materia de medio ambiente, tal como ha dictaminado la Corte Suprema argentina, al dictar su sentencia del 10 de mayo de 1983 en el caso *Kattan, Alberto c. Poder Ejecutivo Nacional* y otorgar amparo a un grupo de particulares contra el Ejecutivo que había autorizado a empresas japonesas a capturar en aguas de jurisdicción argentina y luego a exportar ejemplares de delfines: "Todo ser humano posee un derecho subjetivo a ejercer las acciones tendentes a la protección del equilibrio ecológico [...]. En efecto, la destrucción modificación o alteración de un ecosistema interesa a cada individuo, y defender su hábitat constituye una necesidad o conveniencia de quien sufre el menoscabo, con independencia de que otros miembros de la comunidad no lo comprendan así y soporten los perjuicios sin intentar la defensa".

El amparo colectivo puede ser interpuesto por las personas que la ley reconoce legitimidad procesal activa (por ejemplo, las asociaciones de ciudadanos según la Ley de Medio Ambiente), así como por los grupos de personas vinculados por intereses difusos o colectivos, aun sin estar adscritos a una organización formal, pues el interés colectivo no se agota en el interés corporativo. De ahí que una pluralidad de sujetos coincidentes en sus fines e intereses a proteger forma un colectivo que puede interponer un amparo colectivo en protección de sus derechos difusos o colectivos. Lo crucial, en todo caso, es que, tal como establece el Tribunal Constitucional español, estemos en presencia de intereses comunes, "es decir, aquellos en que la satisfacción del interés común es la forma de satisfacer el de todos y cada uno de los que componen la sociedad, por lo que puede afirmarse que cuando un miembro de la sociedad defiende un interés común sostiene simultáneamente un interés personal, o, si se quiere desde otra perspectiva, que la única forma de defender el interés personal es sostener el interés común. Esta solidaridad e interrelación social, especialmente intensa en la época actual, se refleja en la concepción del Estado como social y democrático de derecho, que consagra la Constitución, en el que la idea de interés directo, particular, como requisito de legitimación, queda englobado en el concepto más amplio de interés legítimo y personal, que puede o no ser directo" (STC 60/1982).

Hay que diferenciar la acción colectiva de amparo o amparo colectivo de la acción popular de amparo o amparo popular que, aunque estrechamente vinculadas, difieren en varios aspectos. En la acción popular, se suprime cualquier límite de legitimación para accionar y se posibilita así que toda persona pueda litigar para la tutela de intereses colectivos o difusos, aunque los accionantes no pertenezcan a una colectividad, determinada o indeterminada, de individuos directamente afectados. La acción popular es una acción judicial dirigida a la defensa de los intereses públicos por parte de cualquier persona y que constituye un verdadero mecanismo de participación ciudadana. En nuestro ordenamiento, tras la ampliación del concepto de parte interesada por la Suprema Corte de Justicia a los fines de incluir a quien "actúe como denunciante de la inconstitucionalidad de la ley, decreto, resolución o acto" (S.C.J. Sentencia 1 del 6 de agosto de 1998. B.J. 1053. Vol. I. 6), se reconoce la acción popular en inconstitucionalidad. Esta acción está caracterizada por ser una acción *qui vis ex populo*, es decir, que cualquier ciudadano, por el mero hecho de estar en la plenitud del goce de sus derechos, puede ejercitarla, sin que tenga que alegar en el proceso la vulneración de algún derecho, interés o bien jurídico protegido que se encuentre dentro de su esfera patrimonial.

A nuestro entender, el amparo puede interponerse como acción popular cuando se impugna ante el Tribunal Constitucional disposiciones legales o reglamentarias consideradas inconstitucionales, conjuntamente con los actos de aplicación de dichas disposiciones o cuando las mismas son obligatorias inmediatamente por su sola promulgación sin necesidad de otras normas o actos que lo desarrollen o los hagan aplicables al perjudicado. Se trata de un "amparo contra norma" que va dirigido a reestablecer en el goce o ejercicio de un derecho fundamental que se vea perturbado por la aplicación de una ley o de cualquier otro acto normativo emanado de los poderes públicos, aunque, cuando la norma es autoaplicativa o la amenaza sea inminente, no se debe esperar a que la aplicación de la norma se produzca en la situación concreta del accionante para que el amparo contra norma se considere operante. El amparo en este caso será un amparo popular en la medida en que se acumule a una acción popular de inconstitucionalidad. El Tribunal Constitucional, apoderado de una acción directa en inconstitucionalidad y de un amparo contra la norma cuya inconstitucionalidad se pretende, podrá suspender provisionalmente la aplicación de la norma respecto de la situación jurídica concreta cuya violación se alega, mientras dure el juicio de inconstitucionalidad.

SECCIÓN II
INADMISIBILIDAD

Artículo 70. *Causas de inadmisibilidad.* El juez apoderado de la acción de amparo, luego de instruido el proceso, podrá dictar sentencia declarando inadmisible la acción, sin pronunciarse sobre el fondo, en los siguientes casos:

En principio, "desde un punto de vista estrictamente teórico y de conformidad con algunos de los principios que informan la jurisdicción constitucional –como el derecho fundamental a la legalidad constitucional y el que prohíbe que los actos lesivos de los derechos fundamentales sean convalidables– los procedimientos de admisibilidad no deberían existir en los procesos constitucionales, por lo que las respectivas demandas deberían resolverse siempre en sentencia, aunque esta última se fundamente luego en la carencia de requisitos de procedibilidad de la pretensión del recurrente" (HERNÁNDEZ VALLE: 125). No obstante, se justifica la exigencia de requisitos de admisibilidad sobre la base de evitar que las jurisdicciones de amparo se sobrecarguen con asuntos de escasa o nula importancia en detrimento de la necesidad de conocer prontamente los amparos relevantes, o que éstas conozcan innecesariamente demandas que no han cumplido con un mínimo de exigencias formales y sustantivas.

A nuestro juicio, vulnera el derecho fundamental a ser amparado considerar inadmisibles los amparos bajo el alegato del incumplimiento de requisitos meramente formales y perfectamente convalidables. Por otro lado, en principio, con excepción de supuestos evidentes de vicios insubsanables, la regla es que las demandas en amparo son subsanables, para lo cual el juez apoderado debe otorgar un plazo razonable que permita cumplir con la respectiva prevención, vencido el cual, sin haberse subsanado el vicio, debe desestimarse la demanda, para así garantizar la seguridad jurídica y los derechos de terceros. Asimismo, los vicios materiales de inadmisibilidad deben estar legalmente tasados, aunque se expresen mediante conceptos jurídicos indeterminados, tales como "notoriamente improcedente", "manifiestamente infundado", y el juez goce de una amplia discrecionalidad para interpretar los alcances de tales motivos, tomando en cuenta las particularidades del caso. Para limitar esta discrecionalidad, es clave que el juez de amparo utilice criterios objetivos, debidamente motivados en la resolución de inadmisibilidad, tales como la existencia de precedentes que resuelven de forma negativa casos similares al planteado, pero debe cuidarse de impedir el acceso a la jurisdicción de amparo a casos a partir del supuesto escaso interés subjetivo o de la falta de relevancia constitucional del punto jurídico en discusión.

Los tribunales de algunos países latinoamericanos, en especial los argentinos bajo la sombrilla de la Ley 16.986 que limitó la procedencia de un amparo que había nacido promisoriamente en los casos *Sirí* y *Kot*, han ido imponiendo una jurisprudencia limitativa de la admisibilidad o procedencia del amparo, exigiendo, entre otros recaudos, la no existencia de una vía administrativa para defender el derecho, la gravedad o irreparabilidad del daño, la imposibilidad de pedir la inconstitucionalidad de una ley, decreto u ordenanza, y que la declaratoria de invalidez de los actos contra los cuales se solicita amparo no requiera mayor amplitud de debate o prueba. Estos requisitos para la admisibilidad o procedencia del amparo son inconstitucionales pues los instrumentos internacionales que consagran el amparo, y en particular la Convención Americana, no establecen limitantes al recurso de amparo y se limitan a señalar que debe ser "un recurso sencillo y rápido" (Convención Americana sobre Derechos Humanos), "un procedimiento sencillo y breve" (Declaración Americana de los Derechos y Deberes del Hombre), "un recurso efectivo" (Declaración Universal de Derechos Humanos y Pacto Internacional de Derechos Civiles y Políticos). Si tanto la Constitución como los instrumentos internacionales protegen el derecho de defensa en juicio, "lo menos que puede considerarse es que resultan también inviolables todos los mecanismos de defensa tutelados por los pactos internacionales" (GORDILLO: XII-6), por lo que ni el constituyente, ni el legislador ni el juez pueden introducir trabas procesales al amparo que terminen desnaturalizándolo y haciéndolo una vía inútil para la tutela de los derechos fundamentales. La Constitución es más que clara en este sentido: el procedimiento de amparo "es preferente, sumario, oral, público, gratuito y no sujeto a formalidades" (artículo 72).

Lo anterior no significa que el legislador no pueda válidamente establecer limitaciones a la admisibilidad del amparo siempre y cuando no se desnaturalice el contenido esencial de esta garantía fundamental ni se restrinja irrazonablemente este derecho. En este sentido, el procedimiento de admisibilidad del amparo tiene que ajustarse al artículo 72 de la Constitución y a la ley, en la medida en que esta última no atente, en violación al artículo 74.2 de la Constitución, contra estos dos límites a los límites del amparo en tanto garantía de los derechos fundamentales.

Finalmente, debemos señalar que la LOTCPC no permite declarar inadmisible de modo liminar el amparo, pues establece que "el juez apoderado de la acción de amparo, luego de instruido el proceso, podrá dictar sentencia declarando inadmisible la acción, sin pronunciarse sobre el fondo", en cualesquiera de los casos establecidos por la ley (artículo 70). Y es que para el legislador resulta claro que en muchos casos, si no la mayoría, no es tan fácil discernir si el amparo es inadmisible *ad portas*. De ahí que el juez está impedido de pronunciar una desestimación liminar de un amparo cuando no puede tener todavía un cabal panorama –con todos los elementos de juicio a la vista– que le permita definir con certeza jurídica el valor del reclamo de tutela. En virtud del principio *in dubio pro amparo*, el juez, para no pecar de arbitrario e impedir injustamente el acceso a la justicia de amparo al afectado, en aquellos casos dudosos, debe obligatoriamente inclinarse por posibilitar antes que limitar el escrutinio judicial del acto u omisión cuestionados, tratándose de que se arribe a una sentencia definitiva. Poco arriesga el juez y el accionado con esta política flexible de admisibilidad, establecida por la LOTCPC, pues, como bien señala la doctrina, "de todos modos, si un juez no desestima in limine un amparo notoriamente inadmisible, nada impide que el accionado plantee tal situación y reclame que la acción sea desestimada, al dictarse la sentencia definitiva, o que el juez lo rechace en oportunidad de emitir este último pronunciamiento" (SAGÜÉS: 493).

La LOTCPC establece una serie de causas de inadmisibilidad del amparo, las cuales, a la luz de lo antes expresado, abordaremos a continuación...

REFERENCIAS BIBLIOGRÁFICAS

GORDILLO, Agustín, y otros. *Derechos humanos.* Buenos Aires: Fundación de Derecho Administrativo, 1999.

HERNÁNDEZ VALLE, Rubén. *Derecho Procesal Constitucional.* San José: Editorial Juricentro, 2009.

SAGÜÉS, Nestor Pedro. *Compendio de Derecho Procesal Constitucional.* Buenos Aires: Astrea, 2009.

1) Cuando existan otras vías judiciales que permitan de manera efectiva obtener la protección del derecho fundamental invocado;

La LOTCPC dispone que, "cuando existan otras vías judiciales que permitan de manera efectiva la protección del derecho fundamental invocado" (artículo 70.1), el amparo es inadmisible. Como se puede observar, el legislador no quiere que esta causa de inadmisibilidad sea esgrimida con el objetivo de negar la vía del amparo sobre la base de que simplemente existen otras vías judiciales para la tutela del derecho. La LOTCPC es clara en cuanto a que deben ser vías judiciales efectivas, por lo que la mera existencia de otras vías judiciales que permitan la tutela del derecho no es suficiente para declarar inadmisible el amparo: la tutela alternativa al amparo debe ser efectiva.

Ahora bien, ¿cómo se evalúa la efectividad de estas vías judiciales? Para responder esta pregunta, hay que remitirse necesariamente a la regulación constitucional del amparo. De entrada, hay que señalar que la Constitución no supedita el amparo a que no exista otras vías judiciales, sino que lo erige como una acción incondicionada que debe permitir, en todo momento y a toda persona, "la protección inmediata de sus derechos" (artículo 72), existan o no vías judiciales alternativas. De manera que, en modo alguno, puede afirmarse que, en el ordenamiento dominicano, el amparo constituye una acción de naturaleza "subsidiaria, residual, excepcional o heroica", como tiende a pronunciarse cierta doctrina, queriéndose afirmar con ello que solo procede cuando no existen remedios judiciales que garanticen la tutela del derecho en juego.

Es por este carácter principal de la acción de amparo, que le viene dado por la misma Constitución, y que hace que este proceso constitucional sea usualmente no subsidiario ni excepcional ni residual, sino directamente operativo, que, cuando el artículo 70.1 de la LOTCPC establece que el amparo es inadmisible cuando existan otras vías judiciales efectivas, dicho requisito legal solo puede y solo debe interpretarse conforme a la Constitución, en el sentido de que, ante la lesión de un derecho fundamental, habrá que ver cuáles son los remedios judiciales existentes, no tanto para excluir el amparo cuando existan vías judiciales alternativas o si ellas no son efectivas, sino cuando éstas provean un remedio judicial mejor que el amparo. "Solamente si hay uno mejor que el amparo, es decir, más expeditivo o rápido, o más eficaz, el amparo no será viable. Si hay un proceso igual de útil que el amparo, el litigante es libre para emplear éste o el otro camino procesal. En la última hipótesis, el amparo se perfila como vía alternativa u opcional para el agraviado" (SAGÜÉS: 458).

Por tanto, para que el amparo sea inadmisible la vía judicial debe permitir una mayor y mejor "protección inmediata" de los derechos fundamentales, conforme a un procedimiento más "preferente, sumario, oral, público, gratuito y no sujeto a formalidades" (artículo 72), que el amparo, es decir, más idóneo que el amparo para proveer una tutela efectiva del derecho. Y es que, si es deber de todos los poderes públicos garantizar la efectividad de los derechos fundamentales y si las garantías de los derechos fundamentales, como es el caso del amparo, son los mecanismos a través de los cuales "la Constitución garantiza la efectividad de los derechos fundamentales" (artículo 68), mal pudiera la Constitución validar que se niegue amparo a una persona solo por el hecho de que existen vías judiciales que permiten tutelar el derecho, aunque esas vías sean inefectivas, menos efectivas que el amparo o tan efectivas como éste. El legislador ha estado consciente de ello cuando ha establecido como principio rector del sistema de justicia constitucional el de la efectividad, principio en virtud del cual "todo juez o tribunal debe garantizar la efectiva aplicación de las normas constitucionales y de los derechos fundamentales frente a los sujetos obligados o deudores de los mismos, respetando las garantías mínimas del debido proceso y está obligado a utilizar los medios más idóneos y adecuados a las necesidades concretas de protección frente a cada cuestión planteada, pudiendo conceder una tutela judicial diferenciada cuando lo amerite el caso en razón de sus peculiaridades" (artículo 7.4 de la LOTCPC). Esta disposición legal, sumada a la norma constitucional en virtud de la cual "los poderes públicos interpretan y aplican las normas relativas a los derechos fundamentales y sus garantías en el sentido más favorable a la persona titular de los mismos" (artículo 74.4), obligan al juez a interpretar a favor del amparista las reglas de admisibilidad y admitir siempre el amparo cuando este es más efectivo que las vías judiciales alternativas o cuando éstas resultan ser tan efectivas como el amparo pero el agraviado ha preferido optado por aquel.

Queda claro entonces que la existencia de vías judiciales efectivas como causa de inadmisibilidad del amparo no puede ser conceptuada en el sentido de que el amparo solo queda habilitado si no hay vías judiciales que permitan obtener la protección del derecho fundamental o si éstas no son efectivas. Esas vías judiciales, para que el amparo devenga inadmisible, deben proveer no cualquier protección, ni siquiera una protección efectiva, sino una protección más efectiva que el amparo, es decir, "los medios más idóneos y adecuados a las necesidades concretas de protección frente a cada cuestión planteada", tal como quiere y manda el artículo 7.4 de la LOTCPC. De modo que si las vías judiciales no son efectivas, o sea, si no son las más idóneas y adecuadas, sea, por ejemplo, por su lentitud, por no prever medidas cautelares indispensables para el caso, o por causar agravio irremediable, queda habilitada la acción de amparo. Así, si las medidas cautelares establecidas en la legislación ordinaria solucionan de modo más efectivo el problema del agraviado, el amparo en principio es inadmisible, aunque, a pesar de que las medidas cautelares constituyen un procedimiento urgente, al igual que el amparo, "desde luego, si la medida cautelar en vigor es insuficiente para tutelar el derecho de los afectados, el amparo sí resultará viable" (SAGÜÉS: 465).

El Tribunal Constitucional ha estado más que claro respecto a la efectividad exigible a la vía judicial alterna al amparo. Así, ha señalado que "en la especie no existía otra vía tan efectiva como la acción de amparo, porque el interés de los accionantes consistía en lograr una decisión que constriñera a la Superintendencia de Electricidad a decidir varios recursos jerárquicos interpuestos contra decisiones dictadas por el titular de la Oficina de Protección al Consumidor (PROTECOM). Por tanto, en el caso de la especie, el juez apoderado de la acción de amparo interpretó de manera errónea el aludido artículo 70.1. Además, el ejercicio de la mencionada facultad de inadmisión se encuentra condicionada a la identificación de la vía judicial que el tribunal considere idónea, así como de las razones por las cuales la misma reúne los elementos de eficacia requeridos por el legislador. En el caso de la especie, el juez de amparo no indicó cuál era la vía más efectiva prevista, por lo que la sentencia recurrida adolece de motivación en el aspecto examinado" (Sentencia TC 21/12). Es evidente, pues, que para el Tribunal Constitucional la vía judicial alterna tiene que ser tan o más efectiva que el amparo y que el juez de amparo debe indicar, en caso de que declare inadmisible la acción, cuál es dicha vía efectiva. Igual criterio sostiene el Tribunal Superior Electoral para quien "con el contenido y la redacción del artículo 70, numeral 1, de la Ley Num. 137-11, el legislador procura evitar que esta causa de inadmisibilidad sea esgrimida con el objetivo de negar la vía del amparo, sobre la base de que simplemente existen otras vías judiciales para la tutela del derecho fundamental alegado como vulnerado, sino que es indispensable, a estos fines, que las vías judiciales sean igual o más efectivas que el amparo; por tanto, en virtud de las disposiciones del artículo 70, numeral I, de la Ley Num. 137-11, para que el amparo sea inadmisible, la vía judicial alterna debe permitir una mayor y mejor tutela inmediata del derecho fundamental conculcado o amenazado" (Sentencia TSE -024-2012).

REFERENCIAS BIBLIOGRÁFICAS

Sagüés, Nestor Pedro. *Compendio de Derecho Procesal Constitucional.* Buenos Aires: Astrea, 2009.

2) Cuando la reclamación no hubiese sido presentada dentro de los sesenta días que sigan a la fecha en que el agraviado ha tenido conocimiento del acto u omisión que le ha conculcado un derecho fundamental;

La LOTCPC dispone que el amparo es inadmisible "cuando la reclamación no hubiese sido presentada dentro de los sesenta días que sigan a la fecha en que el agraviado ha tenido conocimiento del acto u omisión que le ha conculcado un derecho fundamental" (artículo 70.2).

La doctrina ha discutido acerca de si este plazo constituye una caducidad o una prescripción. La discusión no es baladí porque de su respuesta dependerá si el juez puede examinar in limini litis el plazo de la acción. Si se trata de una caducidad, no hay dudas de que el juez puede examinar a priori si hay lugar o no a la misma, pero, si estamos frente a una prescripción, la misma tendrá que ser alegada por el agraviante como mecanismo de defensa y el juez no podrá pronuciarse previamente de oficio sobre ella. Consideramos que se trata de una prescripción, "de exclusivo interés privado, sometido además a la eventualidad de la interrupción, de la cual no tiene el juez control previo por tratarse de un asunto de hecho, pues nótese que empieza a correr a partir del momento en que el agraviado se ha enterado, no de la fecha de actuación u omisión legítima" (Ureña: 285).

Este plazo de prescripción, defendido por la doctrina sobre la base de garantizar la seguridad jurídica de los actos estatales y el consentimiento tácito de la parte perjudicada, presumido por su no impugnación del acto lesivo en el término de la ley, es a nuestro modo de ver inconstitucional pues, como bien ha señalado la doctrina, "particularmente cuando la violación o amenaza de violación de un derecho fundamental es provocada por un acto estatal, (…) de ninguna manera puede admitirse que por el solo transcurso del tiempo puedan convalidarse leyes u otros actos estatales inconstitucionales" (BREWER CARÍAS: 189). Y es que "someter a un plazo corto un asunto fundamentado en violaciones de carácter constitucional es contraponer la fuerza del tiempo con sus fines, pues hay que recordar que no persigue el reconocimiento a derechos subjetivos, sino que se crea para proteger [contra] la arbitrariedad y el abuso de poder en garantía a los derechos humanos en su esencia imprescriptibles" (UREÑA: 285).

En todo caso, este plazo, brevísimo si se compara con los 6 meses del amparo venezolano (artículo 6.4 de la Ley Orgánica de Amparo), debe ser interpretado laxamente y a favor del amparista en virtud del principio *in dubio pro amparo*, concreción procesal del principio de favorabilidad receptuado por la Constitución (artículo 74.4) y por la LOTCPC (artículo 74.5). En este sentido, debe permitirse el amparo siempre en los casos de violación o lesión continuadas, como afirma una parte significativa de la jurisprudencia y doctrina argentinas (CNCCivComFed, Sala I, 12/10/95, *"Guezamburu"*, LL, 1996-C-509) y como sostiene mayoritariamente la jurisprudencia venezolana (Corte Primera de lo Contencioso Administrativo de 22-10-90, *Caso María Cambra de Pulgar*, y No. 1310 de 9-10-2000, *Caso Productos Roche S.A. vs. Ministerio de Industria y Comercio*) y la jurisprudencia costarricense (Sala Constitucional, No. 2774-94 de las 9:15 horas del 10 de junio de 1994, reiterando múltiples precedentes). Por otro lado, la prescripción, partiendo de que el plazo del artículo 70.2 de la LOTCPC se ha establecido asumiendo el consentimiento tácito a la vulneración de los derechos transcurrido dicho plazo, debería tan solo pronunciarse en los amparos contra actos de particulares y solo si se trata de derechos que, por su carácter patrimonial, su violación puede ser consentida por el afectado. Aún en casos de amparos contra actos estatales, la prescripción sería improcedente siempre, por lo menos respecto a los amparos contra actos que vulneren flagrantemente derechos fundamentales que no pueden ser denunciados por el afectado o derechos tan básicos y ligados a la persona y a su dignidad que su violación no solo afecta al individuo sino a toda la colectividad, convirtiéndose ésta en una verdadera afrenta contra el orden público iusfundamental.

Al respecto, la Suprema Corte de Justicia ha considerado "que al establecer en su sentencia que 'la lesión producida a la empresa recurrente por la no entrega de los vehículos es una falta sucesiva que se va renovando con cada día que perdure la violación, por lo que el plazo no se ha agotado', el Tribunal a-quo hizo un uso correcto del soberano poder de apreciación de que está investido en esta materia, ya que si bien es cierto, el artículo 3 de la ley que regula el amparo impone un plazo de 30 días para sancionar la inacción o la dejadez del afectado, interpretando que si la acción no ha sido interpuesta es porque éste ha renunciado a la misma y ha convalidad el hecho o el acto que afectó su derecho constitucional, pero no menos cierto es, que en la práctica, no siempre ocurre asi, por lo que la propia ley, a fin de salvaguardar y tutelar los fines que persigue el amparo, que se crea para proteger de la arbitrariedad y del abuso de poder, en garantía a los derechos humanos, ha establecido que el plazo que debe observarse comenzara a correr, no a partir de la fecha de la comisión u omisión ilegitima, sino a partir del momento en que el agraviado tuvo conocimiento o debió tenerlo de la lesión de sus derechos fundamentales, lo que constituye una cuestión de hecho que debe ser apreciada soberanamente, en cada caso, por el juez de fondo; que en la especie tras valorar los elementos y documentos de la causa, el Tribunal a-quo estableció 'que la empresa recurrente realizo innumerables gestiones de todo tipo, entre ellas varias intimaciones mediante actos de alguacil, con la finalidad de que la Dirección General de Aduanas le entregara los vehículos importados, sin obtener ningún resultado positivo y sin que la Dirección General de Aduana le señalara las razones de la incautación; por lo que dicho tribunal considero, que en la especie, se trataba de una violación sucesiva o continua fundada en las constantes negativas de entrega por parte de las autoridades aduaneras de los vehículos importados por la recurrida sobre los que ya había pagado los impuestos correspondientes; que al existir continuidad en la lesión, el plazo para interponer dicho recurso, no debía contarse desde la primera transgresión, como pretenden los recurrentes, sino que tal como lo hizo dicho tribunal, tenía que valorarse las diligencias que la recurrida había realizado a fin de determinar si esta había actuado con mayor o menor celeridad frente al continuo estado de violación, lo que fue valorado por el Tribunal a-quo según consta en los motivos de su decisión y tras apreciarlo pudo establecer que al momento de la interposición del recurso el plazo no se había agotado, debido a la continuidad y permanencia de la lesión y a las constantes diligencias que la recurrida había realizado a fin de determinar si esta había actuado con mayor o menor celeridad frente al continuo estado de violación, lo que fue valorado por el Tribunal a-quo según consta en los motivos de su decisión y tras apreciarlo pudo establecer que al momento de la interposición del recurso el plazo no se había agotado, debido a la continuidad y permanencia de la lesión y a las constantes diligencias encaminadas por la recurrida para ponerle fin a esta actuación arbitraria e ilegal de las autoridades" (S.C.J. No. 28. 25 de marzo de 2009).

Por su parte, en voto disidente, los Magistrados del Tribunal Constitucional Hermógenes Acosta, Jottin Cury y Katia Miguelina Jiménez, concuerdan en que "cuando la violación al derecho alegado es continua", como ocurre cuando se le impide el acceso a un inmueble a su propietario, el amparista está habilitado "para accionar en amparo" (Sentencia TC 7/12).

REFERENCIAS BIBLIOGRÁFICAS

BREWER-CARÍAS, Allan. *La justicia constitucional (Procesos y procedimientos constitucionales)*. México: Porrúa, 2007.

UREÑA, Miguelina y Pilar Jiménez. "El procedimiento de amparo en los tribunales de la República Dominicana". En *Escuela Nacional de la Judicatura. El recurso de amparo*. Santo Domingo: Escuela Nacional de la Judicatura, 2006.

3) Cuando la petición de amparo resulte notoriamente improcedente.

El artículo 70.3 de la LOTCPC establece que la acción de amparo es inadmisible "cuando la petición de amparo resulte notoriamente improcedente". ¿Cuándo una petición de amparo resulta "notoriamente improcedente"? La respuesta a esta interrogante es crucial pues la ley parecería concederle al juez una cierta discrecionalidad –que no arbitrariedad– para determinar cuando está ante un amparo notoriamente improcedente.

Aquí la clave radica en evaluar la notoria improcedencia de un amparo a partir del artículo 72 de la Constitución, el cual establece que se trata de una acción para la protección de derechos fundamentales, derechos que no se encuentren protegidos por el habeas corpus, que hayan sido vulnerados o amenazados y que dicha vulneración o amenaza sea consecuencia de la acción o la omisión de una autoridad pública o de un particular. De modo que si se interpone un amparo para exigir la tutela del derecho a vivir en la Catedral Primada de América es obvio que el amparo es manifiestamente improcedente, pues tal absurda e insólita pretensión ni es derecho ni es fundamental. Lo mismo ocurre si se busca la protección de la libertad física por la vía del amparo, a pesar de que es clara la Constitución en cuanto a que ésta es tutelada por el habeas corpus: dicho amparo será notoriamente improcedente. También es obvio que un amparo para suspender un acto administrativo que, al momento de interponerse el amparo, ha sido revocado, y ello consta en la misma petición de amparo, es a todas luces improcedente. Lo mismo ocurre cuando es notorio e incontestable que la violación del derecho es una situación irreparable por la vía del amparo, como ocurriría, por ejemplo, si en amparo se busca que la dirección de un hospital del Estado autorice un trasplante o un procedimiento médico para salvar la vida de un paciente que, tras la interposición del amparo, murió, o cuando se pretende que las autoridades migratorias levanten un impedimento de salida contra un deportista que quiere asistir a una competencia internacional ya finalizada.

De todos modos, debemos resaltar que la inadmisibilidad del amparo por su notoria improcedencia debe aplicarse con suma cautela y prudencia, de modo que solo se declaren inadmisibles los amparos manifiestamente improcedentes, como son aquellos que no reúnen las condiciones exigidas por el artículo 65 de la LOTCPC (Tena de Sosa: 45).

REFERENCIAS BIBLIOGRÁFICAS

Tena de Sosa, Félix y Yudelka Polanco Santos. "El amparo como proceso subsidiario: crítica al voto disidente de la TC/0007/12". En *Crónica Jurisprudencial Dominicana*. Año I, Núm. 1, enero-marzo 2012.

Artículo 71. *Ausencia de efectos suspensivos.* El conocimiento de la acción de amparo que retina las condiciones de admisibilidad, no podrá suspenderse o sobreseerse para aguardar la definición de la suerte de otro proceso judicial.

Párrafo. La decisión que concede el amparo es ejecutoria de pleno derecho.

El carácter rápido y sumario que caracteriza el procedimiento de la acción de amparo no es compatible con la suspensión o sobreseimiento del mismo a los fines de aguardar la definición de otro proceso judicial. Como bien ha señalado la doctrina dominicana, el juez de amparo "es el juez natural ante el hecho o el acto inconstitucional y por tanto no puede, bajo pretexto de relación del asunto con otro llevado por vía ordinaria, despojarse del mismo, dejando el amparo a la suerte de una instrucción formal general, lo cual agravaría la violación constitucional aducida y desnaturalizaría su existencia y su necesidad, provocando con ello el desamparo del amparo y, peor aún, desconociendo el carácter autónomo e independientes del mismo". (Ureña: 308). Por las mismas razones, la decisión que concede al amparo es ejecutoria de pleno derecho.

REFERENCIAS BIBLIOGRÁFICAS

Ureña, Miguelina y Pilar Jiménez. "El procedimiento de amparo en los tribunales de la República Dominicana". En Escuela Nacional de la Judicatura. *El recurso de amparo*. Santo Domingo: Escuela Nacional de la Judicatura, 2006.

SECCIÓN III
JURISDICCIÓN COMPETENTE

Artículo 72. *Competencia.* Será competente para conocer de la acción de amparo, el juez de primera instancia del lugar donde se haya manifestado el acto u omisión cuestionado.

La LOTCPC dispone que la competencia para conocer de la acción de amparo corresponde a los jueces de primera instancia como jueces de derecho común con plenitud de jurisdicción en todo el distrito judicial dentro del cual ejercen sus funciones y "donde se haya manifestado el acto u omisión cuestionado".

Párrafo I. En aquellos lugares en que el tribunal de primera instancia se encuentra dividido en cámaras o salas, se apoderará de la acción de amparo al juez cuya competencia de atribución guarde mayor afinidad y relación con el derecho fundamental alegadamente vulnerado.

En aquellos lugares donde el tribunal de primera instancia está dividido en cámaras o salas, la determinación de cuál es el tribunal de primera instancia competente para conocer de un amparo deberá efectuarse a partir de un análisis de la afinidad entre la competencia natural del tribunal y el derecho que se pretende conculcado o amenazado. Este criterio encuentra una dificultad concreta y es que algunos derechos guardan afinidad con la competencia natural de más de un tribunal. Este inconveniente puede ser resuelto analizando la relación concreta existente, ya que precisamente la naturaleza de la relación jurídica dentro del cual se encuentra enmarcado el derecho objeto de la controversia judicial es el criterio que permite establecer la competencia del juez de amparo, teniendo en cuenta la distribución de competencia material que informa la organización judicial.

Párrafo II. En caso de que el juez apoderado se declare incompetente para conocer de la acción de amparo, se considerara interrumpido el plazo de la prescripción establecido para el ejercicio de la acción, siempre que la misma haya sido interpuesta en tiempo hábil.

A fin de evitar perjuicios al amparista, la LOTCPC establece que el plazo de la prescripción del amparo se considera interrumpido.

Párrafo III. Ningún juez podrá declarar de oficio su incompetencia territorial. Cuando el juez originalmente apoderado de la acción de amparo se declare incompetente, este expresará en su decisión la jurisdicción que estima competente, bajo pena de incurrir en denegación de justicia. Esta designación se impondrá a las partes, y al juez de envío, quien no puede rehusarse a estatuir, bajo pena de incurrir en denegación de justicia.

La incompetencia territorial tiene que ser alegada por las partes. El juez debe indicar el tribunal competente y el juez de envío no puede rehusarse a estatuir sobre el amparo. Con estas disposiciones, es obvio que la LOTCPC preserva el espíritu y la letra de la antigua legislación de amparo en el sentido de "evitar que el juego de la competencia jurisdiccional o la implicación de los distintos órdenes jurisdiccionales resten la efectividad del procedimiento de protección en amparo, al tiempo de garantizar el amparo a través de todas las jurisdicciones como vía de control y protección contra la inconstitucionalidad" (UREÑA: 281).

REFERENCIAS BIBLIOGRÁFICAS

UREÑA, Miguelina y Pilar Jiménez. "El procedimiento de amparo en los tribunales de la República Dominicana". En *Escuela Nacional de la Judicatura. El recurso de amparo.* Santo Domingo: Escuela Nacional de la Judicatura, 2006.

Párrafo IV. La decisión por la cual el juez originalmente apoderado determina su competencia o incompetencia deberá ser rendida inmediatamente en el curso de la audiencia o en un plazo no mayor de tres días. Dicha decisión podrá ser recurrida junto con la decisión rendida sobre el fondo de la acción de amparo.

Este precepto es cónsono con el carácter sumario y rápido del procedimiento de amparo, pues el legislador, al tiempo que constriñe al juez a fallar sobre la incompetencia en audiencia o en un plazo no mayor de 3 días, establece que esta decisión del juez de amparo solo podrá ser recurrida con la decisión sobre el fondo.

Artículo 73. *Recusación o inhibición.* En caso de recusación o inhibición del juez apoderado; el presidente de la cámara o sala de su jurisdicción, o el presidente de la corte de apelación correspondiente, o el presidente de la jurisdicción especializada o ese tribunal en pleno, deberá pronunciarse sobre el juez que habrá de conocer la acción de amparo, en un plazo no mayor de tres días.

Esta disposición se fundamenta en que "ningún retardo podrá permitirse en materia de amparo a causa de incidentes de la instancia ni por las excepciones del procedimiento que intenten impedir el conocimiento del objeto del amparo. Las prohibiciones y regulaciones en la materia encuentran su justificación en la prioridad de acceso al juez sin formalidades innecesarias como única vía del agraviado para reclamar y obtener la reparación del derecho fundamental transgredido por una autoridad judicial o administrativa o bien por un particular, a fin de evitar prolongar su indefensión frente al abuso y la ilegitimidad" (UREÑA: 309).

REFERENCIAS BIBLIOGRÁFICAS

UREÑA, Miguelina y Pilar Jiménez. "El procedimiento de amparo en los tribunales de la República Dominicana". En *Escuela Nacional de la Judicatura. El recurso de amparo*. Santo Domingo: Escuela Nacional de la Judicatura, 2006.

Artículo 74. *Amparo en jurisdicciones especializadas.* Los tribunales o jurisdicciones especializadas existentes o los que pudieran ser posteriormente establecidos, deberán conocer también acciones de amparo, cuando el derecho fundamental vulnerado guarde afinidad o relación directa con el ámbito jurisdiccional especifico que corresponda a ese tribunal especializado, debiendo seguirse, en todo caso, el procedimiento previsto por esta ley.

Artículo 75. *Amparo contra actos y omisiones administrativas.* La acción de amparo contra los actos u omisiones de la administración pública, en los casos que sea admisible, será de la competencia de la jurisdicción contencioso administrativa.

El juez natural del amparo es el juez más afín a la materia del derecho fundamental cuya tutela se procura por esta vía. De ahí que las jurisdicciones especializadas son competentes para conocer de los amparos interpuestos en la esfera de su jurisdicción, como es el caso de la jurisdicción contencioso administrativa. La determinación de quién es el juez de amparo más afín debe ser examinada caso por caso. Por ejemplo, el derecho a la educación podría ser violado por los padres, lo cual haría que, en dicho caso, la afinidad con la competencia natural se diera con el tribunal de familia y menores. Si la vulneración al mismo derecho la causa un órgano estatal, entonces la afinidad con la competencia natural del tribunal se daría con los tribunales de lo contencioso administrativo.

SECCIÓN IV
DEL PROCEDIMIENTO EN ACCIÓN DE AMPARO

Artículo 76. *Procedimiento.* La acción de amparo se intentara mediante escrito dirigido por el reclamante al juez apoderado y depositado en la secretaria del tribunal, acompañado de los documentos y piezas que le sirven de soporte, así como de la indicación de las demás pruebas que pretende hacer valer, con mención de su finalidad probatoria, el cual deberá contener:

A. Interposición por escrito. La LOTCPC establece que la acción de amparo se interpondrá "mediante escrito", aunque la propia ley dispone que cualquier persona, siempre y cuando no ocupe cargo en el tribunal donde se interponga el amparo, podrá suscribirlo en su nombre y a solicitud suya, firmando delante del secretario del tribunal (artículo 76.6).

B. Ofrecimiento de la prueba. Toda la prueba del amparista deberá presentarse con la demanda. De ahí que el escrito debe estar acompañado de los documentos y piezas que le sirven de soporte y debe indicar las pruebas que se harán valer en el proceso, indicando su finalidad probatoria. Con ello se procura reducir en la mayor medida de lo posible la cantidad de actos de procedimiento, no dispersar el juicio y concentrar los actos procedimentales, cosa esencial en un trámite rápido y sencillo como debe ser el proceso de amparo.

C. Menciones obligatorias del escrito de amparo. La LOTCP establece el contenido mínimo de la demanda de amparo. Sin embargo, en virtud de los principios rectores de accesibilidad (artículo 7.1), efectividad (artículo 7.4), favorabilidad (artículo 7.5) e informalidad (artículo 7.9), hay que interpretar flexiblemente estos requisitos para no frustrar la finalidad protectoria de los derechos fundamentales de un procedimiento que como el del amparo por ello precisamente debe ser preferente, sumario, sencillo y rápido. En este sentido, en virtud del principio de oficiosidad (artículo 7.11), el juez "no solo puede, sino además que está obligado a completar, o suplir la petición, no como forma de subrogarse al accionante, sino de orientar de modo que la sentencia resulte una efectiva y concreta guarda" (RIVAS: 489). La jurisprudencia por ello es flexible: así, por solo citar un ejemplo, los jueces argentinos, en la causa *"Bassi, Elida"*, obviaron las deficiencias formales, más que notorias, con tal de favorecer a un accionante enfermo de cáncer que buscaba en amparo la autorización para ser tratado con un medicamento especial no autorizado por la Administración sanitaria (CNContAdmFed, Sala I, 12/886, LL, 1986-D-463).

REFERENCIAS BIBLIOGRÁFICAS

RIVAS, Adolfo A. *El amparo*. Buenos Aires: La Rocca, 2003.

1) La indicación del órgano jurisdiccional al que va dirigida, atribuciones de tribunal de amparo;

2) El nombre, profesión, domicilio real y menciones relativas al documento legal de identificación del reclamante y del abogado constituido, si lo hubiere;

La mención de las generales del amparista busca constatar la capacidad de las partes. Lo mismo debe hacerse con las generales del abogado, aunque la LOTCPC precisa que esto es, "si lo hubiere", de donde resulta que no se requiere ministerio de abogado para interponer la acción de amparo.

3) El señalamiento de la persona física o moral supuestamente agraviante, con la designación de su domicilio o sede operativa, si fuere del conocimiento del reclamante;

Aunque la ley dispone que debe individualizarse al supuesto agraviante, la LOTCPC es clara en cuanto a que esta identificación procede "si fuere del conocimiento del reclamante".

4) La enunciación sucinta y ordenada de los actos y omisiones que alegadamente han infligido o procuran producir una vulneración, restricción o limitación a un derecho fundamental del reclamante, con una exposición breve de las razones que sirven de fundamento a la acción;

Este requisito "contribuye a la exactitud y claridad de la demanda, circunstancia importante, porque la demanda establece la materia del proceso y los puntos sobre los cuales habrá de decidir el juez (aparte de que tal precisión atañe al derecho de defensa del accionado, porque éste debe expedirse sobre un texto que necesariamente debe ser explícito e inteligible)" (SAGÜÉS: 527).

REFERENCIAS BIBLIOGRÁFICAS

SAGÜÉS, Nestor Pedro. *Compendio de Derecho Procesal Constitucional.* Buenos Aires: Astrea, 2009.

5) La indicación clara y precisa del derecho fundamental conculcado o amenazado y cuyo pleno goce y ejercicio se pretende garantizar o restituir mediante la acción de amparo;

Conforme la doctrina, de este requisito se infiere que "debe citarse, por tanto, la norma constitucional que corresponda, exigencia mínima en todo amparo, aunque la omisión de tal recaudo o la errónea invocación de una cláusula de la Constitución no autoriza por sí sola a desestimar la acción instaurada, en virtud del principio *iura novit curia*" (SAGÜÉS: 527).

REFERENCIAS BIBLIOGRÁFICAS

SAGÜÉS, Nestor Pedro. *Compendio de Derecho Procesal Constitucional.* Buenos Aires: Astrea, 2009.

6) La fecha de la redacción de la instancia y la firma del solicitante de protección o la de su mandatario, si la hubiere. En caso de que el reclamante no sepa o no pueda firmar, deberá suscribirlo en su nombre una persona que no ocupe cargo en el tribunal y que a solicitud suya lo haga en presencia del secretario, lo cual este certificará. La persona reclamante que carezca de aptitud para la redacción del escrito de demanda, puede utilizar los servicios del tribunal o del empleado que este indique, quedando sometida la formalidad de la firma a lo anteriormente prescrito.

El tribunal de amparo debe servir de auxiliar al amparista que carece de aptitud para redactar la demanda de amparo.

Artículo 77. *Autorización de citación.* Una vez recibida la acción de amparo, el juez apoderado dictará auto en un plazo no mayor de tres días, autorizando al reclamante a citar al presunto agraviante a comparecer a la audiencia que tendrá lugar para conocer de los méritos de la reclamación.

Artículo 78. *Contenido de la autorización y de la citación.* La fecha de dicha audiencia deberá señalarse expresamente en el auto a ser dictado por el juez y deberá celebrarse en un plazo no mayor de cinco días, resultando indispensable que se comunique al presunto agraviante, copia íntegra de dicho auto, del escrito contentivo de la acción de amparo, de los documentos y piezas que fueron depositados junto al escrito, así como la indicación de las demás pruebas que pretenden hacerse valer, con mención de su finalidad probatoria, por lo menos con un día franco antes de la fecha en que se celebre la audiencia.

La LOTCPC pone a cargo del accionante citar al supuesto agraviante a comparecer a la audiencia que conocerá del amparo en la fecha indicada en el auto dictado por el juez. Es deber del accionante acompañar la notificación del escrito de amparo, de los documentos y piezas probatorias que se depositaron conjuntamente con el escrito, así como de la indicación de las demás pruebas que se harán valer, con mención de su finalidad probatoria, todo ello con el propósito de concentrar el ofrecimiento de prueba y facilitar la discusión y defensa contradictoria de las partes.

Artículo 79. *Naturaleza de la audiencia.* La audiencia del juicio de amparo será siempre oral, pública y contradictoria.

La oralidad está orientada hacia una rápida administración de la justicia no retardada por largos escritos y plazos prolongados para elaborarlos, que es la esencia del amparo como acción constitucional de garantía. Implica que las partes tienen derecho de expresar de viva voz sus pretensiones, así como los motivos de hecho y de derecho en los cuales las mismas se sustentan, de manera que el fallo pueda ser dado de inmediato. La publicidad y la oralidad del juicio están estrechamente vinculados, pues la primera llena su cometido en tanto el público puede enterarse de los debates que se producen oralmente en audiencia. Oralidad, publicidad y contradictoriedad están hermanadas pues el juicio de amparo, como todo juicio, debe articularse como un gran "diálogo, una conversación, un cambio de proposiciones, de respuestas y de réplicas, un cruzamiento de acciones y de reacciones, de estímulos y de contraestímulos, de ataques y de contraataques" (CALAMANDREI: 150).

REFERENCIAS BIBLIOGRÁFICAS

CALAMANDREI, Piero. *Proceso y democracia.* Buenos Aires: Ediciones Jurídicas Europa – América, 1960.

Artículo 80. *Libertad de prueba.* Los actos u omisiones que constituyen una lesión, restricción o amenaza a un derecho fundamental, pueden ser acreditados por cualquier medio de prueba permitido en la legislación nacional, siempre y cuando su admisión no implique un atentado al derecho de defensa del presunto agraviante.

A. Sentido de la prueba en el amparo. Para entender la prueba en el proceso de amparo, hay que estar claros en que "en los procesos constitucionales la prueba tiene objetivos diferentes a los que presenta un proceso común controversial. No sólo es el objeto a probar, sino la obligación que asumen quienes en el proceso intervienen para verificar la procedencia de sus pretensiones; vale decir, la carga de la prueba tiene connotaciones distintas, así como, en el tramo final, la apreciación sobre los medios y la actividad desenvuelta, también encuentra particularidades que definen la singularidad de la prueba en los procesos constitucionales [...] La diferencia primera parece estar en que, si en un proceso de conocimiento ordinario se pretende que las partes demuestren al juez la verdad de sus afirmaciones o confirmen las versiones que sostienen, en los juicios constitucionales el objeto a probar radica, antes que en una situación de hecho, en la crisis del derecho constitucional que se ve afectado o amenazado manifiestamente. Significa, entonces, que ambas partes deben solidarizarse en la persecución del fin probatorio, sin defender condiciones de validez que sean contrarias a la supremacía de las normas fundamentales". Más aún, "en el proceso constitucional es fundamental, y hace a la esencia de su función, controlar la constitucionalidad y legalidad de los actos de las autoridades –públicas y privadas–, de forma que la interpretación de los hechos y del derecho no puede tener el condicionante de lo alegado por las partes. Es imperioso ver hacia adelante, los efectos, las consecuencias y las circunstancias que tiene el caso concreto frente a toda la sociedad" (GOZAÍNI: 789 y 801).

B. La libertad de prueba. En el proceso de amparo rige la libertad de prueba, es decir, la alegada violación del derecho fundamental puede probarse por todos los medios, siempre y cuando: uno, sean lícitos y dos, no atenten contra el derecho de defensa del supuesto agraviante. La primera limitante a la prueba se deriva del hecho de que la Constitución establece que "es nula toda prueba obtenida en violación a la ley" (artículo 69.8). La segunda limitante se explica porque el derecho a probar es un derecho fundamental que integra el derecho a un debido proceso, en la medida en que el derecho de defensa conlleva el derecho a probar y en tanto que el derecho a un juicio contradictorio conlleva el derecho a debatir contradictoriamente las pruebas. El derecho a la prueba implica, por tanto, el derecho a presentar pruebas y controvertir las que se alleguen en su contra. De ahí que el Tribunal Constitucional español ha establecido que las limitaciones, impedimentos, restricciones o prohibiciones indebidas opuestos al desarrollo de la actividad probatoria de las partes, producen la indefensión del litigante afectado (STC 50/1982). El derecho a la prueba, aunque se encuentra estrechamente vinculado al derecho de defensa, no atañe única y exclusivamente al demandado, es decir, al supuesto agraviante. No. Está claro que el derecho a la prueba corresponde a todas las partes procesales, esto es, tanto a la parte demandante o accionante como a la demandada o accionada. Por tanto, el accionado goza también de la libertad de prueba para controvertir los alegatos del amparista.

C. El derecho a la prueba. El derecho a la prueba confiere a los litigantes en amparo las siguientes facultades: (i) el derecho que la causa sea recibida a prueba y a que se abra un término probatorio suficiente; (ii) el derecho a proponer sus medios de prueba; (iii) el derecho a que los medios de prueba debidamente propuestos sean admitidos; (iv) el derecho a que la prueba sea practicada; y, finalmente, (v) el derecho a que la prueba practicada sea valorada por el tribunal.

(i) El derecho a que la causa sea recibida a prueba y a que se abra un término probatorio suficiente. El derecho a la prueba implica el derecho de las partes a desarrollar su actividad probatoria, lo cual requiere que, en el momento procesal correspondiente, la causa sea recibida a prueba. El legislador debe contemplar, además, en la estructura de los procedimientos, términos probatorios suficientes, suficiencia que debe ser evaluada en conjunción con otros derechos del justiciable, tales como el derecho a un proceso sin dilaciones indebidas y el carácter sumario, sencillo y rápido del amparo.

(ii) El derecho a proponer los medios de prueba. El derecho a la prueba implica el derecho de las partes a utilizar los medios de convicción idóneos para producir las afirmaciones instrumentales que sirvan de término de comparación con relación a las contenidas en sus alegaciones. En materia de amparo, rige la libertad de prueba

(iii) El derecho a que los medios de prueba debidamente propuestos sean admitidos. Una vez abierto el término de prueba y propuesto el medio de prueba, emerge el derecho de la parte a que sea admitido, siempre y cuando la proposición haya sido realizada válidamente, es decir, que no se hayan violado los límites a los medios de prueba. Estos límites se derivan de la necesidad de respetar otros derechos fundamentales constitucionalmente consagrados. En este sentido, la prueba debe ser útil, pertinente y lícita. La prueba inútil es aquella que, aún pudiese ser pertinente, o no alcanzará el resultado pretendido o resulta ser reiterativa, superabundante, costosa o

impracticable. La prueba impertinente es aquella que no es idónea para acreditar el hecho controvertido sujeto a prueba. La prueba ilícita es aquella obtenida en infracción a los derechos fundamentales.

(iv) El derecho a que la prueba sea practicada. Una vez admitida la prueba propuesta, emerge el derecho de la parte a que la prueba sea practicada, pues, de lo contrario, habrá una denegación tácita de prueba que produce indefensión pues "el efecto de la inejecución de la prueba es o puede ser el mismo que su inadmisión previa" (STC 147/1987). El Tribunal Constitucional español ha establecido, en este sentido, que "si el órgano jurisdiccional estima pertinente y admite la práctica de un determinado medio probatorio y la parte insta a su ejecución, se vulnera el derecho fundamental a utilizar los medios de prueba pertinentes para su defensa si el órgano jurisdiccional deja de disponer la ejecución del medio probatorio sin causa legítima que lo justifique [...] el órgano judicial pudo, sin menoscabo del derecho invocado, declarar la prueba inadmisible, considerando su impertinencia; pudo, asimismo, valorar la misma motivadamente con libertad de apreciación en el caso de admitirla y practicarla; pero no puede [...] declararla primero pertinente, para no practicarla después y, sin embargo, razonar en la decisión que aquellos extremos, a cuya acreditación se dirigía dicha prueba, no han resultado demostrados en el curso del proceso, que es, en fin, lo acontecido en este supuesto. Ello implica la lesión del derecho a la utilización de los medios de prueba pertinentes para la defensa" (STC 246/1994). En todo caso, en respeto al derecho a un juicio contradictorio, cuando se practican las diligencias probatorias, ha de respetarse el derecho de defensa de todas las partes, lo cual implica permitir a cada litigante la intervención en la práctica de la prueba de la parte contraria (CAROCCA PÉREZ: 304).

(v) El derecho a que la prueba practicada sea valorada por el tribunal. El derecho de defensa y el derecho de probar que se deriva del primero, carecería de eficacia práctica si el tribunal que ordena la prueba no estuviese obligado a tomarla en cuenta al momento de dictar sentencia. Este derecho se traduce en la exigencia de la motivación de las sentencias, es decir, la exposición de los razonamientos a través de los cuales se acoge una u otra de las posturas de las partes. A través de la motivación se puede comprobar el cumplimiento por parte del juez de su deber de tener en cuenta las alegaciones y pruebas de las partes.

REFERENCIAS BIBLIOGRÁFICAS

CAROCCA PÉREZ, Alex. *Garantía constitucional de la defensa procesal.* Barcelona: Bosch, 1998.

GOZAÍNI, Osvaldo. "La prueba en los procesos constitucionales". En Victor Bazán (coord.). *Derecho Procesal Constitucional americano y europeo.* Buenos Aires: Abeledo Perrot, 2010.

Artículo 81. *Celebración de la audiencia.* Para la celebración de las audiencias en materia de amparo, regirán las siguientes formalidades:

1) El día y la hora fijados para la audiencia, el juez invitará a las partes presentes o representadas a producir los medios de prueba que pretendan hacer valer para fundamentar sus pretensiones. La parte o las partes supuestamente agraviantes deberán producir sus medios de pruebas, antes o en la audiencia misma, preservándose siempre el carácter contradictorio;

2) Cada una de las partes, en primer término el reclamante, tiene facultad para hacer sus observaciones en cuanto a las pruebas producidas y exponer sus argumentos respecto del objeto de la solicitud del amparo;

3) La no comparecencia de una de las partes, si esta ha sido legalmente citada, no suspende el procedimiento. En el caso de que no sea suficiente una audiencia para la producción de las pruebas, el juez puede ordenar su continuación sin perjuicio de la substanciación del caso, procurando que la producción de las pruebas se verifique en un término no mayor de tres días;

4) El juez, sin perjuicio de la sustanciación del caso, procurará que la producción de las pruebas se verifique en el más breve término posible.

La audiencia está enderezada a facilitar la producción de los medios de prueba de todas las partes. El supuesto agraviante debe producir sus medios de prueba antes o en la audiencia, pudiendo todas las partes, comenzando por el accionante, hacer sus observaciones en torno a la prueba y exponer sus argumentos en torno al objeto de la acción de amparo. Hay que resaltar que, en virtud del principio de bilateralidad que rige el amparo, las partes deben estar notificadas de la prueba, a fin de poder ejercer su derecho a controlar la producción de la misma; por eso, la LOTCPC dispone que en la producción de los medios de prueba se preservará "siempre el carácter contradictorio" (artículo 81.1). Cuando no basta con una audiencia para la producción de las pruebas, el juez puede ordenar la continuación de esta producción, siempre y cuando "se verifique en un término no mayor de tres días" (artículo 81.3), pero siempre tratando de que "la producción de las pruebas se verifique en el más breve término posible" (artículo 81.4), lo cual "permite, en un amparo con escasas pruebas, cumplimentarlas quizás en horas" (SAGÜÉS: 544).

REFERENCIAS BIBLIOGRÁFICAS

SAGÜÉS, Nestor Pedro. *Compendio de Derecho Procesal Constitucional*. Buenos Aires: Astrea, 2009.

Artículo 82. *Procedimiento de extrema urgencia.* En casos de extrema urgencia, el reclamante, por instancia motivada, podrá solicitarle al juez de amparo que le permita citar al alegado agraviante a comparecer a audiencia a celebrarse a hora fija, aún en días feriados o de descanso.

Párrafo I. Si la estimara fundada, el juez dictará auto autorizando al reclamante a citar a hora fija, el cual le será notificado al alegado agraviante junto con la instancia motivada, el escrito contentivo de la acción de amparo, los documentos y piezas que fueron depositados junto al escrito, así como la indicación de las demás pruebas que pretenden hacerse valer, con mención de su finalidad probatoria. El juez se asegurara de que haya transcurrido un tiempo razonable entre la citación y la audiencia.

Párrafo II. El juez podrá reducir los demás plazos de procedimiento previstos en esta ley, conforme lo requiera el grado de urgencia, velando en todo caso por el respeto del debido proceso.

El procedimiento de extrema urgencia es consecuencia de la obligación constitucional de dar tutela judicial diferenciada a los amparistas conforme las circunstancias particulares de su caso. Allí donde hay extrema urgencia, el amparo, de por sí urgente, debe ser extremadamente urgente. Por eso el juez puede, a solicitud del reclamante mediante instancia motivada, autorizar a citar al alegado agraviante a comparecer a audiencia, que se celebrará a hora fija, aún en días feriados o de descanso. Lógicamente esto no exime al accionante de su deber de acompañar la citación con las pruebas depositadas junto con el escrito ni de indicar las demás pruebas que hará valer, junto con la indicación de su finalidad probatoria. El juez debe velar porque "haya transcurrido un tiempo razonable entre la citación y la audiencia" (artículo 82, párrafo I). El juez podrá reducir los demás plazos, de acuerdo con el grado de urgencia, pero debe velar siempre "por el respeto del debido proceso" (artículo 82, párrafo II).

Artículo 83. *Conclusión de la audiencia.* El juez puede declarar terminada la discusión cuando se considere suficientemente edificado. Una vez finalicen los debates, el juez invitara a las partes a concluir al fondo.

Artículo 84. *Decisión.* Una vez el asunto quede en estado de fallo, el juez deberá rendir su decisión el mismo día de la audiencia en dispositivo y dispone de un plazo de hasta cinco días para motivarla.

Artículo 85. *Facultades del juez.* El juez suplirá de oficio cualquier medio de derecho y podrá decidir en una sola sentencia sobre el fondo y sobre los incidentes, si los ha habido, excepto en lo relativo a las excepciones de incompetencia.

Cuando el juez se considere suficientemente edificado, dará por terminados los debates e invitará a las partes a concluir al fondo (artículo 83). El juez deberá rendir el mismo día de la audiencia donde el asunto quedó en estado de fallo su decisión en dispositivo, disponiendo de un plazo de hasta cinco días para motivarla (artículo 84). En virtud del principio de oficiosidad (artículo 7.11), el juez suplirá de oficio cualquier medio de derecho y podrá fallar en una sola sentencia sobre el fondo y los incidentes, salvo la excepción de incompetencia (artículo 85) que debe ser fallada en la misma audiencia donde se presentó aquella (artículo 72, párrafo II).

Artículo 86. *Medidas precautorias.* El juez apoderado de la acción de amparo puede ordenar en cualquier etapa del proceso, a petición escrita o verbal del reclamante o de oficio, la adopción de las medidas urgentes que, según las circunstancias, se estimen más idóneas para asegurar provisionalmente la efectividad del derecho fundamental alegadamente lesionado, restringido, alterado o amenazado.

A. Concepto y finalidad de las medidas precautorias. La LOTCPC permite al juez de amparo adoptar las "medidas precautorias" que estime idóneas "para asegurar provisionalmente la efectividad del derecho fundamental alegadamente lesionado, restringido, alterado o amenazado".

¿Qué quiere decir el legislador cuando habla de medidas "precautorias"? "Esta palabra deriva de cautela, que a su vez deriva de cauto, y es cauto aquel que observa un determinado cuidado frente a una situación. De esta palabra deriva también caución (lat. *cautio*), y de allí precaver, precavido, precaución. Es decir, como se puede inferir, siempre se apunta a evitar un riesgo, a actuar con prevención, porque se es cauteloso o precavido. Y en ese caso, dentro del proceso, ¿qué riesgo se puede perseguir evitar? (ROJAS: 81). La respuesta nos la da la propia LOTCPC: "el peligro irreparable que acarrearía la demora" del juez de amparo en fallar (artículo 81, párrafo I). En otras palabras, las medidas precautorias atañen a la función precautelar del juez, función que se activa para "prevenir y poner los medios necesarios para evitar un riesgo o peligro", en este caso el peligro de la demora en fallar del juez de amparo, que ponga en juego la efectividad del derecho cuya tutela se busca por la vía del amparo, y función que "es la indicada para actuar por anticipación cuando se advierte un peligro actual de que el objeto del proceso se modifique, por causa externa o interna, antes de que las funciones principales se hallen en estado de transformarlo" (RAMÍREZ: 37 y 38).

B. Las medidas precautorias en el amparo como expresión de la tutela judicial diferenciada. La LOTCPC parte de que el derecho a la tutela judicial efectiva sólo es posible si el juez es consciente de su deber "de utilizar los medios más idóneos y adecuados a las necesidades concretas de protección frente a cada cuestión planteada" y de "conceder una tutela judicial diferenciada cuando lo amerite el caso en razón de sus peculiaridades" (artículo 7.4). Aunque el amparo, en tanto proceso urgente, es un "sistema de tutela diferenciada" (ROJAS: 491), es paradójicamente en el seno del mismo donde las medidas precautorias resultan de gran utilidad, pues, debido a la urgencia que debe caracterizar la tutela de derechos fundamentales tales como la vida, la salud y el medio ambiente, y dada la desnaturalización en la práctica del proceso de amparo, que muchas veces deviene en un proceso nada sencillo, nada rápido y nada efectivo, se hace imprescindible que el juez se avenga a adoptar medidas urgentes, no sujetas al rigor de las formas ni al exceso de trámites que muchas veces, aún en los procesos de amparo, caracteriza la labor jurisdiccional ordinaria.

De ese modo, "las medidas urgentes devienen imprescindibles entonces en el típico proceso de urgencia amparista. No sólo por la habitual dilatación del resultado final sino en esencia por la necesidad casi siempre imperiosa de anticipar, siquiera a título interino y provisional, el bien de vida tutelado por un derecho fundamental, que se exhibe flagrantemente vulnerado cuando de aquella situación de insatisfacción del derecho se deriva inevitablemente un daño irreparable para su titular, por el peligro inminente de que la providencia de mérito llegue tardíamente, y con ello se torne inútil el resultado de la jurisdicción" (BERIZONCE: 73).

C. Características de las medidas precautorias. Dos notas distintivas caracterizan a las medidas precautorias. En primer lugar, se trata de medidas provisionales o interinas, es decir, que están destinadas a durar hasta que sobrevenga un evento sucesivo, ya sea el dictado de la sentencia de amparo o ya sea su modificación o revocación. Y, en segundo lugar, las medidas precautorias son medidas urgentes en tanto es de esperar que, si se demorasen, el daño temido se transformaría en daño efectivo, o se agravaría el ya acontecido, de modo que se pone en juego la efectividad del derecho cuya tutela se procura en amparo.

D. Variedad de las medidas precautorias. El legislador, consciente de que es imposible prever todas las situaciones en las cuales es dable conceder una determinada medida precautoria, y a sabiendas de que las medidas precautorias enunciadas en las diversas leyes y tradicionalmente conocidas por doctrina y jurisprudencia, como es el caso de la suspensión de los efectos del acto atacado en amparo, no siempre son suficientes para asegurar la efectividad del derecho cuyo tutela se procura en sede de amparo, ha dejado abierta la posibilidad de que el juez de amparo, atendiendo a las circunstancias del caso, de oficio o a petición de parte, adopte aquellas medidas precautorias que estime más idóneas para asegurar la efectividad del derecho. La LOTCPC contempla entonces las medidas precautorias en tanto medidas precautorias genéricas o innominadas que el juez puede adoptar discrecionalmente, aunque ciñéndose a los presupuestos que el propio legislador establece, para así dar una adecuada respuesta jurisdiccional a la necesidad de tutela del amparista que solicita la medida.

Las medidas precautorias pueden ser de la más diversa índole. Pueden consistir en las medidas precautorias tradicionales como es el caso de la orden de no innovar y la suspensión del acto impugnado en amparo, las cuales consisten básicamente en medidas conservatorias que buscan dejar las cosas como estaban en un momento determinado. Pero pueden consistir también en medidas innovativas mediante las cuales se busca reestablecer una situación preexistente o se ordena al demandado en amparo "hacer algo distinto a lo que hizo o estaba haciendo, en miras de asegurar los derechos del peticionante de la diligencia" (BACARAT: 54). Estas medidas innovativas muchas veces pueden constituir una concesión anticipada del contenido de la futura sentencia de mérito a intervenir en el proceso de amparo, lo que para algunos es inadmisible desde la óptica de que "la medida precautoria debería detenerse allí donde su materialización conlleva la concesión del objeto mismo de la demanda de mérito, sea en todo o en parte, porque se comprometería la propia materia debatida en la causa de conocimiento afectándose precisamente el objeto del pleito, con menoscabo de garantías constitucionales como la defensa y la igualdad" (MOSSET ITURRASPE). La jurisprudencia argentina se ha inclinado paulatina pero progresivamente por admitir la validez de estas medidas anticipatorias en parte o en todo de la pretensión principal, aceptándose que "lo dispuesto en una medida cautelar lo es sin perjuicio de aquello que en definitiva se decida en su momento procesal oportuno, y no es impedimento para decretarla que con ello se satisfaga la pretensión del actor" (ROMERO: 531). Compartimos este criterio porque, a la luz del aseguramiento de la efectividad del derecho cuya tutela se busca en amparo, que es lo que procura la medida precautoria, "si el juez que deba aplicarla encontrara un valladar a ese fin en un eventual prejuzgamiento, pues de ese modo no solo se convertiría a la medida en cuestión en una mera apariencia, sino además se provocaría una sustracción de la jurisdicción a su obligación de hacer actuar la letra de la ley, aunque sea en forma provisional" (ROJAS: 151). Todavía más, consideramos que las medidas precautorias pueden consistir en la cautela material del derecho. "La cautela material tiene como rasgo identificatorio que resultados emergentes de la actividad anticipatoria, prácticamente hacen inútil el decisorio de fondo, porque en los hechos, aparece coincidiendo con la pretensión sustancial. Esta circunstancia, sin embargo, no debe impedir que el tribunal la adopte cuando una urgencia impostergable lo justifique, y llegue al convencimiento de la irreparabilidad del perjuicio que habría de seguirse en el caso de no admitirla" (QUIROZ FERNÁNDEZ: 254). Esta admisibilidad de la cautela material articulada mediante las medidas precautorias se fortalece en la medida en que las medidas precautorias en amparo, contrario a lo que ocurre en otros ordenamientos, como es el caso del argentino, se adoptan respetando la garantía constitucional del debido proceso, es decir, de modo contradictorio y en apego al derecho de defensa de las partes.

REFERENCIAS BIBLIOGRAFICAS

BACARAT, Edgar J. "Reflexiones sobre la medida innovativa: su pasado y futuro". En Jorge W. Peyrano (director) y Edgar J. Bacarat (coord.). *Medida innovativa*. Buenos Aires: Rubinzal-Culzoni, 2009.

BERIZONCE, Roberto O. "Tutela judicial efectiva y medidas de urgencia: ¿cogobierno judicial?". En Jorge W. Peyrano (director) y María Carolina Eguren (coord.). *Medidas cautelares*. Buenos Aires: Rubizal-Culzoni, 2010.

MOSSET ITURRASPE, "Compraventa inmobiliaria. La entrega del inmueble en carácter de medida cautelar". En J. A. 1977-III-385.

QUIROZ FERNÁNDEZ, Juan Carlos. En *Congresos Nacionales de Derecho Procesal – Conclusiones*. Santa Fe: Rubinzal Culzoni, 2006.

RAMÍREZ, Jorge O. *Medidas cautelares*. Buenos Aires: Depalma, 2005.

ROJAS, Jorge A. *Sistemas cautelares atípicos*. Buenos Aires: Rubinzal-Culzoni, 2009.

ROMERO, Analía. "Medidas cautelares en los procesos especiales". En Rodolfo Arazi (dir.). *Medidas cautelares*. Buenos Aires: Astrea, 1997.

Párrafo I. Para la adopción de las medidas precautorias, el juez tomará en cuenta la verosimilitud del derecho invocado y el peligro irreparable que acarrearía la demora.

A. Verosimilitud del derecho invocado. El *"fumus bonis juris"*, el olor a buen derecho, es un requisito *sine qua non* de las medidas precautorias. El solicitante de una medida precautoria debe acreditar, aunque sea sumariamente, que le asiste la razón en la cuestión que motiva el amparo. Ahora bien, no se exige "un examen de certeza sobre la existencia del derecho pretendido sino solo un grado de aceptable verosimilitud, como la probabilidad de que exista y no como la incuestionable realidad que solo se logrará al agotarse el trámite, si bien aquella debe resultar de los elementos incorporados al proceso que objetiva y prima facie lo demuestren" (RUZANA: 354). Sin embargo, en el caso de amparos contra actos administrativos, como bien ha establecido la jurisprudencia argentina, "aún cuando no se requiera una prueba incontestada de la existencia del derecho, es necesaria la comprobación sumaria de los hechos que prima facie determinarían la arbitrariedad del acto recurrido o la violación de la ley, a fin de hacer cesar la presunción de legitimidad y, por ende, su ejecutoriedad" (CNFed. CAdm, sala II, 8-3-94, *"Lista Azul No. 4 c / Soplad"*, J.A. 1998-I, Síntesis).

B. Peligro irreparable que acarrearía la demora. La LOTCPC identifica los dos requisitos que la doctrina ha exigido tradicionalmente como presupuestos de las medidas cautelares –"peligro en la demora" y "daño inminente o irreparable"– y los engloba ambos bajo la fórmula "peligro irreparable que acarrearía la demora", de modo que puede afirmarse que, a los fines de adopción de las medidas cautelares en el proceso de amparo, *periculum in mora* y daño inminente o irreparable no son requisitos diferentes en tanto este último se haya subsumido en el primero. De todos modos, la concurrencia de ambos requisitos es ineludible pues "el peligro en la demora sin daño es normalmente irrelevante y la posibilidad del daño irreparable hace presumir el peligro en la demora" (RUZAFA: 359). Lo que ocurre es que, para la LOTCPC, todo proceso acarrea una demora y toda demora es "demora dañosa" (PROTO PISANI: 296) pero no todos los daños derivados de una demora judicial resultan irreparables. De ahí que la clave de este presupuesto de las medidas precautorias es la irreparibilidad de los daños acarreados por la demora. Puede afirmarse entonces que el requisito "del perjuicio irreparable se encuentra subsumido en el recaudo genérico de peligro en la demora por cuanto se vincula con el estado en que se encuentra el derecho principal, con la posibilidad o certidumbre de que la actuación normal del derecho llegará tarde, o con el peligro probable de que la tutela jurídica que la actora aguarda de la sentencia a pronunciarse en el proceso principal no pueda, en los hechos, realizarse; es decir que, a raíz del transcurso del tiempo, los efectos del fallo final resulten prácticamente inoperantes" (RUZAFA: 359).

Y es que "el *periculum in mora* no consiste pues en el peligro del retardo de la providencia definitiva, sino en la posibilidad de que en el período de tiempo necesario para la realización de los intereses tutelados por el Derecho mediante el ejercicio de la función jurisdiccional, se verifique un evento, natural o voluntario, que suprima o restrinja tales intereses, haciendo imposible o limitando su realización por medio de los órganos jurisdiccionales. El carácter preventivo de la providencia cautelar no debe ser puesto en relación ni con la providencia llamada definitiva, sino que debe inferírselo de la actividad jurisdiccional cautelar que se dirige a evitar la posibilidad de un daño (peligro) que pueda abolir o restringir los intereses, sustanciales o procesales, tutelados por el derecho objetivo, durante todo el tiempo necesario para la realización por medio de los órganos jurisdiccionales del Estado, de dichos intereses, en virtud de la declaración de certeza, la condena y la realización coactiva" (ROCCO: 77).

De modo que "el peligro en la demora está dado en el grado de urgencia que posee cada caso concreto, de manera tal que si en el mismo no se adopta la medida solicitada, se causará un daño irreparable al solicitante de ésta [...] El elemento peligro en la demora debe revestir una urgencia tal, una magnitud y entidad tal, que si no se despacha favorablemente la medida se causará al solicitante de la misma un daño irreparable, que ni siquiera podrá repararse a través de una indemnización en dinero, es decir que el riesgo en la tardanza en ese caso concreto, apreciando las particularidades del mismo, hará que sea necesario dictar la medida o no, ya que habrá que analizar si con ese riesgo de tardanza se causará un perjuicio irreparable al solicitante o no" (AIRASCA: 164).

REFERENCIAS BIBLIOGRÁFICAS

AIRASCA, Ivana María. "Algunas consideraciones sobre la medida cautelar innovativa". En Jorge W. Peyrano (director) y Edgar J. Bacarat (coord.). *Medida innovativa*. Buenos Aires: Rubinzal-Culzoni, 2009.

PROTO PISANI, Andrea. "Tendencias actuales del derecho procesal civil en Italia". En José Luis Soberanes Fernández (comp.). *Tendencias actuales del Derecho.* México: Fondo de Cultura Económica, 2001.

Rocco, Ugo. *Tratado de Derecho Procesal Civil*. Tomo V. Buenos Aires: Depalma, 1977.

Ruzafa, Beatriz S. "Notas sobre la medida innovativa y el daño irreparable". En Jorge W. Peyrano (director) y Edgar J. Bacarat (coord.). *Medida innovativa*. Buenos Aires: Rubinzal-Culzoni, 2009.

Párrafo II. Las medidas precautorias adoptadas permanecerán vigentes hasta el dictado de la sentencia sobre la acción de amparo. Sin embargo, en cualquier estado de causa, si sobrevienen circunstancias nuevas, el juez podrá modificar o revocar las medidas previamente adoptadas.

Una de las características esenciales de las medidas precautorias es su provisionalidad: éstas "permanecerán vigentes hasta el dictado de la sentencia sobre la acción de amparo". De la provisionalidad de las medidas precautorias se deriva su mutabilidad o variabilidad. Esto significa que las medidas precautorias "en razón de su rol instrumental, no son definitivas, no causan instancia con relación a las nuevas pretensiones que se basan en otra situación fáctica y pueden reverse si las circunstancias del proceso lo exigen. O, lo que es igual, son siempre interinas; no causan estado y pueden ser modificadas ulteriormente en cualquier momento" (Ramírez: 196). De ahí que la LOTCPC permite que, en cualquier estado de causa, atendiendo a nuevas circunstancias no presentes en el momento de la adopción de las medidas precautorias, éstas puedan ser modificadas, ampliadas, mejoradas, acumuladas con otras medidas, sustituidas por otras o sencillamente revocadas.

REFERENCIAS BIBLIOGRÁFICAS

Ramírez, Jorge O. *Medidas cautelares*. Buenos Aires: Depalma, 2005.

Párrafo III. Las sentencias dictadas sobre las medidas precautorias solo pueden ser recurridas junto con las sentencias que sean rendidas sobre la acción de amparo.

El legislador, consciente de que el amparista que acude a las medidas precautorias es el que usualmente sufre la morosidad judicial, ha establecido que las sentencias sobre medidas precautorias sólo podrán ser recurridas junto con la sentencia de fondo del amparo. Al no conceder un recurso sobre estas sentencias precautorias, la LOTCPC ha querido evitar "complicar y dilatar un procedimiento que debe ser simple y expeditivo" (Podetti: 88).

REFERENCIAS BIBLIOGRÁFICAS

PODETTI, Ramiro J. *Tratado de las medidas cautelares.* Buenos Aires: Ediar, 1956.

Artículo 87. *Poderes del juez.* El juez de amparo gozará de los más amplios poderes para celebrar medidas de instrucción, así como para recabar por sí mismo los datos, informaciones y documentos que sirvan de prueba a los hechos u omisiones alegados, aunque deberá garantizar que las pruebas obtenidas sean comunicadas a los litisconsortes para garantizar el contradictorio.

Párrafo I. Las personas físicas o morales, públicas o privadas, órgano o agente de la administración pública a quienes les sea dirigida una solicitud tendiente a recabar informaciones o documentos están obligados a facilitarlos sin dilación, dentro del término señalado por el juez.

Párrafo II. Todo funcionario público, persona física o representante de persona moral que se negare a la presentación de informaciones, documentos o cualquier otro medio de prueba requerido por el juez, podrá ser apercibido por la imposición de astreinte, sin perjuicio de incurrir, de persistir su negativa, en desacato.

En virtud del principio de oficiosidad (artículo 7.11), el juez de amparo goza "de los más amplios poderes para celebrar medidas de instrucción" pero siempre debe asegurarse "que las pruebas obtenidas sean comunicadas a los litisconsortes para garantizar el contradictorio". Las personas que sean requeridas por el juez para suministrar informaciones o documentos están obligadas a hacerlo en el término señalado por el juez (artículo 86, párrafo I), so pena de imponérsele astreinte o de incurrir en desacato (artículo 86, párrafo II).

Artículo 88. *Motivación de la sentencia.* La sentencia emitida por el juez podrá acoger la reclamación de amparo o desestimarla, según resulte pertinente, a partir de una adecuada instrucción del proceso y una valoración racional y lógica de los elementos de prueba sometidos al debate.

Párrafo. En el texto de la decisión, el juez de amparo deberá explicar las razones por las cuales ha atribuido un determinado valor probatorio a los medios sometidos a su escrutinio, haciendo una apreciación objetiva y ponderada de los méritos de la solicitud de protección que le ha sido implorada.

A. La sana crítica como sistema de valoración de la prueba por el juez de amparo. Que en el proceso de amparo rija la libertad de prueba (artículo 80) no significa que la valoración de la prueba se efectúe por la *íntima o libre convicción* del juzgador, es decir, por la libertad absoluta, subjetiva y arbitraria del juez para formar su convencimiento por los diferentes medios de prueba sometidos a su escrutinio y conforme la impresión que cada medio de prueba produzca en su conciencia. La LOTCPC ha optado claramente por un sistema de valoración de la prueba basado en la sana crítica, es decir, la apreciación razonada de las pruebas. Esta apreciación razonada conlleva, tal como exige la LOTCPC, "valoración racional y lógica" de la prueba sometida a debate, lo cual obliga al juez a dar "las razones por las cuales ha atribuido un determinado valor probatorio" a los diferentes medios de prueba (testigos, peritos, etc.), debiendo ponderar objetiva y ponderadamente los méritos de la pretensión de amparo. La sana crítica implica una libre y discrecional valoración o apreciación de la prueba por parte del juez pero se trata de una libertad y discrecionalidad de valoración que no es arbitraria, pues debe efectuarse conforme a reglas racionales. Y es que "las reglas de la sana crítica son ante todo reglas del correcto entendimiento humano. En ellas interfieren las reglas de la lógica con las reglas de la experiencia del juez […] La sana crítica es la unión de la lógica y la experiencia, sin excesivas abstracciones de orden intelectual, pero sin olvidar los preceptos que los filósofos llaman de higiene mental, tendientes a asegurar el más certero y eficaz razonamiento" (Couture: 271).

B. La motivación como elemento esencial de la valoración de la prueba. El juez de amparo, al dictar sentencia, no puede imponer su opinión *sic volo sic lubeo* (así lo quiero, así lo mando). Por eso, la LOTCPC exige al juez una debida motivación de su sentencia estimatoria o desestimatoria. Como la valoración de las pruebas se realiza en el momento procesal de la sentencia, es a la hora de motivar que el juez debe sustentar, basándose en las pruebas debatidas contradictoriamente, las razones que fundan su decisión. Esta motivación de la prueba cumple dos funciones: "i) de carácter extraprocesal, en la medida en que muestra al usuario y/o a la sociedad, el esfuerzo realizado por el juez frente a la valoración de cada prueba; y ii) de carácter endoprocesal o técnica jurídica, que se ejerce respecto de los tribunales superiores, de las partes o del mismo juez, por cuanto que permite el control judicial de cada una de las pruebas como fundamento en la decisión acogida por el juez de instancia, lo que determina que exista una clara racionalidad en la valoración de la prueba" (GIACOMETTE FERRER: 818). Por la importancia de la motivación, ésta, como bien ha señalado la Corte Constitucional colombiana, "ante todo debe ser seria, adecuada, suficiente e íntimamente relacionada con la decisión que se pretende, rechazándose así la que se limite a expresar fórmulas de comodín o susceptible de ser aplicada a todos los casos. Estas fórmulas se estiman insuficientes y el acto que la presenta como justificación carente de motivación" (Sentencia T-314/1994).

C. La ausente o insuficiente valoración de la prueba como agravio justificante del recurso de revisión de la sentencia de amparo. El incumplimiento por el juez de amparo del deber de apreciación objetiva, racional, lógica, ponderada y motivada de la prueba es un agravio suficiente, a los fines del artículo 96 de la LOTCPC, para interponer ante el Tribunal Constitucional el recurso de revisión de la sentencia dictada por el juez de amparo pues, como bien ha establecido la Corte Constitucional colombiana, se puede incurrir en una "negación o valoración arbitraria, irracional o caprichosa de la prueba que se presenta cuando el juez simplemente ignora la prueba u omite su valoración o sin razón valedera alguna no da por probado el hecho o la circunstancia que de la misma emerge clara y objetivamente" (Sentencia T-452/1998).

REFERENCIAS BIBLIOGRÁFICAS

COUTURE, Eduardo. *Fundamentos del Derecho Procesal Civil*. Buenos Aires: Depalma, 1981.

GIACOMETTE FERRER, Anita. "Valoración de la prueba por el juez constitucional". En Victor Bazán (coord.). *Derecho Procesal Constitucional americano y europeo*. Buenos Aires: Abeledo Perrot, 2010.

GOZAÍNI, Osvaldo. "La prueba en los procesos constitucionales". En Victor Bazán (coord.). *Derecho Procesal Constitucional americano y europeo*. Buenos Aires: Abeledo Perrot, 2010.

Artículo 89. *Dispositivo de la sentencia.* La decisión que concede el amparo deberá contener:

1) La mención de la persona en cuyo favor se concede el amparo;

2) El señalamiento de la persona física o moral, pública o privada, órgano o agente de la administración pública contra cuyo acto u omisión se concede el amparo;

3) La determinación precisa de lo ordenado a cumplirse, de lo que debe o no hacerse, con las especificaciones necesarias para su ejecución;

4) El plazo para cumplir con lo decidido; y

5) La sanción en caso de incumplimiento.

Artículo 90. *Ejecución sobre minuta.* En caso de necesidad, el juez puede ordenar que la ejecución tenga lugar a la vista de la minuta.

Artículo 91. *Restauración del derecho conculcado.* La sentencia que concede el amparo se limitará a prescribir las medidas necesarias para la pronta y completa restauración del derecho fundamental conculcado al reclamante o para hacer cesar la amenaza a su pleno goce y ejercicio.

Artículo 92. *Notificación de la decisión.* Cuando la decisión que concede el amparo disponga medidas o imparta instrucciones a una autoridad pública, tendientes a resguardar un derecho fundamental, el secretario del tribunal procederá a notificarla inmediatamente a dicha autoridad, sin perjuicio del derecho que tiene la parte agraviada de hacerlo por sus propios medios. Dicha notificación valdrá puesta en mora para la autoridad pública.

Estos preceptos buscan asegurar el cumplimiento efectivo y oportuno de la decisión en provecho del accionante y a cargo de la persona pública o privada responsable de la lesión del derecho fundamental o de la restauración del derecho conculcado. Establece el contenido mínimo de la decisión que concede el amparo. En primer término, se establecen las menciones legalmente obligatorias de la decisión que concede el amparo: los nombres del beneficiario del amparo y de la persona responsable de la vulneración, la conducta precisa a cumplir para la restauración del derecho, el plazo que se tiene para cumplir con lo decidido y las sanciones en caso de incumplimiento. La decisión deberá contener todas las medidas necesarias "para la pronta y completa restauración del derecho fundamental conculcado" o "para hacer cesar la amenaza a su pleno goce y ejercicio". En otras palabras, como lo ha establecido la jurisprudencia argentina, la demanda de amparo "tiene efectos restitutorios, tiende a impedir que se consuma la lesión si el acto no ha tenido principio de cumplimiento, lo suspende si ha comenzado a cumplirse y en cuanto a lo ya cumplido retrotrae las cosas al estado anterior, si es posible" (CNTrab, Sala V, 29/12/72, DT, 1973-489), todo ello sin "escatimar esfuerzos en los medios que aseguren los efectos jurídicos de su razón de ser" (C3aCiv Mendoza, 15/3/85, JA, 1985-II-325), debiéndose adoptar toda medida que permita superar la situación agraviante.

Hay que señalar que, aunque la condena en daños y perjuicios es ajena al objeto del amparo, es deber del juez ordenar la restauración del derecho conculcado, lo cual permite que éste ordene la reparación in natura. Por ejemplo, si un estudiante fue expulsado de un colegio sin un debido proceso disciplinario, el juez de amparo puede ordenar la reintegración del expulsado. Del mismo modo, si un local ha sido cerrado por las autoridades sanitarias, en ausencia de procedimiento administrativo, el juez puede ordenar la reapertura del local. Y es que el hecho de que al tiempo de dictarse la decisión se haya consumado la vulneración del derecho no autoriza al juez a remitir al amparista lesionado a satisfacer indirectamente sus pretensiones por la vía de los daños y perjuicios

En cuanto a la ejecución de la sentencia, por la urgencia del amparo, el juez puede ordenar, cuando así sea necesario, que la ejecución tenga lugar a la vista de la minuta. En todo caso, el secretario del tribunal debe notificar inmediatamente la sentencia, cuando se trate de amparos contra autoridades públicas, sin perjuicio del derecho de la parte agraviada de hacerlo por sus propios medios.

Artículo 93. *Astreinte.* El juez que estatuya en materia de amparo podrá pronunciar astreintes, con el objeto de constreñir al agraviante al efectivo cumplimiento de lo ordenado.

La astreinte, como bien la define la doctrina dominicana, "es una condenación pecuniaria, conminatoria, accesoria, eventual e independiente del perjuicio causado, pronunciada con el fin de asegurar la ejecución de una condenación principal. Pecuniaria, porque se resuelve en una suma de dinero por cada día de retardo; conminatoria, pues constituye una amenaza contra el deudor; accesoria, al depender de una condenación principal; eventual, ya que si el deudor ejecuta no se realiza; e independiente del perjuicio, puesto que puede ser superior a éste y aun pronunciada cuando no haya perjuicio" (Salvador Jorge Blanco, citado por LUCIANO PICHARDO: 217). En torno a la naturaleza de la astreinte y el beneficiario de la misma se ha pronunciado el Tribunal Constitucional. Aunque hay consenso entre los jueces constitucionales especializados respecto al carácter no indemnizatorio de la astreinte, al interior de la Alta Corte constitucional se ha discutido acerca de quién debe ser el beneficiario de la misma (Sentencias TC 48/12 y TC 96/12). La mayoría del Tribunal Constitucional se ha inclinado por conceder la misma a favor de entidades benéficas u organismos gubernamentales y no a favor del amparista, todo ello fundado en el hecho de que "la naturaleza de la astreinte es la de una sanción pecuniaria, que no la de una indemnización por daños y perjuicios, por lo que su eventual liquidación no debería favorecer al agraviado" (Sentencia TC 48/12). A juicio de algunos jueces del Tribunal Constitucional, opinión que compartimos, dicha Alta Corte ha debido seguir la tradición dominicana, fundada en los textos y la práctica jurisprudencial francesa, de conceder la astreinte en beneficio de la contraparte del conminado, es decir, en el caso del amparo, el accionante en amparo. Esto así, por diversas razones: "a) porque (el accionante en amparo, EJP) es el damnificado por el incumplimiento; b) porque si la sociedad, a través del fisco o de instituciones específicas es el beneficiario, cabe presumir que la medida perderá eficacia, pues el titular del derecho carecerá de interés para exigir su aplicación, y c) porque se complica la ejecutabilidad de la sentencia, con la participación de un tercero (la sociedad, el Fisco, institución estatal) que no es parte" (Voto disidente parcial de las Magistradas Katia Miguelina Jiménez Martínez y Ana Isabel Bonilla Hernández en la Sentencia TC 48/12; ver también los votos en la Sentencia TC 96/12).

REFERENCIAS BIBLIOGRÁFICAS

LUCIANO PICHARDO, Rafael Luciano. *De la astreinte y otros escritos.* Santo Domingo: Capeldom, 1996.

SECCIÓN V
RECURSOS

Artículo 94. *Recursos.* Todas las sentencias emitidas por el juez de amparo pueden ser recurridas en revisión por ante el Tribunal Constitucional en la forma y bajo las condiciones establecidas en esta ley.

Párrafo. Ningún otro recurso es posible, salvo la tercería, en cuyo caso habrá de precederse con arreglo a lo que establece el derecho común.

Artículo 95. *Interposición.* El recurso de revisión se interpondrá mediante escrito motivado a ser depositado en la secretaria del juez o tribunal que rindió la sentencia, en un plazo de cinco días contados a partir de la fecha de su notificación.

Artículo 96. *Forma.* El recurso contendrá las menciones exigidas para la interposición de la acción de amparo, haciéndose constar además de forma clara y precisa los agravios causados por la decisión impugnada.

Artículo 97. *Notificación.* El recurso le será notificado a las demás partes en el proceso, junto con las pruebas anexas, en un plazo no mayor de cinco días.

Artículo 98. *Escrito de defensa.* En el plazo de cinco días contados a partir de la notificación del recurso, las demás partes en el proceso depositaran en la secretaria del juez o tribunal que rindió la sentencia, su escrito de defensa, junto con las pruebas que lo avalan.

Artículo 99. *Remisión al tribunal constitucional.* Al vencimiento de ese último plazo, la secretaria de juez o tribunal remite sin demora el expediente conformado al Tribunal Constitucional.

Artículo 100. *Requisitos de admisibilidad.* La admisibilidad del recurso está sujeta a la especial trascendencia o relevancia constitucional de la cuestión planteada, que se apreciará atendiendo a su importancia para la interpretación, aplicación y general eficacia de la Constitución, o para la determinación del contenido, alcance y la concreta protección de los derechos fundamentales.

Artículo 101. *Audiencias públicas.* Si el Tribunal Constitucional lo considera necesario podrá convocar a una audiencia pública para una mejor sustanciación del caso.

Artículo 102. *Pronunciamiento.* Se pronunciará sobre el recurso interpuesto dentro del plazo máximo de treinta días que sigan a la recepción de las actuaciones.

Artículo 103. *Consecuencias de la desestimación de la acción.* Cuando la acción de amparo ha sido desestimada por el juez apoderado, no podrá llevarse nuevamente ante otro juez.

A. Naturaleza del recurso. La tendencia de la evolución legislativa del amparo en los últimos años en la República Dominicana ha sido la de configurar el amparo como un procedimiento de instancia única, sin doble grado de jurisdicción, todo ello sobre la base del carácter sumario y rápido de la acción y como una manera de empoderar al juez ordinario del amparo. La derogada Ley 437-06 estableció que las decisiones de amparo solo eran susceptibles del recurso de tercería y del de casación. La LOTCPC mantiene este principio pero sustituye la casación por la revisión ante el Tribunal Constitucional, recurso que, por demás, tiene un carácter eminentemente objetivo, pues el Tribunal Constitucional tiene la potestad de admitir tal revisión solo en aquellos casos que considere que hay una especial relevancia o trascendencia constitucional. Sin embargo, esta especial trascendencia en materia de revisión de decisiones de amparo es menos objetiva que la exigida en la revisión contra decisiones firmes regulada por los artículos 53 y 54, en la medida en que el Tribunal Constitucional podrá tomar en cuenta la entidad del perjuicio causado a un litigante en un determinado procedimiento de amparo, pues la LOTCPC le permite ponderar la "concreta protección de los derechos fundamentales" (artículo 100) para admitir el recurso, lo que obliga y hace recomendable que el recurrente, tal como lo exije el artículo 96 de la LOTCPC, establezca "de forma clara y precisa los agravios causados por la decisión impugnada". Sobra decir que estos agravios no deben ser solo agravios a la Constitución sino agravios concretos a por iguales concretos derechos fundamentales, con lo cual se está en camino de pasar el test de la relevancia constitucional por el Tribunal Constitucional.

B. La especial trascendencia o relevancia constitucional. El requisito de la "especial trascendencia o relevancia constitucional" como condición de admisibilidad de la revisión contra decisiones jurisdiccionales violatorias de los derechos fundamentales fue establecido por el legislador, inspirado en los modelos alemán y español, como una manera de evitar la sobrecarga de un Tribunal Constitucional que, como el dominicano, por demás, no puede válidamente funcionar a través de Salas, como ocurre con la mayoría de sus homólogos. Este confiere una gran discrecionalidad al Tribunal Constitucional a la hora de admitir la revisión, configurándose como una especie de *certiorari* a la usanza norteamericana. Esto no significa, sin embargo, que la admisión pueda ser arbitraria. El Tribunal Constitucional español ha establecido una serie de criterios que permiten inferir en cuales casos se encuentra esta especial trascendencia o relevancia constitucional. Entre estos criterios encontramos "el de un recurso que plantee un problema o una faceta de un derecho fundamental susceptible de amparo sobre el que no haya doctrina del Tribunal Constitucional", o "que de ocasión al Tribunal Constitucional para aclarar o cambiar su doctrina, como consecuencia de un proceso de reflexión interna", o cuando surgen "nuevas realidades sociales" o "cambios normativos relevantes para la configuración del contenido del derecho fundamental", o cuando la interpretación jurisdiccional de la ley es considerada por el Tribunal Constitucional "lesiva del derecho fundamental y crea necesario proclamar otra interpretación conforme a la Constitución", o cuando la doctrina del Tribunal Constitucional en relación al derecho fundamental alegadamente vulnerado "está siendo incumplida de modo general y reiterado por la jurisdicción ordinaria o existen resoluciones judiciales contradictorias sobre el derecho fundamental, ya sea interpretando de manera distinta la doctrina constitucional, ya sea aplicándola en unos casos y desconociéndola en otros", o, en fin, "cuando el asunto suscitado, sin estar incluido en ninguno de los supuestos anteriores, trascienda del caso concreto porque plantee una cuestión jurídica de relevante y general repercusión social o económica o tenga unas consecuencias políticas generales" (STC 155/2009).

Por su parte, el Tribunal Constitucional dominicano, inspirado en la jurisprudencia de su homólogo español, ha establecido que la condición de de especial transcendencia o relevancia constitucional, "sólo se encuentra configurada, entre otros, en los supuestos: 1) que contemplen conflictos sobre derechos fundamentales respecto a los cuales el Tribunal Constitucional no haya establecido criterios que permitan su esclarecimiento; 2) que propicien, por cambios sociales o normativos que incidan en el contenido de un derecho fundamental, modificaciones de principios anteriormente determinados; 3) que permitan al Tribunal Constitucional reorientar o redefinir interpretaciones jurisprudenciales de la ley u otras normas legales que vulneren derechos fundamentales; 4) que introduzcan respecto a estos últimos un problema jurídico de trascendencia social, política o económica cuya solución favorezca en el mantenimiento de la supremacía constitucional" (Sentencia TC/0007/12 de fecha 22 de marzo de 2012).

Como se puede observar, se trata de un concepto jurídico indeterminado (ORTEGA GUTIÉRREZ), pero que, bien aplicado, no debe originar arbitrariedad o, por lo menos, es menos arbitrario que el puro certiorari norteamericano o argentino. "En virtud de que nuestro TC es de reciente creación, la relevancia constitucional debe considerarse presente en todos los casos de sentencias de amparo, hasta que exista un corpus de precedentes constitucionales que configure una doctrina en torno al contenido de los derechos fundamentales" (PEÑA JIMÉNEZ: 29) En la práctica, el Tribunal Constitucional ha sido flexible en la admisión lo que permite que paulatina y progresivamente se vaya generando un corpus de precedentes constitucionales, que, al tiempo de servir de brújula a los jueces ordinarios, permita disuadir a los potenciales violadores de la Constitución y de los derechos fundamentales. Como el Tribunal Constitucional debe motivar las admisiones, tal como ordena la LOTCPC, los fundamentos de estas admisiones deben orientar a los justiciables y a los litigantes acerca de cuáles criterios utiliza el Tribunal para considerar un caso especialmente relevante o no. Cuando haya un corpus de precedentes apreciable, es de prever que muchos litigantes fundarán sus recursos de revisión en la violación del precedente, con lo que se evitan que su revisión sea rechazada por la vía de la falta de relevancia, pero el procedimiento se volverá más objetivo porque los recursos estarán fundados en un ostensible incumplimiento de las decisiones vinculantes del Tribunal Constitucional y no en algo que muchas veces resulta tan subjetivo como saber cuándo un caso constitucional es relevante o no. Ha seguido aquí el Tribunal Constitucional el criterio sostenido en el voto disidente de la Sentencia TC/0007/12, en cuanto a que "no sería razonable ni cónsono con la realidad que en sus primeras sentencias el Tribunal Constitucional aplique la figura de la especial trascendencia o relevancia constitucional, porque carecemos de precedente y de jurisprudencia y todos los temas vinculados a los derechos fundamentales serán relevantes durante un tiempo considerable". El Tribunal Constitucional, por otro lado, pese a lo ordenado por la LOTCPC ha decidido motivar las inadmisiones del recurso, lo que contribuye aún más a conocer que considera o no relevante el Tribunal.

C. Derecho al recurso y especial trascendencia o relevancia constitucional. En la Sentencia TC 7/12, los jueces del Tribunal Constitucional tuvieron la oportunidad de discutir acerca de si la exigencia de la especial trascendencia o relevancia constitucional como condición de admisibilidad del recurso de revisión de las sentencias dictadas por el juez de amparo, conforme el artículo 100 de la LOTCPC, violaba o no el derecho al recurso consagrado tanto en la Constitución como en los convenios internacionales de derechos humanos. Conforme el voto disidente consignado en la indicada Sentencia, dicha condición es violatoria "de la Convención Americana (sobre Derechos Humanos, EJP) y del orden constitucional", por lo que el Tribunal Constitucional, hasta tanto el legislador no derogue el referido artículo 100 y para proveer una interpretación conforme al bloque de constitucionalidad de dicha disposición, "debe actuar como jurisdicción de segundo grado y, en este sentido, conocer todos los recursos de revisión que se interpongan contra sentencia de los tribunales de primera instancia que resuelvan acción de amparo", abordando así "el amparo desde una dimensión subjetiva y, en este orden, se ocupe de determinar si en el caso hubo o no violación a un derecho fundamental, sin importar que sea o no relevante para la interpretación constitucional y la determinación del contenido esencial de los derechos fundamentales" (Voto disidente de los Magistrados Hermógenes Acosta de los Santos, Katia Miguelina Jiménez Martínez y Jottin Cury David). Por su parte, la mayoría del Tribunal Constitucional, en opinión que compartimos, consideró que "la revisión consiste en una acción constitucional instituida con el propósito específico de garantizar un derecho fundamental, puesto que se sustancia ante el Tribunal Constitucional (órgano ajeno al Poder Judicial), y no ante un órgano superior de un determinado orden jurisdiccional, como ocurre con los recursos ordinarios. En consecuencia, al constituir una acción distinta e independiente de los procesos judiciales que se desarrollan ante los órganos de la jurisdicción ordinaria destinados a la tutela de los derechos y libertades fundamentales, la revisión no representa una segunda instancia o recurso de apelación para dirimir conflictos interpartes. En ese sentido, mientras sea adecuado y efectivo, especialmente en cuanto a su acceso, el recurso de revisión de sentencias de amparo cumplirá su finalidad y, por ende, satisfará las condiciones propias del derecho fundamental de recurrir ante este Tribunal Constitucional, dentro de los parámetros establecidos en nuestro orden constitucional y los pactos internacionales suscritos y ratificados por el Estado Dominicano".

Aunque no compartimos el criterio de la mayoría del Tribunal Constitucional en el sentido de que la Constitución deja en total libertad al legislador para "regular, limitar e incluso restringir el derecho a un recurso mediante una disposición de tipo adjetivo", pues el legislador está obligado a respetar el contenido esencial del derecho al recurso y no limitarlo irrazonablemente, tal como manda el artículo 74.2 de la Constitución, entendemos, contrario a lo que sostiene la doctrina que postula que, más allá de los procesos penales, existe un derecho a que la primera decisión que intervenga sobre cualquier caso "sea revisada amplia e íntegramente por un juez o tribunal superior" (ROJAS LEÓN: 57), que los procesos de instancia única son constitucionalmente admisibles siempre y cuando contra la sentencia que los decida puedan ser interpuestos recursos, pese a que estos recursos no importen una segunda instancia. Aquí hay que estar claros que el derecho al recurso no debe confundirse con el derecho a la "doble conformidad" que es el derecho de todo condenado penal a que un segundo tribunal vuelva a conocer el caso para garantizar una mayor certeza y legitimidad de la condena. El legislador puede perfectamente, ponderando el carácter sumario, preferente y rápido del amparo, así como la necesidad de evitar que el Tribunal Constitucional se sobrecargue de recursos, modular el derecho al recurso, de modo que, al tiempo que se permiten impugnar las decisiones del juez de amparo se compatibilice el derecho al recurso con otros bienes constitucionales, tal como manda el artículo 74.4.

REFERENCIAS BIBLIOGRÁFICAS

HERNÁNDEZ RAMOS, Mario. *El nuevo trámite de admisión del recurso de amparo constitucional.* Madrid: Editorial Reus, 2009.

ORTEGA GUTIÉRREZ, David. "La especial trascendencia constitucional como concepto jurídico indeterminado". En *Teoría y Realidad Constitucional.* UNED. Num. 25. 2010.

PEÑA JIMÉNEZ, Luis Ernesto. "La relevancia constitucional en el ámbito del recurso de revisión de amparo". En *Crónica Jurisprudencial Dominicana.* Año I, Núm. 1, enero-marzo 2012.

ROJAS LEÓN, Ricardo. "El derecho al recurso en la jurisprudencia del Tribunal Constitucional dominicano". En *Crónica Jurisprudencial Dominicana.* Año I, Núm. 1, enero-marzo 2012.

CAPÍTULO VII
DE LOS PROCEDIMIENTOS PARTICULARES DE AMPARO

SECCIÓN I
AMPARO DE CUMPLIMIENTO

Artículo 104. *Amparo de cumplimiento.* Cuando la acción de amparo tenga por objeto hacer efectivo el cumplimiento de una ley o acto administrativo, esta perseguirá que el juez ordene que el funcionario o autoridad pública renuente de cumplimiento a una norma legal, ejecute un acto administrativo, firme o se pronuncie expresamente cuando las normas legales le ordenan emitir una resolución administrativa o dictar un reglamento.

Artículo 105. *Legitimación.* Cuando se trate del incumplimiento leyes o reglamentos, cualquier persona afectada en sus derechos fundamentales podrá interponer amparo de cumplimiento.

Párrafo I. Cuando se trate de un acto administrativo solo podrá ser interpuesto por la persona a cuyo favor se expidió el acto o quien invoque interés para el cumplimiento del deber omitido.

Párrafo II. Cuando se trate de la defensa de derechos colectivos y del medio ambiente o intereses difusos o colectivos podrá interponerlo cualquier persona o el Defensor del Pueblo.

Artículo 106. *Indicación del recurrido.* La acción de cumplimiento se dirigirá contra la autoridad o funcionario renuente de la administración pública al que corresponda el cumplimiento de una norma legal o la ejecución de un acto administrativo.

Párrafo I. Si el demandado no es la autoridad obligada deberá informarlo al juez indicando la autoridad a quien corresponde su cumplimiento.

Párrafo II. En caso de duda, el proceso continuará con las autoridades respecto de las cuales se interpuso la demanda.

Párrafo III. En todo caso, el juez podrá emplazar a la autoridad que, conforme al ordenamiento jurídico, tenga competencia para cumplir con el deber omitido.

Artículo 107. *Requisito y plazo.* Para la procedencia del amparo de cumplimiento se requerirá que el reclamante previamente haya exigido el cumplimiento del deber legal o administrativo omitido y que la autoridad persista en su incumplimiento o no haya contestado dentro de los quince días laborables siguientes a la presentación de la solicitud.

Párrafo I. La acción se interpone en los sesenta días contados a partir del vencimiento de ese plazo.

Párrafo II. No será necesario agotar la vía administrativa que pudiera existir.

Artículo 108. *(Modificado por el Art. 1 de la Ley 145-11, promulgada el 4 de julio de dos mil once). Improcedencia.* No procede el amparo de cumplimiento:

a) Contra el Tribunal Constitucional, el Poder Judicial y el Tribunal Superior Electoral.

b) Contra el Senado o la Cámara de Diputados para exigir la aprobación de una ley;

c) Para la protección de derechos que puedan ser garantizados mediante los procesos de habeas corpus, el habeas data o cualquier otra acción de amparo;

d) Cuando se interpone con la exclusiva finalidad de impugnar la validez de un acto administrativo;

e) Cuando se demanda el ejercicio de potestades expresamente calificadas por la ley como discrecionales por parte de una autoridad o funcionario;

f) En los supuestos en los que proceda interponer el proceso de conflicto de competencias;

g) Cuando no se cumplió con el requisito especial de la reclamación previa previsto por el Artículo 107 de la presente Ley;

Artículo 109. *Desistimiento.* El desistimiento de la pretensión solo se admitirá cuando esta se refiera a actos administrativos de carácter particular.

Artículo 110. *Sentencia.* La sentencia que declara fundada la demanda debe contener:

a) La determinación de la obligación incumplida.

b) La orden y la descripción precisa de la acción a cumplir;

c) El plazo perentorio para el cumplimiento de lo resuelto, atendiendo en cada caso a la naturaleza de la acción que deba ser cumplida.

d) La orden a la autoridad o funcionario competente de iniciar la investigación del caso para efecto de determinar responsabilidades penales o disciplinarias, cuando la conducta del demandado así lo exija.

Artículo 111. *Ejecución de la sentencia.* La sentencia será cumplida por la autoridad o funcionario obligado en el plazo que ella disponga.

    A. Finalidad del amparo de cumplimiento. La Constitución es clara en cuanto a que el amparo procede contra "la omisión" de autoridad pública o de particulares (artículo 72). En este sentido, se constitucionaliza el criterio sostenido por la Suprema Corte de Justicia en el sentido de que la acción de amparo "queda abierta contra todo acto u omisión de los particulares o de los órganos o agentes de la Administración Pública" (S.C.J. 24 de febrero de 1999). El amparo se concreta aquí, tal como expresamente establece la Constitución, como una acción "para hacer efectivo el cumplimiento de una ley o acto administrativo" (artículo 72), es decir, como una acción de cumplimiento. El amparo de cumplimiento no es más que aquel que se interpone con la finalidad de que el juez de amparo competente ordene a la autoridad pública o al particular el cumplimiento de los deberes y obligaciones a su cargo, contenidos en la Constitución, en las leyes o en actos administrativos. Su antecedente histórico más remoto es el *"writ of mandamus"* del Derecho angloamericano. El amparo contra omisiones busca asegurar la fuerza normativa de la Constitución como bien afirma la Corte Constitucional colombiana:

"En un estado social de derecho en donde el ejercicio del poder está supeditado a la observancia de la Constitución y al imperio de la legalidad, es esencial el respeto por la eficacia material de la normatividad creada por el legislador y de los actos administrativos que dentro del marco de sus respectivas competencias expiden las autoridades en cumplimiento de los cometidos o tareas a ellas asignadas. En efecto, resulta paradójico que muchas veces las normas quedan escritas, es decir, no tienen ejecución o concreción práctica en la realidad, de modo que el proceso legislativo y su producto se convierten a menudo en inoperantes e inútiles. Igual cosa sucede con los actos administrativos que la administración dicta, pero no desarrolla materialmente. En el estado social de derecho que busca la concreción material de sus objetivos y finalidades, ni la función legislativa ni la ejecutiva o administrativa se agotan con la simple formulación de las normas o la expedición de actos administrativos, pues los respectivos cometidos propios de dicho Estado sólo se logran cuando

efectiva y realmente tienen cumplimiento las referidas normas y actos"
(Sent. G-157, abril 9/98).

El amparo de cumplimiento es procedente cuando los poderes públicos han omitido cumplir con sus deberes legales o reglamentarios. Ante la omisión, "el juez debe ordenar la realización por parte de la autoridad pública del acto [...] que se debía realizar (Mandamiento de ejecución)" (GÓMEZ: 115).

B. Procedimiento. Está legitimado para accionar en amparo de cumplimiento el afectado o la persona a cuyo favor se expidió el acto administrativo, pero cuando se trate de derechos colectivos podrá interponerlo cualquier persona (artículo 105 de la LOTCPC). Este amparo procede contra la autoridad o funcionario a quien corresponda el cumplimiento de la norma o la ejecución del acto administrativo, aunque, en caso de duda, el amparo puede continuar contra la autoridad contra quien se interpuso la demanda o contra aquella que, conforme el juez, es la competente, de acuerdo con el ordenamiento jurídico para cumplir con el deber omitido (artículo 106 de la LOTCPC). El amparo de cumplimiento requiere que previamente se exija el cumplimiento del deber legal o administrativo y que no se haya cumplido dentro de los quince días laborables siguientes a la solicitud de cumplimiento (artículo 107). El plazo para interponer la acción es sesenta días contados a partir del vencimiento del plazo para ejecutar el deber y en ningún caso deberá agotarse la vía administrativa (artículo 107, párrafos I y II). La LOTCPC establece causales de improcedencia que buscan que el amparo se dirija contra autoridades administrativas y no órganos constitucionales, que el mismo no se interponga cuando procede el habeas corpus, el habeas data, otro tipo de amparo o el conflicto de competencias, que no se utilice el amparo de cumplimiento para circunnavegar los recursos de impugnación de actos administrativos, o cuando no se haya exigido previamente el cumplimiento del deber legal o administrativo omitido (artículo 108). Solo es válido desistir de aquellos amparos de cumplimiento atinentes a actos administrativos particulares (artículo 109). La sentencia ordena cumplir la obligación incumplida, precisa lo que se debe cumplir, da un plazo para cumplir y ordena la investigación del incumplimiento para la determinación de la responsabilidad penal o disciplinaria (artículo 110). La sentencia de cumplimiento debe ejecutarse en el plazo dispuesto en la misma (artículo 111).

REFERENCIAS BIBLIOGRÁFICAS

GÓMEZ, Daniel. *Acción de amparo*. Córdoba: Advocatus, 1999.

SECCIÓN II
AMPARO COLECTIVO

Artículo 112. *Amparo colectivo.* La defensa jurisdiccional de los derechos colectivos y del medio ambiente y de los intereses colectivos y difusos precede para prevenir un daño grave, actual o inminente, para hacer cesar una turbación ilícita o indebida, para exigir, cuando sea posible, la reposición de las cosas al estado anterior del daño producido o la reparación pertinente.

A. La noción de derechos e intereses colectivos y difusos. El artículo 112 de la LOTCPC se refiere al amparo colectivo como "la defensa jurisdiccional de los derechos colectivos y del medio ambiente y de los intereses colectivos y difusos". Este precepto viene a desarrollar la tercera modalidad que adopta en la Constitución la garantía fundamental de la acción de amparo, al lado del amparo general por violación de derechos fundamentales y el amparo de cumplimiento, y a la cual se refiere el artículo 72 de la Constitución cuando establece el amparo "para garantizar los derechos e intereses colectivos y difusos", derechos e intereses cuya consagración constitucional expresa por vez primera se alcanza en la Sección IV del Capítulo I del Título I de la Constitución de 2010, el cual se intitula "los derechos colectivos y del medio ambiente", derechos que corresponden a la llamada "tercera generación" de los derechos fundamentales. La Constitución habla de "derechos colectivos y del medio ambiente" pero, en realidad, el derecho a "habitar en un medio ambiente sano, ecológicamente equilibrado y adecuado para el desarrollo y preservación de las distintas formas de vida, del paisaje y de la naturaleza" (artículo 67.1) constituye un derecho colectivo, pues se trata fundamentalmente de un derecho de la colectividad. En realidad, debemos hablar de "derechos e intereses colectivos y difusos" (artículo 66 de la Constitución). ¿A qué se refiere con esta expresión la Constitución? Veamos...

(i) Colectivos y difusos. Es un derecho difuso el derecho a un ambiente sano porque éste pertenece a cada uno y al mismo tiempo a ninguno, es un derecho de la comunidad, y no de sus miembros, por lo que resulta ser un derecho transindividual. El derecho colectivo, al igual que el difuso, es un derecho transindividual e indivisible, pero el grupo titular del mismo, en lugar de ser un grupo constituido por personas indefinidas vinculadas solamente por circunstancias de hecho (vivir, por ejemplo, en la orilla del mismo río contaminado por los desechos de una fábrica aledaña), está compuesto por personas vinculadas entre sí o que están frente a la parte opuesta por una previa y común relación legal, como resulta ser el caso

de los clientes de un banco que carga excesivas e injustificadas comisiones a sus clientes. Los derechos individuales homogéneos emergen de la violación a derechos difusos y permiten reclamar daños y perjuicios por los daños sufridos por todos y cada uno de los afectados: por ejemplo, todos los afectados en su salud por la contaminación de un río, independientemente del derecho accionar por la violación del derecho a un ambiente sano, colectivamente tienen derecho a demandar daños y perjuicios por tener sus derechos individuales la misma causa u origen (BUJOSA VADELL). A todos estos derechos, la Constitución los engloba bajo el nombre genérico de "derechos colectivos".

(ii) Derechos e intereses. Tradicionalmente, la doctrina ha distinguido entre derechos e intereses. Se ha originado así una verdadera discusión bizantina donde "lo difuso del objeto de la investigación no ha llevado sino a confusión a la hora de las conclusiones" (QUIROGA LAVIÉ: 119). Lo cierto es que, como señala la mejor doctrina, "no es trascendente la distinción", pues "una vez que los intereses son amparados por el ordenamiento jurídico asumen el mismo status que el derecho subjetivo, con lo que desaparece cualquier distinción –teórica primero y práctica después- para diferenciarlos". De ahí que "lo esencial –y determinante– es la tutela jurisdiccional del fenómeno colectivo, la supuesta y virtual diferencia entre derecho e interés podríamos decir que hoy ha pasado a un segundo plano" (BUFFARINI: 67).

(iii) Los derechos e intereses colectivos y difusos implícitos. La Constitución reconoce expresamente como derechos e intereses colectivos y difusos a la conservación del equilibrio ecológico, de la fauna y de la flora, la protección del medio ambiente y la preservación del patrimonio cultural, histórico, urbanístico, artístico, arquitectónico y arqueológico (artículos 66.1, 66.2 y 66.3). Pero el catálogo constitucional de derechos colectivos no se limita exclusivamente a los expresamente consignados por el texto constitucional. La consagración de estos derechos presupone el reconocimiento paralelo de bienes colectivos sobre los cuales recaen aquellos, aunque no hayan sido mencionados expresamente en la parte relativa a los derechos colectivos. Así, por solo citar un ejemplo, cuando la Constitución consagra que "los ríos, lagos, lagunas, playas y costas nacionales pertenecen al dominio público y son de libre acceso" (artículo 15, párrafo), no hay dudas de que, aunque este acceso no esté vinculado al derecho a la protección del medio ambiente (artículo 66.2), que es un derecho colectivo, este libre acceso se configura como un derecho de todos y no solo de algunos, en la medida en que existe un bien colectivo a tutelar que es precisamente este libre acceso. ¿Cómo podemos identificar los bienes colectivos sobre los cuales recaen los derechos colectivos que la Constitución protege de modo general? Como bien señala la doctrina, "este tipo de bienes reviste ciertas características particulares, entre las cuales se ha señalado principal-

mente la indivisibilidad de los beneficios derivados de su utilización, fruto de la titularidad común que los sujetos comparten sobre aquéllos. Ello, a su vez, trae como consecuencia la prohibición de apropiación privada y el principio de no exclusión en su uso y goce, al menos en línea de principio" (VERBIC: 29). Estos bienes colectivos pueden contar con un status normativo en la Constitución o en la ley pero tal reconocimiento normativo no es imprescindible para que se les tutele, partiendo de la necesidad de que exista una tutela judicial diferenciada conforme los bienes y valores que se procura defender.

(iv) La dimensión individual de los derechos colectivos y la dimensión colectiva de los derechos individuales. La Constitución reconoce una dimensión individual del derecho colectivo a un medio ambiente sano cuando señala que toda persona tiene este derecho "tanto de modo individual como colectivo". Se subraya así un elemento primordial no solo del derecho a un medio ambiente sano sino de todos los derechos colectivos: la subsistencia de una dimensión individual en los mismos, lo cual tiene como contrapartida, la existencia de una dimensión colectiva en los derechos individuales. Esto último es enfatizado por la Corte Interamericana de Derechos Humanos la que ha señalado respecto al derecho a la libertad de expresión que "ésta requiere, por un lado, que nadie sea arbitrariamente menoscabado o impedido de manifestar su propio pensamiento y representa, por tanto, un derecho de cada individuo; pero implica también, por otro lado, un derecho colectivo a recibir cualquier información y a conocer la expresión del pensamiento ajeno" (CIDH, 5/2/2001, *"La última tentación de Cristo, Olmedo Bustos y otros v. Chile"*).

En cuanto a la dimensión colectiva de los derechos individuales "este supuesto se caracteriza por dos rasgos: primero, un mismo hecho, acto u omisión ilícitos afecta a una pluralidad de individuos; segundo, los remedios individuales resultarían insuficientes y, por ende, la afectación requiere un remedio necesariamente colectivo –o, en términos empleados por la doctrina procesal contemporánea, la intercomunicabilidad de resultados de la decisión judicial adoptada. Es decir, los miembros del grupo o clase de los afectados ven menoscabado un derecho individual, pero el remedio para evitar, hacer cesar o reparar esa afectación supone una medida de alcance colectivo y no individual –de modo que nadie puede exigir un remedio individual sin que trascienda o afecte a otros en la misma situación" (COURTIS). En este sentido, la Corte Suprema de Justicia de Argentina ha conocido diversos casos en los que, por la vía de acciones colectivas, se han tutelado derechos individuales, tales como el derecho al voto de los presos (CSJN, *Mignone, Emilio Fermín s/promueve acción de amparo, del 9 de abril de 2002*), llegando incluso a admitir que el habeas corpus pueda servir para la tutela colectiva de los derechos de las personas detenidas a ser tratadas dignamente y en condiciones respetuosas de las Reglas Mínimas para el Tratamiento de Reclusos de las Naciones Unidas y otros instrumentos nacionales e internacionales (CSJN, *Verbitsky, Horacio s/habeas corpus*).

B. El amparo colectivo como manifestación de la tutela judicial diferenciada. Hemos visto que la LOTCPC garantiza a los justiciables la tutela judicial diferenciada (artículo 7.4). En este sentido, el amparo colectivo no es más que una tutela diferenciada atendiendo a la necesidad de proveer protección jurisdiccional efectiva, adecuada y oportuna a la realidad material de los derechos e intereses colectivos y difusos, adaptándose así los principios procesales generales para garantizar la justicia procesal efectiva (PÉREZ RAGONE: 124). Así lo ha reconocido la jurisprudencia constitucional comparada. En efecto, como bien ha expresado la Sala Constitucional de la Corte Suprema de Justicia de Costa Rica, "el *presupuesto procesal de la legitimación*, tiende a extenderse y ampliarse en una dimensión tal, que lleva necesariamente al abandono del concepto tradicional, debiendo entender que en términos generales, toda persona puede ser parte y que su derecho no emana de títulos de propiedad, derechos o acciones concretas que pudiera ejercer según las reglas del derecho convencional, sino que su actuación procesal responde a lo que los modernos tratadistas denominan el interés difuso, mediante el cual la legitimación original del interesado legítimo o aun del simple interesado, se difunde entre todos los miembros de una determinada categoría de personas que resultan así igualmente afectados por actos ilegales que los vulneran" (S.C.V. 095-95). Esto es evidente en materia de medio ambiente, tal como ha dictaminado la Corte Suprema argentina, al dictar su sentencia del 10 de mayo de 1983 en el caso *Kattan, Alberto c. Poder Ejecutivo Nacional* y otorgar amparo a un grupo de particulares contra el Ejecutivo que había autorizado a empresas japonesas a capturar en aguas de jurisdicción argentina y luego a exportar ejemplares de delfines: "Todo ser humano posee un derecho subjetivo a ejercer las acciones tendentes a la protección del equilibrio ecológico [...]. En efecto, la destrucción modificación o alteración de un ecosistema interesa a cada individuo, y defender su hábitat constituye una necesidad o conveniencia de quien sufre el menoscabo, con independencia de que otros miembros de la comunidad no lo comprendan así y soporten los perjuicios sin intentar la defensa".

C. La legitimación procesal en el amparo colectivo. La Constitución de 2010 marcó una línea política y jurídica muy clara a través no solo del reconocimiento de los derechos colectivos (artículo 66) y de la acción constitucional de tutela de dichos derechos –el amparo colectivo (artículo 72)–, sino también a través del reconocimiento expreso de legitimación procesal activa en cabeza de diversos actores sociales. Veamos en detalle en qué consiste la regulación constitucional y legal de esta legitimación…

(i) La legitimación popular. El artículo 72 de la Constitución consagra el derecho de "toda persona […] para reclamar ante los tribunales, por sí o por quien actúe en su nombre […] para garantizar los derechos e intereses colectivos y difusos". La expresión "toda persona", referida al amparo general de derechos fundamentales, no significa que cualquier persona, sea o no afectada en sus derechos, puede interponer la acción de amparo pues, en todo caso, la Constitución exige, como condición sine qua non para la legitimación procesal activa en este tipo de amparo, que la persona haya sido vulnerada o amenazada en "sus derechos fundamentales". Sin embargo, esta misma expresión, respecto a los derechos e intereses colectivos y difusos, sí implica que cualquier persona puede accionar en amparo, aun cuando su derecho individual no está en juego, siempre y cuando accione en búsqueda de la tutela jurisdiccional de dichos derechos e intereses colectivos y difusos. Y no podía ser de otro modo, pues resulta a todas luces incongruente consagrar todo un catálogo de derechos e intereses colectivos y difusos a favor de todas las personas en territorio nacional, al tiempo que la acción constitucional que sirve de garantía fundamental a dichos derechos e intereses, "y no admitir una acción popular para defenderlos" (Rivas: 771). En este sentido, sostenemos que, cuando se trata de derechos e intereses colectivos y difusos, cualquier persona estaría legitimada para demandar en amparo, erigiéndose así el amparo colectivo en una verdadera acción popular. Ese es el criterio plasmado por el legislador al disponer que "las personas físicas o morales están facultadas para someter e impulsar la acción de amparo, cuando se afecten derechos o intereses colectivos y difusos" (artículo 69 de la LOTCPC).

(ii) La legitimación del afectado. Que se vulneren o amenacen derechos o intereses colectivos y difusos, situación que afecta a toda una comunidad, grupo o colectivo de personas, no significa que esta afectación no alcance a un particular que se vea lesionado en su esfera jurídica propia, aun esta esfera sea compartida con otras personas. En tales casos, hay que conceder legitimación al particular afectado, pues de lo contrario se estaría produciendo una auténtica privación de sus derechos, tanto sustantivos como procesales, lo cual lo colocaría en una verdadera situación de indefensión. En otras palabras, el afectado puede reclamar por sí la tutela de derechos o intereses colectivos y difusos. "Y es que la 'colectividad' de la situación se refiere a la simultaneidad o concurrencia en el disfrute del bien de que se trate (condiciones de trabajo, ambientales, de consumo, etc.), no una pretendida ausencia de la titularidad de una situación jurídico-subjetiva material protegida en cada uno de quienes la componen. Es decir, el que la afectación tenga un alcance supraindividual, esto es, que afecte a más de un sujeto, no quiere decir que no afecte a ninguno, no obsta a la subjetivación de la legitimación en el particular, en quien inhiere aquella actuación

ilícita. Y tampoco debe obstar a ello el que, al defender su interés, el particular esté, directa o indirectamente, consiguiendo la defensa del interés de una categoría de sujetos, redundando su actuación procesal en beneficio de un interés supraindividual" (GUTIÉRREZ DE CABIEDES HIDALGO DE CAVIEDES: 2754). Pero hay que advertir que este beneficio se produce por el puro efecto material de la sentencia como hecho jurídico. Por ejemplo, si un afectado demandó en amparo y obtuvo la cesación de la actividad contaminante que lo afectaba personalmente, esta cesación de la actividad ilícita beneficia de hecho a los demás afectados, hayan o no participado en el amparo.

(iii) La legitimación institucional. El artículo 191 de la Constitución dispone que "la función esencial del Defensor del Pueblo es contribuir a salvaguardar los derechos fundamentales de las personas y los intereses colectivos y difusos establecidos en esta Constitución y las leyes, en caso de que sean violados por funcionarios u órganos del Estado, por prestadores de servicios públicos o particulares que afecten intereses colectivos y difusos". Esta legitimación procesal activa del Defensor del Pueblo es confirmada por el artículo 68 de la LOTCPC en términos similares a los de la Constitución.

(iv) La legitimación de las asociaciones. Las leyes también confieren legitimación activa a asociaciones representativas de los intereses y derechos de determinados colectivos. Tal ocurre con la Ley General sobre Medioambiente y Recursos Naturales No. 64-00 de fecha 18 de agosto del 2000, la cual en su artículo 178 expresa: "Toda persona o asociación de ciudadanos tiene legitimidad procesal activa para enunciar y querellarse por todo hecho, acción, factor, proceso, o la omisión u obstaculización de ellos, que haya causado, esté causando o pueda causar daño, degradación, menoscabo, contaminación y/o deterioro del medioambiente y los recursos naturales." Asimismo, la Ley General sobre Protección al Consumidor o Usuario No. 358-05 de fecha 19 de septiembre del 2005 expresa en su artículo 94 que: "Las asociaciones de consumidores y/o usuarios, constituidas como personas jurídicas sin fines de lucro y debidamente registradas e incorporadas, podrán interponer las acciones correspondientes cuando resulten afectados o amenazados los intereses de los consumidores, asociados o no, siempre que éstos requieran de su intervención, sin perjuicio del derecho del usuario o consumidor a accionar por cuenta propia".

D. La cosa juzgada colectiva y el requisito de la representación adecuada. Una de las características fundamentales de los procesos colectivos es que la sentencia que interviene tiene efectos "ultra partes" o *erga omnes*. Y no puede ser de otro modo, pues, como bien establece la doctrina, el amparo colectivo solo puede ser colectivo si, como toda acción colectiva, "resuelve los intereses de los miembros ausentes de un grupo" (GIDI: 98). Doctrina y jurisprudencia concuerdan, sin embargo, en que, en caso de insuficiencia de pruebas, la cosa juzgada será meramente formal, pudiendo cualquier legitimado intentar otra acción, con idéntico fundamento, valiéndose de nueva prueba. Asimismo, en la hipótesis de rechazo basado en las pruebas producidas, cualquier legitimado podrá intentar otra acción, con idéntico fundamento, cuando sugiere nueva prueba sobreviviente que no hubiera podido ser producida en el proceso.

Ahora bien, como la sentencia de un amparo colectivo tendrá efectos sobre personas que no han intervenido directa y personalmente en el proceso, el juez del amparo colectivo debe velar en todo momento porque haya una representación adecuada de los ausentes, de modo que no se afecte la garantía fundamental del debido proceso (artículo 69 de la Constitución). En este sentido, el Código Modelo de los Procesos Colectivos para Iberoamérica sugiere que en el análisis de la representatividad adecuada se tome en cuenta "a. la credibilidad, capacidad, prestigio y experiencia del legitimado; b. sus antecedentes en la protección judicial y extrajudicial de los intereses o derechos de los miembros del grupo, categoría o clase; c. su conducta en otros procesos colectivos; d. la coincidencia entre los intereses de los miembros del grupo, categoría o clase y el objeto de la demanda; e. el tiempo de constitución de la asociación y la representatividad de ésta o de la persona física respecto del grupo, categoría o clase". La falta de representatividad adecuada no autoriza al juez a rechazar la demanda de amparo colectiva interpuesta sino a citar otros legitimados para que asuman la titularidad de la acción.

REFERENCIAS BIBLIOGRÁFICAS

BUFFARINI, Paula. "Ámbito de la tutela colectiva". En Eduardo Oteiza (Coord.) *Procesos colectivos*. Buenos Aires: Rubinzal-Colzoni, 2006.

BUJOSA VADELL, Lorenzo. *La protección jurisdiccional de los intereses de grupo*. Barcelona: Bosch, 1995.

COURTIS, Christian. "El caso 'Verbitsky': ¿nuevos rumbos en el control judicial de la actividad de los poderes públicos?". En *Colapso del sistema carcelario*. Buenos Aires: CELS-Siglo XXI Editores, 2005.

GIDDI, Antonio. "Acciones de grupo y amparo colectivo en Brasil". En Eduardo Ferrer Mac-Gregor (Coord.) *Derecho procesal constitucional*. Tomo III. México: Porrúa, 2006.

GUTIÉRREZ DE CABIEDES HIDALGO DE CAVIEDES, Pablo. "Derecho procesal constitucional y protección de los intereses colectivos y difusos". En Eduardo Ferrer Mac-Gregor (Coord.) *Derecho procesal constitucional*. Tomo III. México: Porrúa, 2006.

RODRÍGUEZ, Cristóbal. "La defensa de intereses difusos y colectivos". Santo Domingo: FINJUS, 2006.

RIVAS, Adolfo A. *El amparo*. Buenos Aires: La Rocca, 2003.

VERBIC, Francisco. *Procesos colectivos*. Buenos Aires: Astrea, 2007.

Párrafo I. Toda persona, previo al dictado de la sentencia, puede participar voluntariamente en el proceso.

Párrafo II. Su participación se limitará a expresar una opinión fundamentada sobre el tema en debate con el único y exclusivo objeto de informar al juez, quien tendrá en todo caso poder de control para moderar y limitar tales participaciones.

Párrafo III. El participante no tiene calidad de parte en el proceso, no podrá percibir remuneración, ni podrá recurrir las decisiones tomadas por el juez.

Se consagra en los supracitados párrafos la figura del *amicus curiae*, fundamental en procesos colectivos que, por su carácter colectivo, tienen una importancia social que amerita una amplia participación, principalmente de personas expertas y académicos que puedan dar luz en temas complejos y altamente especializados, como resultan ser procesos colectivos como los relativos al medio ambiente. ¿En qué consiste el amigo de la corte? "En presentación casi rudimentaria, y para contextuar el análisis que a continuación realizaremos, puede decirse que la participación procesal del *amicus curiae* supone la presentación en un proceso de un tercero que interviene aportando una opinión fundada que puede resultar relevante para la resolución de un litigio en el que se debatan cuestiones socialmente sensibles. Ese tercero, por tanto, no reviste calidad de parte ni mediatiza, desplaza o reemplaza a éstas; debe ostentar un interés justificado en la decisión que pondrá fin al pleito en el que se presenta; es preciso que muestre reconocidas competencia y versación en la cuestión debatida; su informe no constituye un dictamen pericial, y la actuación que despliega no devenga honorarios ni tiene efectos vinculantes para el tribunal ante el que comparece. Su condición de amigo del tribunal se materializa a través de una actividad de alegación sobre el tema que constituye el objeto de una decisión judicial, tarea que realiza como persona ajena a la relación jurídico-procesal en causas que, como anticipábamos, ostenten trascendencia institucional o interés público" (BAZÁN).

REFERENCIAS BIBLIOGRÁFICAS

BAZÁN, Victor. "El *amicus curiae*". En *La Ley*. 7 de agosto de 2009.

Artículo 113. *Litispendencia de amparos diversos.* En caso de diversos amparos colectivos, el primero de ellos produce litispendencia respecto de los demás amparos que tengan por causa una controversia sobre determinado bien jurídico, aun cuando sean diferentes los reclamantes y el objeto de sus demandas.

Párrafo I. No genera sin embargo litispendencia respecto de las acciones individuales que no concurran en el amparo colectivo.

Párrafo II. Si hubiere conexidad entre distintos amparos colectivos, el juez apoderado de la primera acción, de oficio o a petición de parte, podrá ordenar la acumulación de todos los litigios, aun cuando en estos no figuren íntegramente las mismas partes.

La LOTCPC establece la litispendencia que se produce en los amparos colectivos sobre el mismo bien jurídico, aún sean interpuestos por diferentes accionantes y con pretensiones distintas, señalando que esta litispendencia no se genera respecto de acciones individuales concurrentes en el amparo colectivo (artículo 113, párrafo I). El juez del amparo colectivo puede ordenar la acumulación de los distintos amparos colectivos, aun cuando en éstos no figuren las mismas partes (párrafo II).

SECCIÓN IV
AMPARO ELECTORAL

Artículo 114. *Amparo electoral.* El Tribunal Superior Electora será competente para conocer de las acciones en amparo electoral conforme a lo dispuesto por su Ley Orgánica.

Párrafo. Cuando se afecten los derechos electorales en elecciones gremiales, de asociaciones profesionales o de cualquier tipo de entidad no partidaria, se puede recurrir en amparo ante el juez ordinario competente.

Los amparos electorales serán conocidos por el Tribunal Superior Electoral "conforme a lo dispuesto por su Ley Orgánica". Esta Ley Orgánica regirá los aspectos sustantivos de los derechos invocados porque, en lo que a procedimiento se refiere, deberá seguirse el procedimiento general del amparo establecido en la LOTCPC, incluyendo lo atinente a la posibilidad de revisión ante el Tribunal Constitucional de las sentencias que dicte el Tribunal Superior Electoral en materia de amparo. En cuanto a los derechos de los particulares en elecciones de asociaciones no partidarias, el juez natural del amparo lo será el juez de primera instancia en sus atribuciones civiles.

El Tribunal Superior Electoral ha tenido ocasión de decidir respecto a su competencia como jurisdicción de amparo. En efecto, frente al alegato de que el artículo 13 de la Ley Orgánica del Tribunal Superior Electoral impedía que este Tribunal se involucrase en el conocimiento de "las sanciones disciplinarias que los organismos de los partidos tomen contra cualquier dirigente o militante, si en ello no estuviesen envueltos discusiones de candidaturas a cargos electivos o a cargos internos de los órganos directivos de los partidos políticos", la Alta Corte electoral estableció que "al tratarse de una acción de amparo es este tribunal la jurisdicción especializada para tutelar los derechos fundamentales que pudieren ser vulnerados a lo interno de las organizaciones políticas acreditadas en la República Dominicana (…) por ser la única instancia que guarda afinidad con la naturaleza de derecho objeto de la presente controversia jurisdiccional". El Tribunal Superior Electoral estableció, además, que, aunque reconoce la libertad de asociación y de autodeterminación de los partidos y agrupaciones políticas acreditados, en modo alguno, con su potestad de amparar a los sujetos a un procedimiento disciplinario al interior de un partido, "pretende vulnerar su derecho a imponer sanciones disciplinarias contra sus miembros, sino, más bien, que en virtud de la presente acción tiene que examinar su en el proceso de aplicación de las mismas se respetaron los derechos tutelados por el bloque de constitucionalidad". De ahí que "la hermenéutica del ordenamiento electoral, obliga a realizar una interpretación e integración del caso, resultando lógico la aplicación de las reglas que norman el amparo y los requisitos contenidos en las leyes electorales, así como la aplicación de manera especial de los valores consagrados en la Constitución de la República; en consecuencia, existe una competencia constitucional que habilita a este Tribunal para conocer de los reclamos que se presenten contra las actuaciones partidarias que menoscaben los derechos políticos de los militantes de un partido, movimiento o agrupación política" (Sentencia TSE-024-2012).

Por otro lado, frente al alegato de que el Tribunal Superior Electoral no era competente para conocer de una acción de amparo dirigida contra una autoridad administrativa fuera del ámbito electoral, como es el caso de la Policía Nacional, la cual según se argüía debía ser conocida por el Tribunal Superior Administrativo en tanto jurisdicción de amparo especializada para lo contencioso administrativo, los jueces electorales establecieron que, al tratarse de una litis ocasionada por el conflicto de dos grupos o facciones al interior del partido, "resulta evidente, por la naturaleza de la acción de amparo sometida al escrutinio de este Tribunal, que la misma tiene por finalidad la protección o restauración de un derecho fundamental político-electoral", por lo que dicha Alta Corte retiene competencia como jurisdicción de amparo (Sentencia TSE-005-2013).

CAPÍTULO VIII
DISPOSICIONES DEROGATORIAS, VIGENCIA Y TRANSITORIAS
SECCIÓN I
DEROGACIONES

Artículo 115. *Disposiciones derogatorias.* Quedan derogadas todas las disposiciones legales, generales o especiales, así como aquellos reglamentos que sean contrarios a lo dispuesto en la presente ley.

Se deroga la Ley No.437-06 de Recurso de Amparo, de fecha 30 de noviembre del año 2006.

SECCIÓN II
VIGENCIA

Artículo 116. *Vigencia.* La presente ley entra en vigencia una vez haya sido promulgada y publicada conforme a la Constitución y las leyes.

SECCIÓN III
DISPOSICIONES TRANSITORIAS

Artículo 117. *Disposiciones transitorias.* Se disponen las siguientes disposiciones transitorias en materia de amparo:

Disposición Transitoria Primera: Hasta tanto se establezca la jurisdicción contenciosa administrativa de primer grado, cuando el acto u omisión emane de una autoridad municipal distinta a la del Distrito Nacional y los municipios y distritos municipales de la provincia Santo Domingo, será competente para conocer de la acción de amparo el juzgado de primera instancia que corresponda a ese Municipio.

Disposición Transitoria Segunda: Asimismo, será competente para conocer de las acciones de amparo interpuestas contra los actos u omisiones de una autoridad administrativa nacional que tenga su sede en un municipio, el Juzgado de Primera Instancia que corresponda a dicho Municipio.

Disposición Transitoria Tercera: Cuando el Juzgado de Primera Instancia se encuentre dividido en Cámaras o Salas, el competente lo será su presidente o quien tenga a su cargo las atribuciones civiles en dicho Juzgado de Primera Instancia.

Las disposiciones transitorias de la LOTCPC conciernen básicamente cuestiones de competencia. Se dispone que el juez de primera instancia del municipio correspondiente –salvo el Distrito Nacional y los municipios y distritos municipales de la Provincia de Santo Domingo– conocerá de los amparos contra actos de las autoridades municipales, hasta tanto sean creados las jurisdicciones de primer grado de lo contencioso administrativo. También se dispone que cuando las autoridades administrativas nacionales tengan sede en un municipio podrán ser demandadas en amparo ante el juzgado de primera instancia correspondiente. Y, finalmente, se establece la competencia para conocer de los amparos del presidente de aquellos juzgados de primera instancia divididos en cámaras o quien tenga a su cargo las atribuciones civiles del mismo.

CAPÍTULO IX
DISPOSICIÓN FINAL

Artículo 118. *Disposición final.* El proyecto del presupuesto anual del Tribunal Constitucional es presentado ante el Poder Ejecutivo dentro del plazo que establece la ley sobre la materia. Es incluido en el Proyecto de Ley de Presupuesto General del Estado y es sustentado por el Presidente del Tribunal ante el Congreso Nacional.

Índice General